消極等待、滿足現狀、聽天由命，
時間不會解決一切，擺爛只會讓你失業！

此路不通，
原地不動？

一秒放棄、無盡拖延、裝死擺爛、逃避現實……
當生活出現困境，不想陷入自我懷疑，便乾脆放縱自己？
拋開對失敗的恐懼，就讓本書帶你重新找回前進的動力！

孔謐 —— 編著

目錄

CONTENTS

第三章　記住的成功公式

CONTENTS

第六章　相信自己不比任何人差

第七章　隨時準備

第八章　學會欣賞自己

CONTENTS

前言

生命就如同登山。只有冷靜客觀地去攀登的人才會達到目標。他們把自己奉獻給了攀登，他們一步又一步緩慢地、痛苦地向上攀爬著。

登山是一個難以描述的經歷，一個跟隨登山者的人只能去理解和分享這種經歷。在他寬慰、滿足和精疲力竭中存在著快樂與平靜，這種快樂與平靜如同山上的空氣那樣純淨而又稀少，但也只有登山者能夠品嚐到這種甘甜的成功。那些躺在營地的人，雖然也感到了溫暖與安全，但他們將不再感到快樂、驕傲、生動有力，而這恰是他們「故意」放棄去感受的。

因此，在整個障礙和其他逆境存在的情況下，成功可以被定義為一種程度概念，即一個人能夠向前走多遠以及在他一生的事業中能進展多遠。

那些將自己整個生命都獻給「向上攀登」的人才是真正的攀登者。無論背景如何，優勢或劣勢，壞運或好運，他們都會持續不斷地「向上攀登」。攀登者是可能性的思想家，他們從不顧年齡、性別、種族、身體或精神的殘缺以及「向上攀登」的途中可能遇到的其他困難。

他們的宗旨就是「不斷地向上攀登」，因為他們徹底明白了自己內在的那種動力，不斷地攀登讓他們啟動了這種力量，這種信念又激發了頑強的毅力，英國 19 世紀偉大作家狄更斯（Charles Dickens）說過：「頑強的毅力可以征服世界上任何一座高峰。」

有一個捕鳥人，在湖上架了一張網，在網中放了一些食物用來捕鳥。

眾鳥看到網中有食物，都來爭食，並且呼朋喚友地引來更多的夥伴爭吃網中的食物，捕鳥人看到了許多鳥，立刻在岸邊收網。

沒有想到網裡的鳥，一起振翅飛去，一飛沖天，帶著無法掙脫的網向湖外的樹林飛去。

PREFACE

　　捕鳥人立刻跟著空中飛鳥的影子追去，一刻也不肯停歇，旁邊不明內裡的人就問：「你到底是為了什麼事，跑得這麼快？」

　　捕鳥人指著天上說：「我正在追逐天上的那群鳥呢！」

　　問的人抬頭一看，鳥已經飛到了很遠很遠的地方，只剩下幾個小點，忍不住勸捕鳥人說：「鳥在天上飛得那麼快，你在地上跑得這麼慢，怎麼可能追得上？你這麼做不是太蠢了嗎？」

　　捕鳥人說：「你看那些鳥雖然飛得高、飛得遠，但是牠們並不同心，只要太陽一下山，鳥群就會各自回家棲息，那時亂飛，鳥網就會掉下來。所以，只要牠們不飛出我的視線範圍，我遲早可以捕到牠們。」捕鳥人說完，繼續向著群鳥的方向追蹤。

　　天色漸漸晚了，鳥群也飛得累了。

　　有的鳥想飛向樹林，有的鳥想飛向山洞。

　　牠們一邊振翅飛翔，一邊爭吵著要去的方向。最後，牠們哪裡也去不成了，連同網子一起落了下來。鍥而不捨的捕鳥人，終於捉到了那些鳥。

　　毅力，像一把開山的斧子，在成就事業的道路上，它能披荊斬棘，逢山開路，遇水架橋；毅力，能使渺小變得偉大、使艱難變得順利、使落後躍為先進、使失敗轉為成功、使貧窮變為富有、使虛幻成為現實；毅力，就是堅忍不拔、百折不撓的努力，就是永無休止、鍥而不捨的奮鬥。螞蟻搬丘、精衛填海，靠的是毅力；愚公移山、水滴石穿，靠的也是毅力。一個沒有毅力的人，成功將永遠與他無緣。

　　當然，毅力是絕不會與生俱來的。只有在與艱難困苦的頑強搏擊中，毅力才會萌生。

　　一蹴而就的事自古沒有。能渡過驚濤駭浪、遠涉重洋到達彼岸的，必然是毅力頑強的水手，而絕不會是吟風弄月的遊客。無論你選擇做水手還

是遊客，都不得不面對生命這一無情地登山過程。難道你不想到達人生的
巔峰嗎？難道你不想建立偉大的事業嗎？那麼你就帶上你的信心上路吧，
這是別無選擇的最好選擇。

PREFACE

第一章
生命就是無情的登山

做隻小小的蝙蝠

　　非洲大草原有一種很不起眼的小動物，叫「吸血蝙蝠」，別看牠不起眼，卻稱得上野馬的天敵。牠常常像膏藥或吸盤一樣附在野馬的腿上，用尖銳的牙齒以迅雷不及掩耳之勢咬破野馬的皮，然後貪得無厭地吸血。

　　無論野馬怎樣奔跑、掙扎、嘶叫、暴怒都無濟於事，最終都將在流血中無望地死去。雖然這一過程是大自然的生物鏈上的一個環節，但在追求事業成功的過程中，每一個人如果想在社會上站穩腳跟，都要有一種吸血蝙蝠這種執著精神，無論我們面臨的阻力多麼大，無論困難和艱辛是一隻多麼暴烈的野馬，都要死死咬住不放，一直到把牠的血吸乾！

　　在半途而廢者的語言裡，你會發現他們失敗源自妥協的信念。他們經常使用一些句子表達：「那已經足夠了」、「這個工作的最低要求是什麼」、「需要達到哪種程度，我們就進行到哪種程度」、「事情可能會變壞」、「記得當……」、「這不值」、「在你年輕的時候……」我們還能聽半途而廢者對攀登的認知，他們說攀登並不是像他人說得那樣十全十美，他們認為這是在合理地解釋他們為什麼不去攀登的原因。而真正的攀登者會說：「我們行動！」

　　另一方面，攀登者的語言充滿了諸多可能性。攀登者總是說能做什麼以及如何去做。他們談論行動，他們的語言與行動是不可分離的，所以，對那些沒有任何行動支援的語言，他們是不喜歡的。

　　諾特拉‧丹蒙足球隊的教練勞‧荷爾茲有一段精彩的傳奇，他從來都不能容忍藉口和不行動的。荷爾茲在少年時很窮，生活過得也很淒慘，並且患有嚴重的結巴，他非常害怕在公共場所講話，連口語課都不敢去上，這對他來說是致命的心理問題。

　　經過一段痛苦的掙扎，他試著找到了確定人生目標的力量，他為自己確定了 107 項目標，其中包括：與美國總統進餐、飄流蛇河、會見波普、

跳傘途中盡量延長張傘的時間、做諾特拉·丹蒙隊的教練、獲得年度冠軍、錦標賽冠軍等等。

今天，荷爾茲已經完成了 107 項目標中的 98 項。他獲得了聲譽，他創造了自己的能力，他可以自由地用語言表達他想要表達的一切，他不斷去贏得勝利。荷爾茲不僅戰勝了對自己不利的逆境，還戰勝了許多我們認為或許不可能戰勝的東西。

你能聽到攀登者像荷爾茲那樣說「立即做」、「做得最好」、「盡你全力」、「不退縮」、「我們能做些什麼？」、「總有辦法」、「問題不在於假設，而在於它究竟怎樣」、「沒有做並不意味不能做」、「讓我們開始吧」、「現在就行動」。這些就是攀登者熱愛的語言，他們是真正的行動者，他們總要求行動並追求行動的結果，他們的語言恰好反映了他們追求的方向。

沒有人能保證生命是公平的，即使有人假設生命本身就是公平的，但這沒有用。對於每一個人說，生命事實上是怎樣也就表明生命本身是怎樣的。放棄者覺得自己幾乎沒有能力去改變什麼，這也就是他們要放棄的原因。

但這種情況並不是一成不變的，放棄者並不是注定要由別人來決定他是否能成為一位攀登者的。我們相信放棄者也是可以改變的。透過他人的幫助和自助，我們發現放棄者同樣可以回到向上攀登的路上，他們內在的「向上攀登」的力量可以重新被啟動，而這種啟動的力量將引導他們向上努力成長。

半途而廢者可能已經經歷了艱難的逆境才獲得了他們現在的地位，他們現在所擁有的東西也是透過努力奮鬥才獲得的。但不幸的是，面對那種逆境使他們開始權衡危險和收穫。他們覺得付出太大，收穫又太小。這樣，半途而廢者往往又會再次放棄攀登，他們像放棄者一樣停止行動。

現在，半途而廢者又來到了一種有限逆境的門口，但他們已有充足的理由放棄「向上攀登」。對他們來說，存在著一種不切實際的信念，即認

為經過一些年的時間或一定的努力後，生命就應該相應地擺脫逆境。有了這樣的信念，放棄「向上攀登」便是再正常不過了。

攀登的代價是很大的，誰都不要掩飾這點，但是收穫同樣也是很大的。那些死不悔改的半途而廢者將付出比攀登更大的代價，他們將不會知道他們能做什麼又能完成什麼，他們對自己未來的可能性不會有任何清晰的認識。

攀登者全部的生活就是面對和克服無窮無盡的逆境，這種逆境像潮流一樣不斷地向他們湧來。攀登者將繼續不斷地向上攀登，因為他們經歷了比放棄者和半途而廢者多得多的逆境。攀登如同逆水游泳，它要求永不停止的能量、犧牲和奉獻，它要求不斷向前衝擊。

事實上，我們可以看到，許多攀登者來自於不利的環境，他們生活過的世界也就是被逆境淹沒的世界，攀登者正是從這樣的世界中超脫出來的。這就是我們在讀一些創業者的故事時所發現的一個普遍的共性：在他們生活的某一段時間裡，他們經常面對重大的逆境。

我們每一個人都要記住這點：沒有一個人是一帆風順地走過來的。攀登者很好地理解了這點，他們明白逆境是生命的組成部分 —— 迴避逆境的人，相應地也迴避了生命。

種樹的最好時間

種樹最好的時間是 20 年前，其次是現在。

有個落魄不得志的中年人每隔兩三天就到教堂祈禱，而且他的禱告詞幾乎每次都相同。

每一次他到教堂時，跪在聖壇前，虔誠地低語：「上帝啊，請念在我多年來敬畏您的分上，讓我中一次彩券吧！阿門。」

幾天後，他垂頭喪氣地回到教堂，同樣跪著祈禱：「上帝啊，為何

不讓我中彩券？我願意更謙卑地來服侍您，求您讓我中一次彩券吧！阿門。」

又過了幾天，他再次出現在教堂，同樣重複他的祈禱。如此周而復始，不間斷地祈求著。

到了最後一次，他跪著不起：「我的上帝，為何您不傾聽我的祈求？讓我中彩券吧！只要一次，讓我解決所有困難，我願終身奉獻，專心侍奉您 ── 」

就在這時，聖壇上發出一陣宏偉莊嚴的聲音：「我一直傾聽你的禱告。可是 ── 最起碼，你也該先去買一張彩券吧？是否真的想過要成功？」

要成功，光有夢想是不夠的。還必須擁有一定要成功的決心，配合確切的行動，堅持到底，方能成功。

只有下定不更改的決心，歷經學習、奮鬥、成長這些的行動，才有資格摘下成功的甜美果實。

而大多數的人，在開始時，都擁有很遠大的夢想，如同故事中那位祈禱者，卻從未掏腰包真正去買過一張生活的「彩券」。缺乏實際行動的夢想於是開始萎縮，種種消極與不可能的思想慢慢產生，甚至就此不敢再存有任何夢想，過著隨遇而安、樂天知命的生活。

這也是為何成功者總是占少數的原因。了解成功哲學的您，是否真心願意在此刻為自己的理想，認真地定下追求到底的決心，並且馬上行動，去種下第一顆象徵著你開始前進的樹呢？

夢想是成功的起跑線，決心則是起跑時的槍聲。行動猶如跑者全力奔馳，唯有堅持到最後一秒的，方能獲得成功。

智慧大臣的思維方式

一位國王的眾多大臣之間，有位大臣特別有智慧，這位大臣也因他的智慧，格外受到國王的寵愛與信任。

智慧大臣擁有一項與眾不同的特長，他抱持絕對正面的想法。不論遇上什麼事，他總是願意去看事物好的那一面，而拒絕負面觀點。

由於智慧大臣這種凡事積極看待的態度，的確為國王妥善地處理了許多煩難的大事，因而備受國王的敬重，凡事皆要詢問他的意見。

國王熱愛打獵，有次在追捕獵物的意外中，受傷弄斷了一節食指。國王劇痛之餘，立即招來智慧大臣，詢問他對這件斷指意外的看法。

智慧大臣仍本著他的作風，輕鬆自在地告訴國王，這應是一件好事，並勸國王往正面思考。

國王聞言大怒，以為智慧大臣在嘲諷自己，立時命左右將他拿下，關進監獄裡。

待斷指傷口痊癒之後，國王也忘了此事，又興沖沖地忙著四處打獵。卻不料禍不單行，竟帶隊誤闖鄰國國境，被叢林中埋伏的一群野人活捉。

依照野人的慣例，必須將活捉的這隊人馬的首領獻祭給他們的神，於是便抓了國王放到祭壇上。正當祭奠儀式開始，主持的巫師突然驚呼起來。

原來巫師發現國王斷了一截的食指，而按他們部族的律法，獻祭不完整的祭品給天神，是會受天神譴責的。野人連忙將國王解下祭壇，驅逐他離開，另外抓了一位同行的大臣獻祭。

國王狼狽地回到朝中，慶幸大難不死，忽而想到智慧大臣所說，斷指確是一件好事，便立刻將他由牢中釋出，並當面向他道歉。

智慧大臣還是抱持他的正面態度，笑著原諒國王，並說這一切都是好事。

國王不服氣地問：「說我斷指是好事，如今我能接受。但若說因我誤會你，而將你下在牢裡受苦，難道這也是好事？」

智慧大臣笑著回答：「臣在牢中，當然是好事。陛下不妨想想，今天我若不是在牢中，陪陛下出獵的大臣會是誰呢？」

每件事情必然有兩面，這位深具智慧的大臣選擇了聰明的那一面。

您在看待事物上，比較傾向哪一面呢？

半杯水是半空還是半滿，是最常被提出分辨消極悲觀與積極樂觀看法差異的簡單比喻。悲觀者看到人家給他半杯水，會抱怨「只剩」半杯水；而樂觀者則樂道「還有」半杯水。

同樣的半杯水，您願意將眼光定位於擁有抑或失去的那一半呢？這個選擇對您的一生將有極大的影響。

猶太人是世界上最會賺錢的民族，這或許和他們一向積極樂觀的態度有關聯。有段猶太俗諺是這樣的：如果斷了一條腿，你就該感謝上帝不曾折斷你兩條腿；如果斷了兩條腿，你就該感謝上帝不曾折斷你的脖子；如果斷了脖子，那也沒什麼好擔憂的了。

正面思想的人對任何事總抱著樂觀的態度，即使遇上挫折，也會認為那是在幫助他自己的成功大樹開始生根、發芽的種子。

凡事都有兩面，建議您永遠看好的那一面。

如果您還是堅持選擇悲觀，當然也有其好處，您將會慢慢發現，每件事情當它真正發生時，往往都比您所想的還要好，常會令您喜出望外。

你是六隻腳的螞蟻嗎？

「生在瞎子的國度中，一隻眼的人便可做國王。」

在遙遠的國度裡，住著一窩奇特的螞蟻，牠們有預知風雨的能力。而距洞口最近的螞蟻們清楚地知道，有一個巨大的暴風雨正逐漸逼近，整窩

螞蟻全部動員，往高處搬家。

這窩螞蟻之所以奇特，不在於牠們預知氣候的能力，許多動物也具備這樣的天賦。牠們的特別之處，是整窩螞蟻都只有五隻腳，並不像一般螞蟻長有六隻腳。

由於牠們只有五隻腳，行動也就沒有一般螞蟻快捷，搬家的速度緩慢。雖然面對暴風雨來襲的沉重壓力，每隻螞蟻心中都焦急不堪，行動卻半點也快不了。

在漫長的搬家隊伍中，有一隻螞蟻與眾不同，牠的行動快速，不停地往返高地與蟻窩之間，來回一趟又一趟，彷彿不知勞累，辛苦盡力搶搬蟻窩中的東西。

這隻勤快的螞蟻引起了五腳螞蟻群的注意，牠們仔細觀察牠的動作，終於找出這隻螞蟻動作如此敏捷的關鍵：牠有六隻腳。

五腳螞蟻的搬家隊伍暫時停下來，牠們聚在一起，竊竊私語，討論這隻與牠們長得不同、行動卻快過牠們數倍的六腳螞蟻。

經過冗長的討論後，五腳螞蟻們終於達成共識。牠們撲上前去，抓住那隻六腳螞蟻，一陣撕咬過後，將牠多出來的一隻腳扯了下來。

行動迅速的那隻螞蟻被扯去一隻腳，也變成了平凡的五腳螞蟻，在搬家的行列中，遲緩地跟隨大家移動。

五腳螞蟻們很高興牠們能除去一個異類，增加一個同伴，這時暴風雨的雷聲，已在不遠處隆隆地響起。

有沒有想過，故事中那個遙遠的國度，可能就在您的身邊！

常常在我們接觸到一個新的機會、有了一個好的創意，或是工作得特別進步時，五腳螞蟻群便會適時出現。他們會告訴您，您得到的機會是陷阱、您的好創意是行不通的，或是提醒您，工作勤奮不一定會有好的報酬。無所不用其極的目的，是想扯去您突然間多出來的一隻腳。

尤其是當您正確地運用您的潛能時，周圍類似五腳螞蟻般的負面意識更會增加，各式各樣不可能的思想蜂擁而至，企圖要您放棄他們所不懂的潛能，讓您恢復成為平庸的一般人。所幸我們不只是六腳螞蟻，我們是有獨立思想的人，也有足夠的能力來保護自己多出來的那隻腳。

因此您可以堅持自己看到的機會、發展自己獨特的創意，更勤奮地加倍發揮更大的潛能。或許可以借著您的堅持與努力，在不久的將來，也能將自己多出來的這隻腳，移植在更多人們的身上，幫助他們更加成功。

需要提醒您的是，在您發揮自己潛能的同時，更需要有判斷的智慧，了解周圍對您的反應，是消極的批判還是正面積極的忠告。如果不能具備這樣的判斷力，而誤將摯友積極的忠告，當成五腳螞蟻消極的撕咬；如此剛愎自用的後果，恐怕自己也將變成道地的五腳螞蟻。

不論您多出來的是機會、是創意、是潛能、或是夢想，願您都能竭力保護它，莫讓尚未能擁有它的五腳螞蟻給偷走。

你比你想像中的自我偉大得多

許多人在一些細微的地方總是費盡心思，但卻無較大的目標。這種眼光短淺的人，在生活中遠不如有雄才大志者有競爭力。

當我們考慮到成功的時候，我們不會以大學學位、家庭背景及其他情況為標準，我們是以思想的遠大與渺小為準繩的，我們思想的尺寸將決定成功的大小。現在，讓我們來看看，怎樣才能使我們的思想趨向遠大。

你是否問過自己：「什麼是我最大的弱點」嗎？也許，人類最大的弱點便是自我貶值 —— 自己瞧不起自己。

自我貶值的表現多種多樣。比如說：某人在報紙上看到一個招聘廣告，那正是他朝思暮想的位置。但是，他覺得什麼優勢也沒有；再或者他想與喜歡的女孩約會，但卻不敢打電話給她，因為他覺得自己配不上她。

自古以來，哲學家們便已給我們一個極重要的忠告：了解你自己！但是大部分人，看上去，把這一勸告，理解成只要了解消極的自我。他們過多地看到了自己的錯誤、短處和無能。

知道自己的先天不足是一件好事，畢竟我們自己還有缺陷。但是，如果我們只知道自己負面的一面，情況就很糟了，這會使我們覺得，我們的生活價值不大。

下面是幾個幫助評估你真正價值的辦法：

1. 了解你的 5 個主要長處。請幾個客觀的朋友來幫你尋找優點，他們將給予你真實的看法（最常見的優點大多與教育、經驗、技術、長相、和諧的家庭生活、態度、性格和主動性有關）。

2. 然後，在每個優點之下，寫下 3 個人的名字，而這 3 個都是你認識的，已取得極大成功的人；但在其他方面，他們卻比不上你做得好。

當你結束這一練習時，你會發現你超越了許多成功者，至少在某個方面。

你只能得出這樣一個結論：你比你想像中的自我偉大得多。為此，讓你的思想跟上真正的你，再不要瞧不起你自己！

你甘於做一隻潛鳥嗎？

加拿大不列顛哥倫比亞省的海岸下面有一個小島，在那裡的峭壁上棲居著一種潛鳥。這是一種頭上有一簇羽毛的小鳥。令人驚異的是，牠們只能生活在這一區域。如果將牠們移到別處去，牠們就無法生存。因為牠們沒有生存抵抗能力。

這種有著簇狀羽毛的潛鳥是如此脆弱，以致於牠不能忍受任何環境變化的壓力。一旦離開了固有的生活習慣，牠就會死亡。

你是什麼樣的鳥呢？你是否也是這樣一隻潛鳥，軟弱無能？是一個為目標而努力的奮鬥者？還是一個重重壓力下的求生者？成功就意味著在困難、壓力中生存下去。

你有雙翅嗎？你當然有的。你的雙翅就是你內心的信心和信念。

如果你不給自己機會，你就束縛了自己的雙翅，無法脫離地面。

你是什麼樣的鳥兒？一隻潛鳥？或者是鼓動著信心和信念的雙翅，向著你的目標奮飛？相信你能這樣做，你必須相信這一切，你必須相信你來到這個世界是為了成功，去戰勝恐懼，去戰勝壓力，使你的一生充滿各種成長的機會。

兩枚種子的選擇

有這樣一個寓言：春天到了。兩顆種子躺在肥沃的土裡，開始了下面的對話。

第一顆種子說：「我要努力生長！我要向下扎根，還要『出人頭地』，讓莖葉隨風搖擺，歌頌春天的到來……我要感受春陽照耀臉龐的溫暖，還有晨露滴落花瓣的喜悅。」

於是它努力向上伸長。

第二顆種子說：「我沒有那麼勇敢。我若向下扎根，也許會碰到硬石。我若用力往上鑽，可能會傷到我脆弱的莖。我若長出幼芽，難保不會被蝸牛吃掉。我若開花結果，只怕小孩看了會將我連根拔起。我還是等情況安全些再做打算吧。」

於是它繼續瑟縮在土裡。

幾天後，一隻母雞到庭院裡東啄西啄，這顆種子就這樣進了母雞的肚子。

　　成功就意味著不斷地冒險，不斷地積極思考，如果你不這樣做，就只有失敗。生活只有這兩種選擇，沒有第三種。

　　如果你的想法是正面的，你會得到正面的結果；如果你的想法是負面的，你一定會得到負面的結果。

亞伯拉罕的路

　　如果一件事值得做，它就值得你全力以赴，如果它不值得你做，也就不值得花一個贏家的時間。

　　告訴你一個小祕密，沒有人能真正引起另一個人的動機，只有自己能引起自己的動機。

　　任何事如果不值得你盡全力去追求，就無法激發你克服一切障礙而去完成它的意志。戒毒所幫助不少癮君子克服他們最嚴重的壞習慣，不過，戒毒所的工作人員都一致表示，如果當事人沒有戒除的決心，他們是幫不上任何忙的。

　　只有在你全心投入一個目標後，你才會去努力克服別人對你的誤解、找回已經喪失的勇氣和淡忘經歷的挫敗。我們來看看美國第 16 屆總統亞伯拉罕·林肯的崎嶇路：

　　西元 1832 年失業。

　　1832 年競選州議員失敗。

　　1833 年生意失敗。

　　1834 年當選州議員。

　　1835 年失去他的愛人。

　　1836 年常因緊張而崩潰。

　　1838 年競選議會主席失敗。

　　1843 年競選國會議員失敗。

1846 年選上國會議員。

1848 年提名國會議員失敗。

1849 年被拒而未擔任國有土地管理局官員。

1854 年競選參議員再度失敗。

1856 年提名副總統失敗。

1858 年競選參議員再度失敗。

1860 年當選總統。

只因林肯深信他有神聖的使命要去完成，所以他屢敗屢戰，換上其他人，早已不會繼續下去了。這樣的動機在今日一切以自我為重的時代也許看來很可笑，但它包括了使人成為贏家的因素。

當然，有贏家態度的人知道名和利並非唯一評估成功的標準，名聲和錢只是表面上的成績。使贏家奮不顧身去克服所有的失敗、障礙和恐懼的，是因為他們知道要完成一個重大的使命。由於失敗者缺乏這種內在力量和動機，所以他們會有如下表現：

✧ 做事時經常遲到和缺席；
✧ 為了追上生活的步調而導致情感上的疲乏；
✧ 因為沒成就、沉悶、焦急和沮喪所引起的空虛感。

如果你要發展一個贏家的態度，第一步是誓言要將生命投資在那些值得你追求的目標上。

上帝在每一個人心中埋藏了理想

在人生的開始，我們就該向自己提出這樣的問題：我們的人生理想是什麼？我們腳下的道路將伸向何方？一個人的生活目標如果只是為了獲得一個顯赫的職位，這樣的人生目標是庸俗的。

上帝在每個人的靈魂裡都埋藏了一個理想。在人生的某一時刻，一個

人會感覺到自己需要為他人做些貢獻，這種感覺如此強烈，讓他靈魂為之震顫。一個人內心具有盡力而為的強烈衝動，這樣就為開創卓越的人生提供了可靠的力量源泉。

　　不要追求海市蜃樓般的人生目標。你完全可以在自己能力許可的範圍內發展自己，你不可能像帝王般為所欲為。太多人因為確定的人生目標超出自身能力之外，一生的追求到頭來不過是一個幻夢，或者因為人生的抱負與能力不相稱，無法實現，終生飽受折磨。

　　一方面，在我們沒有好好認識自己的價值觀和能力之前，我們就匆匆忙忙將一門心思朝著一個目標奮鬥，往往會給自己帶來很大的壓力，因為這就像一場投資，你僅在一方大下資本，所要承擔的風險也就越大，自然也就很容易感到焦慮和慌亂。

　　而另一方面，這種持久的焦慮和慌亂對你將產生很大的負面效應，讓你像上了發條的陀螺，被動地讓壓力推著你向前趕路，卻依然在自我牴觸的心態下懷疑自己的選擇，結果常常是讓你一頭霧水，你內心深處的價值觀不斷地與你的行為及努力的目標衝突，所以你根本無法靜心於你的工作或學習中，因為那根本不是你最想要的，自然也就超出你自身能力之外所能到達的。

　　理財專家常常會告誡人們，在投資時要學會降低風險，分散風險，這樣才能獲得穩固收益。因此在我們選擇目標時也是如此，你可以根據自己的實力、性格、興趣、專長的技能，聽聽內心深處上帝為我們埋藏的那個理想發出召喚，為自己設立一個穩妥目標，一個衝擊目標，一個保底目標。這樣三個目標三維一體，你就可以安安心心地深處其中，再遇到什麼大驚大亂，都不必慌亂心神了。

　　潛能學家安東尼‧羅賓（Anthony Robbins）說的好：「更好地發揮潛能和你的價值觀是分不開的。許多人犧牲自己的價值觀，去做自己不願意做的事，這就是他們不能發揮他們潛能的原因。」

馬斯洛說過：「音樂家作曲，畫家作畫，詩人寫詩，如此方能心安理得。」

因此我們的行為若無法與內心最重要的願望相符，那麼便會在內心產生對立，成功也就遙遙無期了，更不用談什麼發揮潛能了。如果一個人正在追求某件東西，但在內心裡卻與是非黑白的信念相衝突，那他就會陷於內心混亂的地步。

我們若想發揮潛能，若想能改變、成長、興盛，就得清楚自己以及他人的法則，同時確實知道衡量成敗的標準。否則，我們只是個富有的乞丐。

上帝既然在我們每個人心中都埋藏了一個理想，必然賦予了我們去完成這個理想的最大潛能，所以暫時的拮据、貧窮、疾病、落後、孤獨並不真的可怕，只要你認識到了上帝給予你的那個真實的理想，並不斷地培養自己為實現這個理想而必須的才能，不斷地在這方面累積力量，這樣你最終才能充分地展現自我，你才是你，你才會因為成為真正的自己而便得快樂。

不堅信成功的態度正是失敗的根源

每個人都希望有一天能實現上帝在自己心中埋藏的理想，但如果我們不能確認自己真實的價值觀，我們便不能具有促使我們登上事業巔峰的堅強信念。

我們常常是在山腳下做了許多表面的準備工作；買了雙很酷炫的登山靴，背上個很專業的登山包，穿著一身特別酷的登山服，然後，我們像其他登山人一樣，煞有介事地開始攀登；最初的攀登還算順利，因為我們的那股熱情、好奇和衝勁。

一段時間後，也許我們遇上了惡劣的天氣，也許我們攀登的路徑越加坎坷，種種的情形讓我們懸在半空，讓我們筋疲力盡，這時候，我們抬頭

看看頂點，我們甚至無法看到它，它是那樣的高不可攀，我們找不到通向頂峰的階梯，於是我們便自我放棄，我們也一直停留在一個「平均」普通人的水準，自然也就達不到事業的高峰。

而有些極少的年輕人，卻始終堅信上帝給自己埋藏的夢想，堅信自己將取得成功。他們以「攀登理想頂峰」的態度去工作，憑藉這樣的信念，最終達到了頂峰。儘管一路坎坷，甚至常常面對極限的挑戰，但這樣的年輕人相信自己定會成功的希望並非絕無可能。

於是，他們便開始研究和觀察高級管理人員的行為，學習如何處理問題和作出決策。他們的眼睛，總盯著那些成功的人們。

堅信自己能做到達理想的人，總會找到達到目的的方法。

西元 2003 年 2 月 1 日，哥倫比亞號太空梭甫完成第二十八次任務，預定於美國德州降落，卻在降落前十六分鐘於德州上空發生爆炸，指揮官瑞克‧赫斯本（Rick Husband）及六名太空人全體殉職。

這是一個由夢想、情感與信仰交織而成的太空夢，透過指揮官瑞克‧赫斯本短暫而燦爛的一生，我們與這七位勇士共同參與了哥倫比亞號太空梭的最後航程，實現人類的太空夢。

認真、負責、真誠、幽默、追求完美的瑞克‧赫斯本，四歲時就感覺到了上帝埋藏在他心中的理想，立志成為太空人，從小到大他盡全力朝著這個目標前進，接受大量的專業訓練及搬遷之累，努力累積資歷，表現優異。

但他的太空夢並非一蹴可幾，而是歷經多重考驗與失敗後才實現的。他前三次申請進入 NASA 時在嚴峻的考驗下失敗，信心屢受打擊，但卻堅定不移，最後在家人的鼓勵與信念的引導下，實現太空人的夢想，成就他短暫而燦爛的一生。

對於瑞克而言，信念是他生命的主人，正是這種對信念的堅定使他始終如一地向著實現理想的方向前進著，行動著；同時他的這種堅定也影響

著他周遭的人對他充滿信心，他對家庭和友人付出更多的愛的同時，也從中獲得無價的支持與友誼。

失意者總會發出這樣的哀嘆：「實話說吧，我本來就認為這事幹不成」或者「一開始我便覺得不對勁」或者「說心裡話，這事沒辦成我一點也不覺得意外」。

自我懷疑是一種負面的力量。如果你毫無自信或者充滿疑慮，你將找出各種各樣的理由放縱自己。絕大多數的失敗歸咎於疑慮、自卑、下意識的失敗感。疑慮重重導致失敗，一心取勝則能奔向成功。

這種只想試試，不堅信成功的態度，正是失敗的根源。正如我們只是準備好了踏上攀登之路的行囊和登山靴，卻並沒有堅持到底一樣，因為從頭到尾，我們都並沒有開始進行真正的攀登。

找出自己生命中最重要的價值

有一隻狐狸想溜進一個葡萄園裡大吃一頓，但是柵欄的空隙太小，牠鑽不進去。狠狠地節食了三天後，牠總算能鑽進去了。但是當牠大吃一頓以後，卻又出不來了，只好在裡面又餓了三天，才出得來。這隻狐狸感慨地說：「忙來忙去，到頭來還是一場空。」

仔細品味一下這個小故事，你會發現這段話揭示了人生的最大失敗，那就是不了解自己到底在追求什麼，不知道對自己來說什麼是最重要的，違背了白我，把大多數時間花在了次要的事情上。

的確，上帝在我們每個人的心中埋藏了一個夢想，但如何準確地把握這一夢想，獲得不凡的成就，創造卓越和美滿的人生，還需要我們首先找出自己生命中最重要的價值，然後確實依照我們自己的核心價值來過好每一天、每一刻，這才是人生管理的根本所在，同時也是最容易被忽略的部分。

　　什麼是價值觀呢？價值觀所涉及的是那些你喜歡、珍惜和認為重要的事情。那麼價值觀又是如何形成的呢？從家庭小環境來說，價值觀最直接的形成來源是我們的父母。小時候，我們大多都會接受父母的價值觀，因為我們認同父母，往往將父母視為自己的模範，而且父母也常根據孩子能不能接受他們的價值觀來獎勵或懲罰孩子。

　　從大的環境講，我們周圍的生活人群影響著我們價值觀的形成，比如在我們步入學校後，我們將受到同學和老師的價值觀的影響，一方面，老師存在於我們價值觀、世界觀尚未形成時到我們步入成年的整個階段，因此他所宣導的價值觀勢必對我們產生重要的影響。

　　另一方面，同齡人在我們價值觀的成長起著巨大的作用，因為我們需要同齡人群的認同，否則我們將面臨著被我們生活中最大群體的排斥和否定，而這種結局會讓我們倍感困惑和孤獨。

　　在離開家庭進入成人的世界時，我們更是不斷地修正自己的價值觀：有些事對我們變得比較重要，有些則變得不再重要；有些人對我們的重要性甚於他人，有些人更變成我們的模範，我們認同他們，接受他們的一些價值觀，也拒絕了他們的一些價值觀。這樣的過程便是價值觀的發展。

　　那麼為什麼價值觀會有如此的威力呢？因為價值觀是決定我們如何做出選擇和行動的關鍵因素，所以如果你不知道自己的價值觀，就會像無頭蒼蠅一樣橫衝直撞，這是對時間的最大浪費。

　　我們所熟知的時間的三大「殺手」—— 拖延、猶豫不決、目標不明確，歸根結底就是因為不知道自己的價值觀是什麼或者價值觀衝突所致。如果我們不知道自己人生中什麼是最重要的，什麼價值是需要堅持的，那麼怎麼會知道應該做什麼？怎麼會知道如何做出有效的決定？相信你肯定碰到過棘手的情況，遲遲下不了決定，這就是因為你不清楚當時什麼是對你最重要的價值。

同樣，你的價值觀也會影響到你與周圍人的互動。當你的價值觀與你所愛的人的價值觀不一致時，就會直接破壞你們的關係；當你的價值觀與老闆的價值觀有衝突時，你的升遷就會受到影響，甚至會丟掉工作；當你的價值觀與公司的價值觀不合時，工作會很痛苦；當你的價值觀與社會法律不一致時，就會導致犯罪。這其中的任何一條都會影響到我們的時間。

我們內心深處都擁有一個強烈地影響著外在行為的價值觀，我們都有讓自己的行為與心靈深處的價值觀保持一致的傾向。在我們身體內部好像有一個組織，可以根據內心的價值觀來檢查我們的行動。當我們的行為遵從了自己的價值觀時，我們會感到內心的平和；而當我們的行為違背了自己的價值觀時，就必然會體驗到痛苦。

如果你認為誠實是非常重要的，那麼即使是善意的謊言也會給你帶來自責的痛苦。如果你認為人為成功而生，那麼你將無法忍受碌碌無為的生活。

所以說價值觀才是我們人生的指南針，是人生中不可或缺的，它讓我們分辨出何者為重，何者為輕。那些成功人士，他們幾乎都清楚自己的價值觀，並始終按照價值觀生活。讓我們看一下約翰·伍登（John Wooden）的例子。

約翰·伍登是美國加州大學洛杉磯分校籃球隊的主教練，他創下了美國籃球運動史上的一連串奇蹟。他帶領的加州大學洛杉磯分校籃球隊累計了最偉大的連續贏球記錄（總共 88 場球賽），他是唯一以球員及教練的身分名列籃球名人堂的。

在他帶領加州大學洛杉磯分校籃球隊的 27 年中，球隊從來沒有輸過一場球。在 12 年中，他的球隊贏得了 10 次 NCAA 冠軍，包括七連冠。沒有一個大學的籃球隊可以接近這種成績。而他現在仍然保留著在加州大學洛杉磯分校籃球隊 27 年來的每一場練習、每一分鐘的記錄。他從來不提

輸贏的事。他說：「對我而言，成功並不是得分超越別人，而是盡力做了自己決定的事，從自我滿足中得到了內在的平靜。」

約翰・伍登是世界上最為人欽佩的籃球教練。在他 12 歲小學畢業那年，父親給了他一個守則，裡面有七點要項。伍登說，這個守則對他日後的人生及事業影響很大，它代表了他的主導價值觀，直到後來名噪籃壇依然每日遵行，那就是：

❖ 對自己誠實。

❖ 每天都是你的傑作。

❖ 幫助別人。

❖ 從好書中汲取營養，特別是《聖經》。

❖ 把友誼當成一種純藝術。

❖ 未雨綢繆。

❖ 感恩。

所有能夠成功掌控自己時間的人都始於明確自己的價值觀。如果你不清楚自己的價值觀是什麼，那麼其他所有的時間管理技巧都屬多餘。因為，如果你走錯了路，就算拚命跑又有什麼用？

當一個人靜下來的時候，你有沒有問過自己：「每天忙來忙去，我到底在忙什麼？我真正追求的是什麼？」研究發現，約有 93% 的人不清楚自己的價值觀是什麼，他們不知道自己忙來忙去究竟要到哪裡去，如同水面上的浮萍一樣，糊里糊塗地過了一生。那麼你是成為這 93% 的人中的一員，還是成為那 7% 中的一員就要由你自己決定了。

永不飄移的目標

人類所犯的最危險錯誤之一，就是時常忘記自己努力想達成的最終目標是什麼。

有位哲學博士某次漫步於田野中沉思，發現水田當中新插的秧苗，竟是排列得如此整齊，猶用尺量過一般。

他不禁好奇地問田中工作的老農是如何辦到的。

老農忙著插秧，頭也不抬地回答，要他自己取一把秧苗插插看。

博士卷起褲管，很快地插完一排秧苗，結果竟是參差不齊，不忍目睹。

他再次請教老農，如何能插一排筆直的秧苗，老農告訴他，在彎腰插秧的同時，眼光要盯住一樣東西，朝著那個目標前進，即可插出一列漂亮的秧苗。

博士依言而行，不過這次插好的秧苗，竟是成了一道彎曲的弧形，劃過半邊的水田。

他終於虛心地討教老農，老農不耐煩地問他：「您的眼光是否盯住一樣東西？」

博士答道：「有時，我盯住那邊吃草的那頭水牛，那可是一個大目標啊！」

老農：「水牛邊走邊吃草，而你插的秧苗也跟著移動，你想，這道弧形是怎麼來的？」

博士恍然大悟。這次，他選定遠處的一棵大樹。

成功的果實如同田裡的種苗。你願意擁有一片縱橫排列整齊的漂亮成果，還是參差不齊、扭曲歪斜的結果？

沒有大到不能完成的夢想，也沒有小到不值得設立的目標。在開始您偉大事業的起點，懂得確立每一個里程的目標，絕對極其重要的。

沒有目標的人生，或目標不斷飄移的人生，所得到的成果正如博士所插的秧苗一般。

明確的目標是夢想實現的階梯，將您極須達成的目標列出來、寫下來，讓它隨時出現在您的眼前，出現在您每天看得到的任何事情上，口中唸著它，心裡想著它，每天至少重複 20 次以上。

只有朝著確切的目標行動，才有成功的希望。讓您的目標進入潛意識中，然後不斷地行動，看看在您身上會發生什麼樣好的結果。

信任自己目標的麥克亞瑟將軍

重建生命境界的第一步就是要信任自己的目標。越相信目標的人，越容易成功。當你的目標日漸明晰之後，你就可以勇敢地前進，同時果斷地採取行動。

麥克亞瑟將軍就有這種信心。自從他向菲律賓人發表告別詞「我一定回來」的那一天起，就一心一意要實現他的這個諾言，他的信心從未改變。在新幾內亞的每一場戰鬥，對拉包爾的每一次空襲，或魚雷快艇對俾斯麥海日本貨船的攻擊行動，這一切都是收復菲律賓的前奏。

你可能永遠當不了將軍 —— 甚至當不了一等兵，但你仍然能夠以同樣的熱忱來信任你的目標，因為它們都同樣高貴。即使做一位普通的汽車技工，如果能滿懷熱情，富有信心地把工作做得乾淨俐落，那麼你也體現了自己的價值。你對自己工作的信心將可協助你保持鎮靜，過各種難關。

你可以幫助你自己，只要你能在腦中回想起你最佳的時刻，描繪出使你感到幸福與成功的一切情況與細節。把注意力集中在這些意象上，將使你在這段期間內獲得心靈的平靜，也將協助你建立你的自我信念。

你也許會想：「我一生從未有過重大成就 —— 任何成就也沒有。」

不錯，但是你並不是要上臺在幾千人面前演出。你只不過是要在你腦

中的舞臺演出 —— 一遍又一遍地演出 —— 直到你把最成功的情景付諸實現為止。

你用不著希望成為一名演員或什麼大人物，你只須保持自己的本來面目就行了；同時很理智地在你的能力範圍之內採取行動，從你的經驗銀行中提出珍貴無比的經驗財富 —— 這家銀行一向連本帶利付款給客戶的。

你一旦訂下你的目標，回想起往日成功情景，並且也準備接受人性的弱點，那麼你將在危機中感受你的力量，你將發覺自己有足夠的能力來處理危機。

你內心擁有強大的力量，將協助你應付緊急情況。只要你全心全意下定決心獲得成功，只要你訂下你的目標，就可以動用這些力量。

你的成功機器已準備協助你去獲得成功，只要你已經給了這個成功機器一個明確的目標。這個目標最好是以心理影像的方式表現出來的，因為這就等於開啟了這個自動的追求成功的機器。它將幫助你走上成功之路。讓我們來分享一個相信自己的目標終將獲得成功的生動例子：

俄國女皇葉卡特琳娜二世是俄國歷史上頗有作為的女皇，繼彼得大帝之後唯一被授予大帝的女皇。這位德國公主，兩手空空地嫁到俄國，卻為了贏得了克里木和波蘭，打通了黑海出海口，使俄國版圖從 1.642 萬平方公里，擴大到 1.705 萬平方公里，整整增加了 63 萬平方公里。

是什麼力量驅使這個纖弱美麗的女人成就如此的偉業呢？是目標。她為自己樹立了前進的目標：「要是我能活上 200 歲，整個歐洲必交置於我統治之下。」

目標不是約束，目標也不是羈絆，目標是引導你前進的指明燈。在這個世界上只有你自己才能阻止你實現夢想，也只有你才能幫助自己實現夢想。你現在就需要為自己設定的目標馬上行動起來，並朝向這個目標不懈地努力。

　　無論如何，信任你的目標是你為成功邁出的第一步，在前進的道路上，要隨時告誡自己：即使有移山填海之難，也要努力去達成。

播種什麼，就收獲什麼

　　習慣有時候被我們稱為人的第二母親，她是一位好母親。經過一定的時間間隔，人們的神經系統會重複同樣的行為。康布博士說，所有神經系統方面的疾病，它的發作都有一定的週期：「如果我們每天同一時刻進行某項精神活動，最後我們會發現，當某一時刻到來的時候，即使我們事先沒有做好準備，我們也會進入同樣的精神狀態。」

　　在所有動物的身上，牠們的神經系統也會出現同樣的情況，18 世紀拉消防車的馬匹的行為證實了這一點。

　　萬斯博士說：「在納什維爾市，消防隊在坎伯蘭河東部有一輛消防車。從消防車車庫到達市內大廈，需要向西經過 6 個街區，穿過伍德蘭大街和坎伯蘭大橋，再轉向公共廣場。在第一次火災報警時，納什維爾東部消防隊的全體工作人員必須趕到市內大廈，在那裡等待命令。在第二次火災報警時，他們必須馬上行動。」

　　萬斯博士繼續說：「一天晚上，報警器響了。那些馬匹立即就位，消防隊員也在消防車後部就坐。這些馬匹全速疾奔，但消防車的馬夫卻亂了手腳，被拋在了後面。整個車隊全速沿著大街行駛，消防人員全然不知馬匹已成了脫韁之馬，他們倒自得其樂。馬匹穿過大橋，繞過街道拐角處，到達指定的地點停了下來，等待進一步命令。這些消防車的馬夫落在了後頭，他們趕到時已經氣喘吁吁，但發現一切安然無恙。到這時他們才明白，習慣所養的一系列行為方式除了在人身上能固定下來以外，也能在馬的身上固定下來。他們把自己的臉頰貼著馬的臉部，馬匹就是他們無言的朋友。」

對人類來說，習慣可以幫助你完成自己的職責。

教育中最重要的一點，就是使自己神經系統的活動有助於我們的生活。這就意味著，我們要把自己學到的東西變成一種穩定的精神資產，在此基礎上輕鬆地生活。為此，我們要盡可能地把一些有益的行為轉變為習慣性的、自覺的行為，就像抵禦瘟疫那樣避免一些不利的行為方式。

習慣性的不斷重複的行為，往往會轉變為一種機能和行為傾向，這是任何生物的一種內在本性。

在我們的社會，每個人都在用一生的時光撰寫著自己的傳說。心靈就像留聲機一樣，它會忠實地記錄下所獲取的一切，這一點人們是無法左右的。不管多麼微弱的念頭，不管多麼細小的行為，它們都會在心靈上留下印記。心靈會記錄下任何感覺、衝動、願望、雄心、努力和刺激，不管它們多麼輕微，它會將所有這些都燒錄在大腦皮層的組織裡。

年輕人如果不注意培養自己的心性，放縱自己，走上邪路，養成懶散的壞習慣，這對他的一生都會帶來很大的危害，到了晚年再試圖補救往往為時已晚。對於中年人來說，習慣就是命運。

一個人重複了 20 來年的習慣，今天肯定是難以改掉的，這不是很明顯的事嗎？一個人一生都懶懶散散，他說從明天開始要勤奮工作，這種事情堅持下去的可能性到底有多少呢？一個人平時揮霍無度，突然間要做到節儉，可能嗎？一個人平時放蕩成性，突然要培養美德又從何處做起？一個人平時話語粗俗，又怎麼可能一下子變得高雅起來？

「習慣是人的第二本性嗎？不僅如此，習慣是人後天的全部本性！」威靈頓如是說。

卡彭特博士說：「如果從一開始就養成良好的習慣，你的一生都將受益於這種習慣，我們就會很自然地去做某種事情，而無須在意志方面付出巨大的努力。如果精神活動有條不紊，就能節省大量精力，這種現象已被人們長期的經驗所證實。」

如果一個人透過反覆訓練，熟悉了事務的程序，那麼，任何事情都可能變得非常容易。實際上，也只有這樣的人才能取得成功。一個人可以在各種領域掌握很多種技能，但要他在所有這些相關的領域以令人滿意的方式工作，要與別人進行面對面地、激烈地競爭，這對他來說就很困難。

隨著人類文明的進步，全才是越來越少了。如果要想超越他人，我們就該確定一個目標，然後集中全部精力投入到這個目標上去。派翠克‧亨利（Patrick Henry）說：「我們只有一盞燈可以照亮自己的道路，這盞燈的名字叫經驗。」

世界上存在著某種神祕的、無法形諸文字的力量，它影響了無數代人，它會從根本上塑造一個人，賦予他人格，使其無法擺脫或超越這種影響。這就是父母和前輩對人的影響力量。

人們不可能逃避父母的影響，就像不能逃避自己一樣。他也許可以放棄父母帶給他的性格特點，但卻無法徹底擺脫掉。它們會以一種隱蔽的方式主動地溜回來，成為你人生中的一部分。這些特徵不是你的奴僕，而是屬於你的家庭、家族和種族。

羅伯森說：「你播種什麼，就收獲什麼 —— 你只能收獲自己播種的東西。我們向世界表示愛，自己便更富有愛心；你行為謙遜，會使你的內心更加謙遜。你所收獲的東西就是你所播種的東西，只是數量上會有差別而已。如果你播下的是生命的種子，你收獲的將是永恆的生命。」

湯瑪斯‧休斯說：「在我所知道的所有英國諺語中，最令人厭惡的莫過於這樣一句話：『年輕時多播點野種』。不管你從哪一方面說，得出的結論都只能是：這樣的勸誡是邪惡的。不管年輕人，或老年人，無論他播下什麼，都會收獲什麼。對付這種『種子』的最佳方法就是將其投入烈焰中，將其燒為灰燼。而這火便是你工作的熱情。如果你真的要把這『種子』播下去，不管你播在什麼土壤裡，它都會留下長而堅硬的根部和茂盛

的葉子，這倒是肯定的，就像太陽會從東方升起那樣。但收獲的結果也只是由那些種子長成的植物，這只是在浪費時間和土地。」

了解自己最主要的能力

這裡有幾條規則，在對你究竟做什麼工作、參加什麼樣的社會活動等問題感覺到猶豫不定時，它可以幫助你進行思考，引導你把自己的能力用於最佳選擇之中。

在商業、文藝、貿易和技術專業等每一種行業裡，每個人都可以表現出四種主要的能力：

創造性工作 —— 發明、發現或發展新的觀念

假如你有創造力，不用任何人告訴你，你大概就能自我感覺到，在你很小的時候，你的創造才能就有表現的機會。假如你的頭腦中對於你是否有發明的能力、發現能力或發展新觀念的能力有所懷疑，那麼你很可能就沒有這種能力。

即使你認為你有，如果你還從來沒有建造過、設計過、發明過或創作過任何能夠特別使你高興的東西，能夠讓你把它看作是「自己的」東西，你大概就沒有創造能力。如果你確實有什麼創造才能，那麼最能暗示你的是你喜歡做的事是什麼。

行政管理工作 —— 為整個工作或工程的執行和管理制定計劃和政策

如果你是一個富有思考的人，雖在行動上遲緩，可你喜歡分析、解釋、耐心地總結他人的活動的結果；如果你是那種喜歡檢視一項工作的每一個步驟，喜歡把一個工作或一個活動從整體的角度來看的人；如果你能仔細地說明長期規劃和政策並從中獲得極大的東西；如果你擅長邏輯、數

位和經濟，那麼，你就具有作為一個能力較強的行政管理人員最重要的特徵。

行政執行工作 —— 在一個或數個部門具體執行計畫和政策，對其他人進行指導

如果你喜歡人，如果你喜歡行動，如果你喜歡組織和指揮別的人來執行主管交給你的業務和政策；如果你願意負責任，確保那些為你工作的人把工作做好，而且及時做好；如果你相當滿意地把自己的活動限制在這一行業的每一部門，或限制在你對其負有責任的一個活動中，你可能成為一流的實作家。

自己做自己的工作 —— 從事某種個體經營，對其他人的工作不負責任

當然，我們彼此都清楚，有許多人，他們沒有創造能力，或行政管理能力，他們也沒有要為別人的工作負具體責任的願望。可是畢竟還有許多個體工作也能令人滿意，甚至令人著迷。

他們常常如閒雲野鶴，喜歡獨來獨往。正如一位推銷員所說：「我從自己的工作中獲得極大的樂趣。我能賺多少錢，完全取決於我自己的努力。我不想成為一個監督者，我不必在晚上為別的推銷員做什麼或不做什麼而操心。」

雖然說一個人往往能具備這四種能力中的一個或多個，但是大多數情況下，他最擅長的只有一個方面：有創造能力，或有行政管理能力，或者是個實作家，或者善於自己獨立工作。

有許多推銷員，為設法當經營經理而毀了自己；許多機械師設法當工頭但失敗了；許多有創造能力的人為了當上企業管理者而累得身患重疾。

　　由此可見，在我們準備攀登事業山峰之前，在諸多的群山中選擇一座
最適合自己攀登的山峰有多麼重要，因為我們特有的能力和氣質決定我們
會在攀登中輕盈前進，並能在一路的沿途上為我們的山峰增色添彩；不是
每一座山峰適合我們去攀登的，唯有那座埋藏著上帝恩賜於我們理想的山
峰才是我們終要尋覓並去征服的。

第二章
人生沒有絕境

跑過絕境的沼澤地

在大雪之後，一個迷路的旅人敲著一棟房子的門。房子的主人非常納悶：「這麼晚了，又是大雪夜，有誰會來呢？」

他從壁爐邊披了大衣走到門口，當他開門時，才發現是個陌生人，剛剛穿過風雪，滿臉滄桑，當主人抬頭看到旅人走過雪地的腳步時，大為驚駭，他說：「你的運氣實在太好了，你剛剛筆直走來的路，實際上是一大片沼澤，上面只有一層薄冰，住在這裡的人，沒有人敢從那沼澤上走過呀！」

在同樣下大雪的夜裡，一個當地居民被一群野狼攻擊，跑到沼澤旁邊，他只要再直線跑 100 公尺就可以躲過狼群，跑進家裡。不過他知道門前就是結著薄冰的沼澤，他遲疑了半天，決定繞過沼澤奔跑，最後，他成為狼群的晚餐。

我們的人生不正是如此嗎？當我們有信心的時候，萬丈深的沼澤也可以赤腳奔跑；失去希望的時候，一尺深的水池也寸步難行呀！在危急時只有信心才能為你帶來生的機會，在日常瑣碎的生活裡也只有信心才能為你帶來生活的熱情，充滿熱情才可能創造出意想不到的人生奇蹟，在諾曼‧文森特‧皮爾（Norman Vincent Peale）的《創造人生奇蹟》一書中就多次提到這個問題，關鍵點還是我們要有切實的行動，加強信心，創造機會！

全心全意於當下

你所擁有的只是現在。內心的平靜，工作的成效，都決定我們要如何活在現在這一刻。不論昨天曾發生過什麼事，也不論明天有什麼即將來臨，你永遠置身「現在」。從這個觀點來看，快樂與滿足的祕訣，就是全心全意集中於現在的每一分每一秒之上。

　　孩子們過得很快樂，就是因為他們會完全沉浸於現在的片刻裡。不論是觀察甲蟲、畫畫、築沙堡或從事任何活動，他們都能做到全神貫注。

　　成長的過程中，很多人都學會同時思考或擔心好幾件不同事情的本事。過去的煩惱、未來的憂慮，全都擠到現在，讓我們的生活充滿了壓力、使我們的工作效率低下。

　　還有最重要的一點就是我們學會把快樂延後享受，因為我們往往認為未來的情況會比現在好。高中生想道：「有朝一日，我畢了業，不必再聽師長的訓，日子就好過了！」他畢業之後，又覺得必須離開家才能找到真正的快樂。

　　離家進入大學後，他又暗下決定：「拿到學位就好了！」好不容易拿到文憑，這時他又發現，快樂要等找到工作才能實現。他找了份工作，從基層幹起。不需要說，快樂還輪不到他。一年一年過去了，他不斷把獲得快樂和心靈平靜的日期往後延伸，直到他訂婚、結婚、買房子、換一份更好的工作、退休……最後在享受至高無上的快樂之前，他就去世了。他把所有的現在都用於計劃一個永遠沒有實現的美好未來上。

　　你讀了這樣的故事，心有同感嗎？你認識一些永遠把快樂留到未來的人嗎？你是否也是那個行色匆匆的趕路人呢？快樂的祕密，說穿了很簡單，你的生活必須以現在為中心，也就是說我們要學會在生命的旅途中時時享受快樂，而不是把它留到終點才去享用。

　　同樣，我們也可能常常拖延與心愛的人共處的機會。美國前幾年做過一項調查，希望了解中產階級的父親每天能花多少時間陪伴年幼子女。參與者在衣服上別著麥克風，紀錄父親與子女每天溝通的情形。

　　研究結果顯示：一般中產階級父親花在跟子女好好溝通的時間，每天平均為37秒。當然，很多位父親都計畫好好陪他們最心愛的人，只是「等家裡收拾乾淨」、「等工作壓力消除」、「等銀行有更多的存款」……。問

題是沒有人可以預見明天會怎樣，我們所有的人全活在現在，也就是我們要從目前從事的每件工作本身找到樂趣，而不只是期待它最後的結果。

如果你正在粉刷家中陽臺，刷出的每一筆，都該能令你感到愉快，塗料亮麗的色彩讓你的心裡充滿陽光，令你為家居生活的每一點改變感到快樂。你該享受拂面的清風，聽院中小鳥歌唱以及周圍的一切。

那麼我們該如何活在現在呢？我們該擴張自己的感官，體會當下這一刻的種種美妙之處。每一分、每一秒，每個人都可以自由選擇，是否要真正生活在現在，吸收周圍的一切，讓自己受感動、受影響。

活在當下能消除內心的恐懼，心理學告訴我們：會恐懼是因未來可能發生的事而產生的憂慮，這種憂慮會麻痺我們的心靈，使我們無法從事任何建設性的工作。而我們只有在靜滯不動時，才會受制於恐懼。當你一開始行動，恐懼就會消退。活在當下，也就是採取行動而不去擔心後果，為了做一件事而去做它，並不考慮是否能得到應得的報酬。

我們不能不否認，任何實際存在的事物，都不可能一下子憑空消失。如果你心中有牽掛，諸如：擔心車子被偷、自己失業、妻子離棄等等，要把心事騰空，恢復平靜，決非易事。心理學家告訴我們改善心理狀態最有效的方法就是行動、參與。找些事做！隨便什麼都可以。

打電話給老朋友或交個新朋友、上健身房、帶孩子去公園、幫鄰居整理整理花園吧！時間不具實體，它只是一個存在你腦中的觀念。「現在」是你唯一能擁有的時間，要好好把握利用！

馬克‧吐溫曾說，他一生中經過一些可怕的時光，其中一部分甚至是真實的！這話確是實情。我們常在心中為尚未發生的事煩惱不已，受盡折磨，但如果細看屬於自己的現在這一刻，我們會發現，根本沒什麼大不了的問題！

對自己負責

　　成人的定義是什麼？除了獨立、自主以外，最重要的一項就是 —— 負責。

　　有時候，我們會要扛起全世界，總認為自己有義務去負起所有的責任。對一起生活的家人，我們覺得必須要盡己所能去為他們張羅生計，操心他們的婚姻、事業；對朋友，也覺得應該為他們分憂解勞；甚至於對同事、對鄰居，不管是誰，只要是讓我們遇上的人，都自覺要為他們多少負點責任。

　　為什麼會有這種心態？因為我們自設了一個假想：「要是不對他們負責的話，我會令關愛我們的人失望，我們會認為自己對他們根本一點用處也沒有，此後再也不會有人關心我了。」

　　人與人之間的相處並非全都是如此現實的，尤其是來往比較密切的人，更不會以「這個人對我有沒有用處」來衡量此人的價值。沒錯，當附近的人有難時，我們當然會義不容辭地為他效勞，可是如果你的能力有限，他們也不會太過於苛刻的要求你，你何苦攬一大堆責任在身上呢？

　　況且，大多數時候，他們也只要我們給點精神上的支持，讓他們有足夠的信心向前走而已，根本不冀求你給他們什麼實質上的幫助。你更沒理由扛著痛苦的十字架。

　　事實上，我們最需要負責的東西是自己！如果你能確實為自己所做的事負責，少給別人添麻煩，或不再將責任推卸到他人身上，這對身邊的人而言，就是幫了他們最大的忙，不是嗎？

　　以培養一個孩子來說，沒錯，身為人母，有責任照顧小孩，直到他們長大成人。但是，我們這麼做的最終目的，無非也是想讓他們能負起自己該負的責任，當他們能獨立自主的時候，我們的責任也就終止了。此後，他們將對自己的一切負起責任。

兩種自我態度的差別

　　有些人總是貶低自己，詛咒自己的惡運，抱怨自己總受到命運的捉弄。這些人在我們身邊是很常見的。一個人對自己的力量都沒有信心，他又怎麼可能有希望獲得成功？

　　對施行催眠術的人來說，即使是運動員，也能被催眠師剝奪去信心，甚至可以導致他無法從椅子坐起來。一個人如果總是悲嘆自己的命運，認為成功只屬於他人，而與自己無緣，這樣的人注定要失敗 —— 因為自信是一切成功的首要因素，而一個人心中對自信的意念對他有絕對的掌控力。

　　華盛頓‧歐文（Washington Irving）說：「一個人的才能經過充分的發展和訓練，應該大有用武之地。這樣的話，他就不該畏縮在家裡，期待機會找上門來。」

　　一個人得先相信自己，人們才會相信他。一個人如果膽小怕事，對自己沒有信心，不相信自己的判斷力，只是希望得到他人的建議，不敢依靠自己的力量奮勇前進，人們即使相信他，對他也沒有多大的幫助。

　　在這樣一個喧囂不已、充滿競爭的時代，那些膽怯的、猶豫不決的人是沒有多大的生存空間。一個人要想獲得成功，就得勇敢行事，勇於冒險。守株待兔者絕不會取得成功。

　　一個人只有具備正面的心態，充滿自信，他才會認為自己能夠從容自若地應對任何危急情況，才會相信自己經過努力一定會取得成功，也會贏得他人的信任；而大家之所以喜歡他，是因為他勇敢、自立和自強。

　　一般來說，那些成就大業的人總是非常勇敢，富有進取心，而且非常自信。他們勇於獨闢蹊徑，勇於做領導軍隊的將軍。他們一定會贊同愛默生（Ralph Waldo Emerson）的看法：「堅持你自己的道路，不模仿他人。只要是你親身體驗、培養、累積的能力，你在任何時候都可以運用出來。

但從他人那裡照搬過來的東西，你卻未必真正擁有它們。只有上帝告訴你的東西，你才可能做得最好。」

不要懷疑自己

如果我們有可能獲得成功，我們就該嚮往它，努力爭取它。不要懷疑自己，疑慮重重，無端地製造一種不利的氛圍來。如果害怕失敗，老是翻來覆去計算著各種可能性，即使是傑出人物也不可能成功。堅信你自己，即使找不到現成的道路，也要走出一條路來。這樣的話，你才可能獲得成功。

如果一個明智而又堅毅的人說，他能夠做成某事，並且他下決心要做成某事，那麼，我們應該真正重視他所說的話，相信他說的話 —— 儘管過去沒有人做成過那件事。

在耶魯大學時，日後出任美國副總統的約翰·卡爾霍恩（John C. Calhoun）還是一個默默無聞的年輕人，但他非常刻苦學習，因此也遭到同學們的嘲笑。他說：「我不得不爭分奪秒利用我的時間，這樣的話，當我在國會的時候就會從容自若地對付一切。」

人們對此加以嘲笑，他於是宣布：「很懷疑這一點嗎？我想告訴你的是，如果我在三年之內不能如期地作為國會議員抵達首都，我就沒有必要待在這裡讀書了。」

一個人如果對自己的能力充滿強烈的自信，在很多人看來，通常認為他是個高傲自人的人，但偉大的人物通常有強烈的自信心。華茲渥斯（William Wordsworth）相信自己會在英國文學史上占據重要地位，對此他從不諱言。

但丁預見到自己在文學史上的名聲。克卜勒認為與他同時代的人是否閱讀他的作品並不重要，「我要等一個世紀才能盼到一個讀者，因為上帝等待了上千年才等到我這樣的一個發現者」。

弗勞德寫道：「一棵樹要想開花結果，就該植根於肥沃的土壤之中。一個人應該站穩自己的腳跟，靠自己的力量，不要指望他人的垂青，也不要期待什麼好運的降臨。我們只有這樣做，才可能接受生活的磨練。」

伊萊亞斯‧豪（Elias Howe）在貧困淒慘的日子裡努力試驗縫紉機，他卻忘記了自己的家庭和工作，因此遭到他人的嘲笑。然而，他相信自己會取得最後的成功，結果，他為世界製造了一種非常實用的勞動工具。

遭到他人的懷疑、嘲笑、打擊而能堅信自己，這種人在歷史上不乏其例。其中包括了塞繆爾‧摩斯（Samuel Morse）、賽勒斯‧菲爾德（Cyrus W. Field），還可以一直上溯到哥倫布以及今天仍然為世人所知的許多古代偉人。

所以一個人如果不是非常尊重自己，要得到他人長期和高度的信任是不可能的。

誠實地面對自我的真相

人無法按照完美的標準去生活，儘管我們也有一些缺點，但我們仍然能夠生活得很好。

《聖經》中說：「經過磨練我的弱點，我的力量將獲得完美的發展。」

請注意「獲得完美的發展」這句話並未提到容忍弱點，而只是承認弱點在發展個人力量上所扮演的角色。我們以往都犯過錯，將來也會犯錯。我們偶爾會產生負面思想，當事情不如意時，也會覺得怨恨和嫉妒。

如果你是一名推銷員，有時也會使用錯誤的方法來推銷。

如果你是一個母親，也可能因為無法隨時替寶貝女兒添加衣物，而讓她偶感風寒。

如果你在課業上某方面特別突出，可能會在英語及歷史兩科上拿到高分，但也有可能物理學的成績卻很糟。

如果你是投資顧問，有時候你也會向顧客提出不明智的建議。

錯誤是生活中的一部分，我們根本無法完全避免。悲哀的是許多人為了自己的錯誤而責備自己——好幾天、好幾個星期，甚至一輩子也不肯原諒自己。

我們往往會這樣說：「如果我不把錢花在那上面就好了。」或是說：「如果我不把時間花在那上面就好了。」或是說：「如果我能稍微注意一點，就不會發生那件意外了。」

這些人在他們腦中一再重複他們所犯的錯誤，等於提醒他們自己如何愚蠢、如何無能。他們無情且無止境地懲罰自己，然而這麼做對他們並沒有任何好處。這種自我的批評不僅令他們感到悲哀，而且也會造成神經緊張，將使他們造成更多的錯誤，形成一種永無止境的惡性循環。

某些女性永遠也忘不了她們外表上的缺點。她們對這些缺點耿耿於懷，彷彿在這個世界上，只有這些缺點才是真實的。如果她們的胸部不豐滿，或她們的鼻子不夠挺直，她們就要怨天尤人。她們會嚴厲地責備自己，彷彿這些不算缺點的缺點，是她們自己造成似的。

她們這樣做有何好處？沒有。她們這樣想卻損失了健康自我心靈的偉大力量。

不要再虐待自己了。每個人都會遭遇困難。美國大詩人及作家山德堡在他的《永遠是年輕的陌生人》一書中談到了他的艱苦時期：「我在成長期間，也遭遇到痛苦及寂寞的時刻。我記得有一年冬天，經常想要了一死了之……。經過那個冬天之後，痛苦和寂寞還是不時縈繞在腦中，但我已經逐漸明白，我一生所認識的所有最有成就的男男女女，尤其是我在書上所讀到的那些偉人，他們的生活也並不順利，生活中經常出現痛苦與寂寞的時刻，但必須經過一番奮鬥，才能啟發新的心智與力量。」

生活確實是一種艱苦的奮鬥。只有善待自己，才能愉快地生存下來。

成功就是一種過程 —— 克服一個人的缺點，從荒地走向綠洲。

　　一名傳記作家寫道：「愛迪生害羞而內向，但他一談到一種新觀念或新發明時，就變得眉飛色舞，甚至滔滔不絕。」

　　一個人能夠接受自己的缺點，並且克服這些缺點，而獲得成功。最典型的一個例子就是美國最偉大的總統林肯。在《活生生的林肯》一書中，兩位作者保羅·安格和邁爾斯談到林肯和道格拉斯（Stephen A. Douglas）辯論的故事：

　　「選民看到了兩個截然不同的人。雖然道格拉斯的身高只有五尺多一點，但他的肩膀寬闊，胸背挺直，聲音低沉如音樂一般，給人一種堅強有力的感覺。林肯瘦長、全身皮包骨，個性羞怯 —— 站起來足足比他的對手高了一尺左右，他在開始演講時，聲音高而尖銳，充滿鼻音，然而等他進入狀態後，他的聲音就降低下來，使成千上萬的人聽得如癡如醉……」

　　「在西元 1859 年 1 月 5 日，伊利諾州州議會已經證實了秋季的大選結果，道格拉斯再度回到美國參議院。與此同時，林肯也忘記了他的失敗，再度埋頭於律師業務 —— 一方面是為了把失意自腦中予以消除……」

　　「但是林肯再也無法全心全意執行律師業務。他和道格拉斯的辯論，已經全國皆知。6 個月之前，林肯的姓名很少被伊利諾州以外的人提到，但是現在已經有數以百萬計的人知道他的大名。有很多陌生人寫信給林肯，向他請教政治問題；有的則邀請他前去演講。儘管他遭遇了失敗，反而使他成為全國性的重要人物了。」

　　如果你能坦然接受你的弱點，你可以像林肯一樣，加強你的自我心靈。你只要停止批評你自己，強調你個性中「正」的一面，就能在自己身上找到喜歡的東西。

生命並不是一條直線

一個小孩在看完馬戲團精彩的表演後，隨著父親到帳篷外拿乾草餵養表演完的動物。小孩注意到一旁的大象群，問父親：「爸，大象那麼有力氣，為什麼牠們的腳上只繫著一條小小的鐵鍊，難道牠無法掙脫那條鐵鍊逃脫嗎？」

父親笑了笑，耐心為孩子解釋說：「沒錯，大象是掙脫不開那條細細的鐵鍊。大象還小的時候，馴獸師就是用同樣的鐵鍊來繫住小象，那時候的小象，力氣還不夠大，小象起初也想掙脫鐵鍊的束縛，可是試過幾次之後，知道自己的力氣不足以掙脫鐵鍊，也就放棄了掙脫的念頭，等小象長成大象後，牠就甘心受那條鐵鍊的限制，而不再想逃脫了。」

正當父親解說之際，馬戲團裡失火了，大火隨著草料、帳篷等物，燃燒得十分迅速，蔓延到了動物的休息區。動物們受火勢所逼，十分焦躁不安，而大象更是頻頻踩腳，仍是脫不開腳上的鐵鍊。

炙熱的火勢終於逼近大象，只見一隻大象已經被火燒著，牠灼痛之餘，猛然一抬腳，竟輕易將腳上鐵鍊扯斷，迅速奔逃至安全的地帶。其他的大象，有一兩隻見同伴扯斷鐵鍊逃脫，也立刻模仿牠的動作，用力扯斷鐵鍊。但其他的大象卻不肯去嘗試，只顧不斷地焦急轉圈踩腳，竟而遭大火席捲，無一倖存。

在大象成長的過程中，人類聰明地利用一條鐵鍊限制了牠，雖然那樣的鐵鍊根本繫不住有力的大象。在我們成長的環境中，是否也有許多肉眼看不見的鏈條在繫住我們？而我們也就自然將這些鐵條當成習慣，視為理所當然。

於是，我們獨特的創意被自己抹煞，認為自己無法成功致富；告訴自己，難以成為配偶心目中理想的另一半，無法成為孩子心目中理想的父親、父親心目中理想的孩子。然後，開始向環境低頭，甚至於開始認命、

怨天尤人。

　　這一切都是那條繫住自我的鐵鍊在作崇罷了。或許，您必須靜候生命中突如其來一場大火，逼得您非得選擇扯斷鏈條或甘心遭大火焚燒。但願你能幸運地選擇前者，在逃脫困境之後，語重心長地告誡後人，人必須經苦難磨練方能得以成長，也必須自己主動從困境中改變生命的軌跡方能成功。

　　除了這些人生習以為常的方式之外，您還有一種不同的選擇。您可以當機立斷，運用我們內在的能力，當下立即掙脫負面習慣的捆綁，改變自己所處的環境，投入另一個嶄新的正面領域中，使自己的潛能得以發揮。

　　您願意靜待生命中的大火？甚至甘心遭它所焚燒，而低頭認命？抑或立即在心境上掙脫環境的束縛，獲得追求成功的自由？這項慎重的選擇，當然得由您自行決定。生命不是一條直線，而是像棵樹一樣，我們大部分人必須在移植後方能開花。

堅信自己信念的男孩

　　接下來講的這故事跟一個小男孩有關，他的父親是位馬術師，他從小就必須跟著父親東奔西跑，一個馬廄接著一個馬廄，一個農場接著一個農場去訓練馬匹。由於經常四處奔波，男孩的求學過程並不順利。

　　國中時，有次老師叫全班同學寫作文，題目是長大後的志願。那晚他洋洋灑灑寫了 7 張紙，描述他的偉大志願，那就是想擁有一座屬於自己的牧馬農場，並且仔細畫了一張 200 畝農場的設計圖，上面標有馬廄、跑道等的位置，然後在這一片農場中央，還在建造一棟占地 4,000 平方英尺的巨宅。

　　他花了好大心血把報告完成，第二天交給老師。兩天後他拿回了報告，第一頁上打了一個又紅又大的 F，旁邊還寫了一行字：下課後來見我。腦中充滿幻想的他下課後帶著報告去找老師：「為什麼給我不及格？」

老師回答道：「你年紀輕輕，不要做白日夢。你沒錢，沒家庭背景，什麼都沒有。蓋座農場可是個花錢的大工程，你要花錢買地、花錢買純種馬匹、花錢照顧牠們。」他接著又說：「如果你肯重寫一個比較不離譜的志願，我會重打你的分數。」

這男孩回家後反覆思量了好幾次，然後詢問父親的意見。父親只是告訴他：「兒子，這是非常重要的決定，你必須自己拿定主意。」

再三考慮幾天後，他決定原稿交回，一個字都不改，他告訴老師：「即使拿個大紅字，我也不願放棄夢想。」

20多年以後，這位老師帶領他的30個學生來到了那個曾被他指責的男孩的農場露營一星期。離開之前，他對如今已是農場主的男孩說：「說來有些慚愧。那時候我曾潑過你冷水。這些年來，也對不少學生說過相同的話。幸虧你有這個毅力堅持自己的目標。」

能如此堅信自己目標的人真是少之又少，我們大多數人不是將自己的目標捨棄，就是淪為一種缺乏行動的空想。這也正是為什麼最後站在山峰上的人只占最初登山人群的極少數的原因，大多數人在中途就放棄了自己或是早已忘記了自己最初的目標。

正面的信念

正面的想法與正面的信念有什麼區別呢？如果你真的能聽一聽自己的想法，又會怎樣呢？這些想法是正面的，還是負面的？你怎樣安排你的意向，是為成功還是為失敗？你思考的方式對你的成就有著深刻的影響。

一個年輕人，在第二次世界大戰時徵召入伍，於大舉進攻歐陸後數月被送到歐洲，他是步兵連中的其中一名步兵。在阿索斯與勞倫之間，他第一次參加了抗德戰爭。

他在前線待了大約6個月的時間，原有200多人的一個連，只剩了少

數幾個生存者，他是其中的一個，他從小兵升到了上士班長，三度獲得獎章；一度獲頒英勇勳章。他曾在夜間多次帶兵到敵後偵察，在無數次攻擊敵方的堅固陣地時奮勇當先，可謂九死一生。

某次，在一個德國邊境的大鎮上，他擊毀一架敵方機槍，救了一名受傷戰友的生命，還把他拖回安全地帶。

又一次，在深夜到敵後偵察時，他的排長叫他帶領一班人，穿過鐵絲網和地雷區，替情報組到敵兵間探取情報。他身先士卒，逮了四個敵人回來，所得到的情報，對一次擊敗德軍的大舉反擊頗有幫助。

在另一次偵察中，他帶了一班弟兄，越過一座橋梁，進入小村邊緣上的一座獨立小屋。

在黃昏時分，他們擊斃了一名守門廊的德軍。

他和他的手下在那座獨立小屋中過夜，跟其他連隊的士兵隔著一座橋，那個腐爛的屍體仍留在門廊之中。在大家懼怕敵人圍攻之時，這位年輕人的沉著勇敢，使他的手下鎮定地度過了一夜。

某次，他勇敢驃悍的獨自出動，然後隨同前哨的一位戰友返回。前哨是在一家啤酒廠的旁邊，他們白天曾在那裡經過。他們兩人帶了一大桶啤酒，爬過一個邊鎮的街道，悄悄越過德軍所設的狙擊兵和炮彈陣地，把那桶啤酒帶給他們的戰友。

不管怎樣，他並未死於這場戰爭。不用說，那是令人膽戰心驚的事情，但在其他人都嚇得魂飛魄散的時候，他總是控制了畏懼，並去執行上級所派給他的領導任務。

然而像這樣一個飽經危險和不安的人，竟然畏懼牙科醫生，說來也許會令你感到驚異吧？在約定去看牙醫的第一天，他竟然恐懼得無法工作。即使那只是洗一次牙或填補一個小小的蛀洞，也是如此。

甚至，當他聽到渦輪手機開始吱吱作響時，都會緊張得死命地抓著椅把。而當渦輪手機開始操作時，他竟然嚇得冷汗直冒而昏了過去。說來豈

不是難以相信？

這種現象應該如何解釋呢？那就是不同的心態導致了不同的結果。

在前線時，他相信自己，並以他的任務自豪，因此可以忍受面臨的嚴酷考驗。在牙科椅上時，他對他的恐懼感到羞恥，他知道這是沒有道理的事，畏縮的是他的自我心靈。

保持正面的態度並激勵自己，是我們每天早晨都要做出的選擇。過正面的生活是不容易的，但過負面的生活也不容易。正面思考比負面思考好，它有助於我們最大限度地發揮我們的能力。

正面的信念絕不僅僅是正面的思考，它是一種理由，相信正面思考將發揮作用。正面的信念來自於對未來有準備的信任態度。但如果正面的信念只是擁有一種正面的態度，卻不做出努力，那麼它也只不過是一種夢想。

恐懼是一個黑暗的洞房

事實上，當我們的思想處於負面狀態時，那只是因為我們內心對未來可能會發生的事感到恐懼。恐懼本身並不是一件壞事，它能使我們注意到未來的挑戰，為我們敲響採取行動的警鐘。恐懼反應是我們對極度的危險保持警覺的本能，但是日常生活中我們遇到的常常是有危險但又不是極度危險的處境。

在這種處境中，我們產生了各種不同程度的恐懼，從常見的憂鬱到焦慮不安、恐慌以至極度的緊張。心理上的恐懼表現於身體，恐懼的心理會使我們心跳加速，手掌出汗，胃感到噁心，正是因恐懼產生的這類情緒反應使我們在現實面前退縮。

商場上，對失敗和變化的恐懼是阻礙人們前行的兩個最常見的因素。人們迫於生存又不得不改變或進行變革，有趣的是，有多少企業在做出這

種變化抉擇之前已經失敗了。

恐懼大多基於人們的想像中發生的事件。我們可以將它形容成是一個黑暗的房間，從中滋生著負面不良的東西，它（FEAR）是幻想成真（False Expectation Appearing Real）的首字母縮寫詞。

但是無論如何，令我們感到恐懼的事並不是已經發生或正在發生的事，而是未來很可能發生的事。現在還要思考你因恐懼而導致的負面處境中所浪費掉的時間與精力，想像一下，你若是將同樣的時間與精力運用於對成功結果的思考，情形會有多麼大的不同。

有個故事講的是 1930 年代監獄中的一個囚犯，庭審後一週，被判處死刑。看守嚴密地監視著他，以防他有什麼不測，導致不能執行公開槍決。但每當他們視察他的單人牢房時，都發現他很高興：寫信，唱歌，並樂於與他們開玩笑。他們覺得他瘋了。時間一天天地過去，他的行為卻一點都沒有發生變化。

在對他行刑的那一天，看守給他送去了最後一頓飯，其中的一個看守再也忍不住了，他問那囚犯，知道自己就要死了，為什麼還這樣高興。他回答說：「我現在活著，未來無論如何都是要到來的，所以我只管享受現在。」

問問你自己，害怕什麼，為什麼害怕。我們現在談論的不是恐慌症，恐慌症根源於童年時代所受的創傷，不過即便是恐慌症患者，他們面臨危險時也能戰勝恐懼。我們現在談論的是那些你相信未來會發生的「事件」，其實，你越是確信它們不可避免，它們便會越來越強烈地在你的腦海中形成未來的真實事件，並且，一旦你強烈地相信，它多半便會發生。

拿商業行業作為例子，我們都知道，對大多數公司來說，冒險地做出一個錯誤的決定，其結果可能會是破產。然而，根據經驗，當某一個決定所擁有的危險將要來臨時，問題早已存在了，即使不是幾年，也有幾個月了。可是，恐懼將決策者們折磨得越來越縮手縮腳，他們不是去勇敢地面臨挑戰，而是去籌畫貸款，召集顧問和預測會。

恐懼使我們陷入過去而不能自拔。我們與朋友和同事在一起時常幸福地回憶「過去美好的時光」，那時的一切都更安全。過去總是要比現在更為穩定，因為它不再發生變化。當我們回想過去時，我們總是要選擇愉快的經歷，但是對於未來，我們能感受的卻是未知和動盪不安。

沉思一下在個人生活和事業兩個方面我們為什麼遲遲不能做出積極變化的原因吧，或許是因為我們在固守拖延者的座右銘：「明年再做吧」。同時，我們停留在原地不動，因為與想像中等著我們去做的事情相比，過去是個相當安全的港灣。

應當切記的是，你擔憂未來將要發生的任何事情，無論它看上去顯得多麼真實，但實際上並沒有發生。認知到恐懼的虛幻並擺脫恐懼，想像成功的結果並以之取代恐懼，努力使這種新的未來變成真實。

你是獨一無二的

在兒童時代，我們就常被告知，雪花是獨一無二的，沒有任何兩朵雪花是完全一樣的。我們的指紋、聲音和 DNA 也是如此。因此毫無疑問地，我們每一個人都是獨一無二的個體。

然而，儘管我們知道歷史上從來沒有一個人跟我們完全一樣地存在過，但我們還是習慣將自己與別人相比。我們習慣把他人作為標準來衡量我們所取得的成功。當我們在報紙上讀到某人取得的偉大成就時，也習慣從「自己比較年輕」找到安慰：到了他們那個年紀，我們也可能取得同樣的成功。

把自己與別人相比是毫無意義的，因為你根本就不知道別人在生活中的目標與動力，你也不具備別人那種獨一無二的能力。你應該這樣想才對：他有他的才幹，你有你的才幹。

我們常常誤以為，才幹就是音樂、藝術或智力等方面的天賦，實際上

並非如此，我們每個人都有一些美妙的、而自己卻一直忽視的才幹，諸如熱情、耐力、幽默、善解人意、交際才能等等，它們是有助於我們取得成功的強而有力的工具。

因此，不斷地拿自己與別人相比，只會使你對自我形象、自信以及你取得成功的能力產生負面影響。你應該向一個人請教，你自己的能力是否得到了充分的發掘──這個人不是別人，正是你自己。

我們的獨特價值是如何得來的？使我們成為獨一無二的，是我們透過思想意識的作用而使自己內部產生變化的能力。我們對自己的認知、對自己的定位以及我們將要實現的目標決定了我們在這個世界上的獨特位置。

科學家認為，一個人50%的個性與能力來自於基因的遺傳，這意味著另外的50%源於創造和發展。從後者來說，你最希望自己做哪些改變？當然，有些方面是我們無法改變的，比如身高、眼睛、膚色等等，但是我們卻可以改變對它們的看法，這是一種優良的品格。

我們常常聽到有人這樣評價自己：「我沒有什麼特別」。實際上，人人都是很特別的。如果你不相信這一點，那麼便沒有什麼人有特別之處了。

如果認定了自己的獨特，你同樣也就能造就你獨一無二的形象，也就是說，你可以創造出自我的特殊品牌。我們希望你現在就用一個肯定性的詞語來描繪你身上令你自豪的地方，這是標明你具有獨特自我形象的第一步──不僅是現在的你，而且是你想成就的你。

在鞦韆盪高的時候

就像一個人坐在飛盪著的高空鞦韆的情形一樣，他不敢鬆手，不敢去開始他要表演的雜技藝術的第一步。因為只要他抓緊了，他就是安全的，直到最後，他疲倦了，鞦韆也不再晃動，他降落到安全網上。

　　相反，夢想成為新星的雜技演員，儘管也害怕鬆手，但卻相信事情的可行性，因為即使最壞的事情發生了，他也會落在安全網上，並從自己的失敗中吸取教訓。

　　為了到達目的地，我們要常常運用自己的膽識去發現我們目前的處境，無所畏懼，並從失敗中吸取教訓，比如開展業務、開拓土地或是單純地學習一項新的技術，都需要我們的膽識，膽識來源於堅定的信念：不僅可以取得成功，而且有保障取得成功。

　　對於以成功為目的的人來說，害怕的不是失敗，而是沒有充分實現自己的生活夢想及對於他們沒有去做想要做的事情的反悔。

　　生命結束時，我們不會後悔我們沒有做成功的事情，而是後悔從沒有去做的事情。

　　假設你現在要開始你自己的小生意，你在辦公室裡裝上了傳真機，印好了你的信箋信封，分發了很多小傳單，向潛在的客戶送出了上百封的信函。但一切都是白費功夫。

　　於是你決定下一步去約見那些潛在的客戶，於是在沒有事先接觸的情況下你直接打電話給潛在的客戶，可是你卻半途而廢，因為你遭遇了太多的拒絕；即使你遇到了成功的機會，也會特別緊張，說話不得要領，為自己的冒昧電話而遺憾，無法獲得見面的機會。

　　為什麼？因為被人拒絕、被人瞧不起的恐懼使我們退縮。想像中的失敗感超出了想像中的成功感。奇怪的是，克服這種恐懼心理所需要的膽識與個人英雄主義沒有什麼兩樣，它需要堅韌的毅力，確定的目標，對成功的堅定信念，並一心致力於目標的專注，也就是說無論遇到何種情況都不放棄。

　　當你對打這類電話感到極為恐懼時，最初的幾天裡先嘗試打 5 個，然後換成 20 個，接下去是一天打 50 個，直到你解除了自己的心理限制，這時你便會發現打電話給客戶是一個必要的過程。

生活中要戰勝最主要的恐懼是對失敗本身的恐懼。失敗既然已經發生，就要從中吸取教訓，失敗並不能證明你總是要走向失敗。現代最偉大的高爾夫球手傑克‧尼克勞斯（Jack Nicklaus），對一個從事這項活動的青年球手說，他永遠不會忘記，他失敗的次數遠遠超出成功的次數。

我們必須懂得，失敗是進步曲線的一個部分。無論我們做的是什麼事，失敗只是意味著我們做事的方式不對。考察一下那些成功取得高銷售額的推銷員共同之處是：與潛在客戶有了六七次近距離接觸之後，他們才開始與人約見並推出產品。

這些推銷員並不是什麼幸運者，他們只具備了充分的信心與膽識加上恰到好處的處事方式，最終戰勝了被人拒絕的恐懼心理。

如何發現自己的膽識？答案很簡單，一心致力於自己的目標，把通向成功的每一步都看成是必要過程的一個組成部分。

與生命中的阻力作戰

幫助我們度過重大的緊急關頭的力量，是長期儲備和長期忍耐的結果。克雷爾宣稱，積蓄力量對一個人來說同樣意味著成就，它使你在需要的時候，能夠做你力所能及的最偉大的事情；它使你在行將失敗的時候，能夠做一些重要的事情來；它使你總是表現得很好，尤其是在一些情勢急轉直下的危急關頭能做得最好；它使你能堅定不移地進行長期的戰鬥，直到有所成就。如果具有這種非凡的力量，你就永遠不會知道什麼是被擊敗，因為你從來不會被擊敗。

對沒有積蓄足夠的力量的人來說，每一次失敗都是一次致命的「滑鐵盧」。而正是這種積蓄的力量，使一個人能夠牢牢地抓住他想要的東西。

當你知道你沿著正確的路線前進時，就不要讓任何失敗模糊你的視線，瓦解你的鬥志，因為你不知道你離勝利還有多少距離。

一個人生命中最危險的時候，就是他招架不住準備投降的時候。失去勇氣的人將全盤皆輸；然而，不論一個人有多麼的窮困，不論他的環境是多麼的艱難，不論他的朋友們是否理解他，不論他在世上多麼的鬱鬱不得志，只要他能夠保持他的幹勁，抬起頭來，用自己的雙手勞動，以不屈不撓的意志力來決心做他想做的事、做他想做的人，那麼他必將有所收益。沒有什麼外在的東西可以置一個人於死地，內在的東西才具有生殺予奪的大權。

科爾頓說，在一個人灰心失望的時候，縱然是莎士比亞也寫不出詩來；拉斐爾也會對自己是否配稱作一位畫家表示懷疑。但莎士比亞寫出了偉大的詩篇，拉斐爾描繪出了偉大的畫卷。

他們之所以偉大，正是因為在藝術生涯中，當他們遇到不可避免的失望、苦惱和辛苦時，他們從來沒有放棄。惠普爾說：「天才，往往是在艱苦的勞動中邁向成功的，他拒絕向一切艱辛和挫折投降。在他看來，這些艱辛和挫折不過是他邁向宏偉理想的階梯。」

在發現新大陸的旅途中，哥倫布飽受磨難，在那一次最為記憶深刻的旅途中，他只是一天又一天地寫著簡單而嚴肅的一句話：「今天我們向西航行，那是我們的方向。」隨著指南針方向神祕的變化，發現新大陸的希望時起時落，恐懼和沮喪抓住了船員們的心。但哥倫布毫不畏懼，一直向西方前進。

如果往西是你的方向，那就夜以繼日的前進，讓流動的時間和堅定的意志成為你的航海圖，指引著你在波濤洶湧的大海上航行；如果往西是你的方向，穿過陽光，穿過颶風，穿過暴雨，穿過冰雪 —— 儘管只有一艘簡陋的破船，還有動搖不定的同伴。

總有一天夜裡，你會發現一絲光亮，它預示著你已經達到了夢寐以求的新大陸！

擁有自己的一根「精神手杖」

　　以《人間喜劇》名揚天下的法國大作家巴爾札克（Honoré de Balzac），自身卻多以「悲劇」演出，一生坎坷。然而，頑強的挫折耐性使他擁有大無畏的勇氣，使他能直面每一個挫折，絕不向命運低頭。他曾在自己的手杖上刻了這樣一句話：「我粉碎了每一個障礙。」

　　挫折耐性，作為現代人不可或缺的一種重要心理素養，亦是時代要求每個具有奮鬥精神的人必須擁有的「精神手杖。」幾乎可以說，一個人奮鬥目標的層次，是與可能遇到的挫折的大小成正比的：你追求的層次越高，往往遇到的挫折也越大。因此，當你踏上奮鬥之路時，一定要檢視自己是否擁有了這樣的「精神手杖」。

　　一位睿智的老人為經寫道：

　　成功的花兒
　　人們只驚慕她現時的明豔
　　然而當初她的芽兒
　　浸透了奮鬥的淚泉
　　灑遍了犧牲的血雨

　　這「淚泉」和「血雨」就是伴隨成功過程而經歷的挫折！有「耐性」的人能夠審時度勢地將「淚泉」化為「清泉」，把「血雨」變為「春雨」，從而開放出絢麗的心理智慧之花。

　　據科學家研究：在影響成功的因素中，心理素養的優勢將占據重要的地位。社會資訊藝術化的逼近，意味著對人們的適應力將提高到前所未有的水準。所謂適應，從某種意義上來說，也就是克服困難、跨越挫折的過程。而世界範圍內所掀起的生存激烈競爭的大趨勢，亦在加劇著對人們的挫折耐性的考驗。

　　一個人的挫折耐性可以從各方面悉心培養，例如，從青少年時代起即

樹立遠大的奮鬥目標，以獲得克服挫折的可靠動力；注意提高自身解決困難問題的能力，以有效手段贏得克服挫折，為了加強身心健康，改善對挫折的承受力，還可以透過爬山、探險（當然，要在有安全保障的條件下）等活動鍛鍊自身的意志力。

如果你不幸由於失誤遇到了重大的挫折，也不必驚慌失措，這時你不妨先安定下來，耐心地研究一下造成挫折的原委。一般來說，「重大的錯誤，和粗繩子一樣，是許多細微部分組成的。你把一根繩子分成絲縷，你把所有起決定性的因素分析出來，你便可以把它們一一粉碎，到時候你會說：『不過如此！』你如果把它們編起來、把它們扭成一根粗繩，它們又能起極其巨大的影響。」

求助的章魚

有一位年輕人來找心理教授，他對大學畢業之後何去何從，感到無比的彷徨。他向教授傾訴一籮筐的煩惱：沒有考上研究所，不知道自己未來的發展；想著前途茫茫不禁悲從中來；想起女朋友可能在服兵役時移情別戀，就覺得憂心忡忡。

他的煩惱真多，在眉宇談吐之中，就可看出他被負面情緒所困。教授聆聽了他的敘述，了解了他的想法，給了他一些建議：

「人活著都會有煩惱，但有許多的煩惱是自己繫上去的，不是本來就有的。你要弄清什麼是真實的問題，什麼是想像的煩惱。然後毅然擺脫那些想像的懼怕或擔憂，面對真實的問題，設法解決。」

教授教他把煩惱一個個記在紙上，判斷它是否真實，一一備註在旁邊。哪些是真實的，哪些是想像的：經過實際分析，發現他的實際困擾其實很少。他看看自己寫的那張困擾紀錄，不禁說：「我無病呻吟！」教授注視他，微微對他點頭。

教授對他說：「你曾看過章魚吧！」

年輕人點頭。

「有一隻章魚，牠在大海，本來可以自由自在地游動，尋找食物、欣賞海底世界的景致、享受生命的豐富情趣。但牠卻找了個珊瑚礁，伸出八隻強大的手臂，牢牢地攀住珊瑚礁，然後動彈不得，吶喊著自己陷入絕境，你覺得如何？」教授用故事的方式引導他思考。

他沉默了一下說：「你是說我像那隻章魚？」他接著說：「真的很像。」

於是教授提醒他：「當你陷入煩惱的習慣性反應時，記得你就是那隻章魚，要鬆開你的八隻手，讓它們自由游動。繫住章魚的是自己的手臂，而不是珊瑚礁。」

他深深吸了一口氣說：「我了解了。」他從椅子上站起來，教授發現他眉宇之間呈現開朗的曙光。

人的心很容易被種種煩惱和欲望所捆綁。但都是自己把自己關進去的，是自投羅網的結果，請注意別作繭自縛，要鬆開煩惱的繩索。

心靈的兩個本能

人的心理活動，潛藏著兩股勢力：其一是面對真實，是刻苦和成長的動力；其二是自暴自棄，是傾向於毀滅自己的衝動。這兩種力量同時存在，互為消長。

當我們克服困難，建立正面、主動的態度時，毀滅的衝動就漸漸式微，甚至被轉化成正式的精神力量。這是人類精神生活得以提升和成熟的轉機，而愛和智慧就是那精神力量的光環。

相反的，當毀滅的衝動擴大，負面的特質增多，積極性和創造性被壓抑下來時，沮喪、頹廢和暴力就逐漸擴張，悲劇和暴戾之氣就明目張膽地

出現。這是邪惡的傾向，是精神生活的惡魔。心理學家佛洛伊德把它稱作死亡本能，而宗教把它稱為魔鬼。

心靈生活中，一直是兩種力量互相傾軋。你若不提高警覺，尤其在遭遇挫敗的時候，邪惡的負面想法就會乘勢竄起，一時覺得情緒惡劣，前途悲觀，嫉妒仇視的想法也容易出現。我們應時時保持警覺，看清這兩種力量的消長，掌握自己正確的思考、行動和觀念，才不致被挫敗的大浪卷走。心理學家布蘭德曾說：「任何人都會在不警覺時墮落，能立志不墮落的人，實在難得。」

人生活在求生存與自我毀滅兩個勢力之間，精神分析學上稱它叫生的本能和死的本能。我們只要把握光明的一面，用愛、意志和智慧的力量，就能走出陰霾，迎向光明的未來。

幾年前，有一位年輕人，來找心理學教授，他憂愁沮喪，非常痛苦。他說：「我的經濟情況不好，女朋友的父母對我們的婚事沒有很贊成；我覺得很沒有尊嚴，所以決心離開她。」心理學教授很仔細地聽他的傾訴，確切地問他：

「你是說她父母沒有很贊成？或者反對到底？」

「沒有那麼強烈，只是不太支持我們的婚姻。」

「不太支持，只是沒有肯定地表示支持，這不能解釋成他們全然反對。如果一定要結婚，他們還是會同意的，不是嗎？」

「老師，他們不贊同，表示他們瞧不起我，令我很沒面子，這使我覺得痛苦。現在，我正陷入結婚或分手的掙扎之中。」談到這裡，他的負面思考特質已然暴露無遺。如果不設法改變他的錯誤思想，他有可能決定離開女朋友。而他深愛他的女友，這一來，他會被自毀性失戀所困。另一方面他的自尊將永久受損，這會使他振作不起來。於是教授問他：

「你們兩個人深深地相愛嗎？你們的戀愛和她父母親不支持的態度，是同一回事呢？還是兩回事？」

「有些關係，但應該是兩回事。」

「那麼要把兩件事分別來思考。首先，要積極鞏固你們的愛情，要有共同的目標和希望，這樣才會快樂，才有信心面對那些困難。其次，她父母親不太支持，並不見得反對你們結婚，如果你們的愛情堅固，他們是可以被說服的。」

心理學教授接著分析：「請注意，不要把美好愛情和自尊受挫混淆在一起。你的痛苦和沮喪，源自沒有把兩件事區隔開來處理。你已經為這件事和女朋友鬧得愁雲慘霧了嗎？」

「我正想疏遠她，但還沒有開始。」

「你若離開她，你想她會有什麼感受？你又會有什麼感受？」

「她會很痛苦，我也會。但痛苦一段時間就好了，她可以找一位他父母親看得起的人結婚。」

於是心理學教授針對他的想法做了以下的引申：「你是說，為了沒有得到她父母充分的支持，你就背棄了她？你認為你的愛情是可以找一位她父母看得起的人來替代你跟她結婚？然後，你眼睜睜地看一場悲劇發生？這是你願意看到的嗎？」

「當然，我不願意，所以我才如此痛苦。」經過一段時間的反詰交談，他漸漸弄清楚自己什麼樣的想法所困。他說：「我想，我原先的想法是錯的。我應該把事情區分開來處理，追求比較好的結果。」

在現實生活中，這種不自覺而墮入困境、自毀前程的事例很多。他們不是心理有問題，只是一時被負面的衝動困住。這個邪魔一般的衝動，如果沒有及時處理，悲劇就會出現。

每一個人都應該清楚，在自己心中有兩種勢力，一股是通往光明的愛與智慧，一股是挾持人走向毀滅的惡魔。我們的生活態度是迎接光明，而不是屈服於惡魔。

恐懼的根源在於自尊感低

當你的自尊感低下的時候,你經常會被恐懼所左右,害怕現實,覺得生活不踏實。你害怕事實,無論是關於自己或他人。你拒絕他們、排斥他們、壓制他們。你害怕自我偽裝的崩塌、害怕拒絕、害怕失敗的恥辱,有時甚至害怕成功帶來的責任。你生活更大的目的在於避免痛苦而非體驗歡樂。

那些在充滿挫折、負面以及各種批評的環境中長大的小孩子,經常會成為卑微的成年人,缺乏足夠的自尊。「害怕被拒絕」的恐懼成為「害怕變化」,於是他們隨波逐流,追求與社會制度相配的安全與地位,不敢「輕舉妄動」。「害怕變化」最後成為「害怕成功」,「害怕成功」幾乎和「害怕被拒絕」一樣強烈。

「害怕成功」之所以會充斥在我們的社會中,原因在於我們小時候所受的教育。

在嬰兒時期,我們一直被父母的愛所包圍。接著,我們開始知道,有許多事情是我們做不好的、是我們不應當去做的。我們會在電視電影中看到英雄彼此互相指責、互相殘殺、互相破壞對方的生活,然後,奇蹟般地在最後關頭完成任務。

我們在家看到心目中的模範人物 —— 父母 —— 為金錢問題困擾,有時候感情也不會這麼親密;收看晚間電視新聞時,還會大方地搖著頭。在我們以 10 多歲青少年或小大人的身分踏這個世界之前,我們得到了這樣的指示:今天的世界,我們希望擁有的一切因為資源的稀缺和全球化的生存競爭,而需要我們用更昂貴的代價去獲取。

所有這些令人洩氣的現象中,又產生了一種最奇怪的矛盾現象,父母對於沒有太多時間陪伴孩子享受美好時光感到深深地愧疚,因此他們企圖收買孩子的愛,於是供給大量的金錢,以及各種他們無法享受的物品。

　　最後，他們卻告訴我們，出去奮鬥，為自己的權益去奮鬥，要幹得比他們好。同時，他們還對我們做了很微妙的暗示提醒：「既然我們對你的前途做了這些重大的犧牲，那麼，你絕對不能失敗。」

　　結果我們就產生了「害怕成功」的後遺症，甚至對任何嘗試都恐懼。它的特點就是拚命為自己做合理的解釋，以及盡量地拖延：「我無法想像自己獨自獲得成功」、「我可以替你辦妥這件事，但我無法替自己辦妥」、「我按照他們通知的，在早上 8 點 30 分就去應聘，但找到了那裡，應聘的隊伍已經排了半條街道，所以，我就離開了」、「我很願意做這件工作，但是我沒有足夠的經驗」、「我會把那件事辦妥的，只要我有充分的時間……在我退休之後」。

　　大多數人都了解，普通人只要運用想像力，就能發揮創造力。他們都曾閱讀過一些偉人傳記，這些偉人本來也都是普通人，他們都是在克服重大的缺點與障礙之後，才成為偉大的人物的。

　　但普通人卻無法想像這種情形會發生在他們自己身上。他們養成了回顧過去的習慣（加強了失敗的意念），並且幻想同樣的情形會再出現（預測失敗）。由於他們受制於別人所訂下的標準，因此，經常把目標訂得高不可及。他們既不真正相信夢想能夠實現，也未充分準備，因此，他們一次又一次地失敗了。

　　失敗已固定在他們的自我心靈中，就在似乎已有突破達到頂點或真正進展的時候 —— 他們卻把它搞砸了。事實上，對成功的恐懼感，使他們拖延了為成功準備的工作以及創造的行為。而為失敗所找出的合理解釋，正好可以滿足這種微妙的感覺：「如果你們也經歷過我的遭遇，你們也不會有所進展的。」

　　如果我們感到自己無法理解必須應付的現實生活中至關重要的部分，如果我們以無助的心態面對生活中重要的問題，如果我們因害怕成功或害怕失敗而不敢堅持思想，如果我們感到現實是自尊心的敵人（或假設它

是），那麼這些恐懼會挫傷我們的堅強意識，並進一步使問題惡化。

對待生活的基本問題，如果我們以這樣的態度：「我怎麼會知道」、「我怎麼會判斷」、「我怎麼能肯定」或者「有自我意識真危險」，或者「努力去理解、去思考都白費功夫」，那麼在起步時我們已經傷殘了。若連自己都認為自己的追求是不可能的或毫無價值的，那麼我們還會努力求索嗎？

我們的自尊並不能決定我們的思想，它們之間的關係沒有那麼簡單。自尊影響的是我們的情感推動力。我們的情感趨向於鼓舞或滯後我們的思想，推動我們追求或躲避事實、真情或現實，引導我們趨近或遠離成功。

自卑是一種不健康的想像

暫且不提喪失信心一事，事實上，為自卑感所束縛的人不在少數。如果放任自卑感不管，不知不覺中，人生就會被陰影所籠罩。然而，自卑感是可以克服的，很多有成就者都是在克服自卑後，獲得了巨大的成功。因此，你沒有理由不克服它。

心理學家給「自卑感」定了如下的定義：一種不健康的想像，認為自己不可能成功的心理狀態。你不能拋棄這種想像力嗎？雖然你的自卑感是一種想像的東西，但是卻能衍生出喪失信心、自我意識淡泊、不安、恐懼、無能等心理疾病。

你的信心是牢不可破嗎？現在可以從下列幾個測試中，了解自己的信心程度。

✧ 你會不會委屈於人？
✧ 在家庭或工作場所會不會大聲斥責別人？
✧ 是否在意別人對你的看法？
✧ 是否經常緬懷過去？

✦ 面對陌生人是否畏縮？

✦ 接觸到新事物時會不會慌亂？

✦ 因失業而感到恐慌嗎？

✦ 找尋新工作時會不會感到害怕？

✦ 上司對你說話時，你是否會手足無措？

如果其中一個問題的答案是肯定的，就是危險的信號，表示你需要再加強信心。你應根據本書所說的提高信心的方法，請從今天開始，確實地實行。

為什麼一些身體健康、頭腦清晰、外表不凡的人會有自卑感呢？心理學家有什麼解釋？依照心理學的說法，自卑感在 6 歲前就形成了，主要是父母面對子女的態度不當：原本希望生女兒，卻生了兒子；希望生兒子，卻生了女兒；或者長得沒有兄弟姐妹漂亮；對子女不公平，動輒不耐煩地苛責；相反地，也可能是父母嬌寵過度、事事做主、不讓孩子負責任。這些都是造成自卑感的主因。

其中，學校教育是最重要的因素。因為成績不佳、運動能力差而受到同學的嘲弄，或者衣服破舊、父母口音重、居住環境不良等而受到同學恥笑。

有一點必須了解，現在困擾人們的自卑感，在實質上和孩提時代並無不同。小時候，了解自己抱有自卑感，或者與別人有何不同，只不過心裡感到淒涼罷了。但現在是個成人，情況已經不同，沒有必要再為過去的傷痕而煩惱。自己不僅不再是小學生，而且還是一個受過相當教育、具備相當經驗的成年人，恐懼豈不是太孩子氣了嗎？如果這樣想，就能拋棄從孩提時代背負至今的不幸包袱。

另外一種常見的心病，就是自覺不如他人，在上司面前提心吊膽。只要一天不拋棄這種現象，就不能指望受到上級的賞識。

一位銷售教育影片的推銷員，在剛開始工作時，也深為自卑感所苦，每次去拜訪有名望者時，總無法克制膽怯，在運用了這些技巧後，終於把它完全排除了。

這位推銷員年僅 26 歲，主要的工作是向大公司的營業經理推銷訓練的教育影片。剛開始，當他被引入高級主管的華麗辦公室時，內心總會忐忑不安。這些人並不可怕，且態度親切，但一跟他們見面，他就自覺矮了半截。

他後來回憶說：「跟他們見面時，我總覺得自己像個小孩。因為自卑感的作祟，當時我的推銷方式簡直拙劣不堪。坐在他們的面前，使我覺得他們像是可怕的巨人一樣，相反地，我卻像個 10 歲的小孩一般，縮成一團。

「不久後我意識到，如果不能除去這種自卑感，我就不會有前途可言，因為自卑感扭曲了我的感受。有一天，我突然心血來潮，想像如果和他們互換立場，不知道會是怎樣的情景。結果，終於獲得成功。」

「把他們想像成穿著開襠褲的孩子並沒有降低他們人格的意思，不過，我認為還是把他們看成 15～20 歲左右的年輕人比較合適。這麼一來，果然使我覺得有點與青年朋友交談的氣氛，話題也多了。彼此能站在心理平等的地位講話，不但我個人感到愉快，對方也開始把我當朋友看待。我的態度整個轉變，自卑感終於消失了。」

另外一個例子的主角，原先也懷著類似兒童的恐懼心理，然後也利用成人的方式把它除掉了。他現在是某大報的專欄作家，以學識淵博、態度積極、文筆犀利著稱。

他說：「年輕時，每次和陌生人會面，我都嚇得要死，舌頭僵硬、面紅耳赤，恨不得躲起來。上大學後，我下決心要改掉這個毛病。因為自己平時喜歡寫作，所以我立志成為一個記者。這樣一來，不管願不願意，每天都要和陌生人接觸，臉皮也會變厚，甚至有時不得不變成一個討人厭的

傢伙。這一劑猛藥竟使我真的不再害羞了。剛開始跟人聊天或打電話時，心裡總覺得不大自在，但我盡力設法克服它。而現在和陌生人見面已成家常便飯了。」

自卑是阻礙成功的大敵，但卻是無數人揮之不去的頑症，而只有強烈的自我信念才能攻克這個堅固的城堡，看過上面的例子，相信聰明的讀者朋友一定會知道如何攻克自卑的城堡。

突破潛意識中的負面束縛

有一次，凱撒的軍隊受到敵人的襲擊，部下急飛奔前來報告軍情：「凱撒大人，四面八方都是敵軍，該如何是好？」部下雖急，凱撒卻安如泰山、不為所動地說：「各個擊破！」

為了實現你的願望，你應該採用這個方法。再怎麼難於實現的願望，只要把它分成小部分，便容易實現。對於細分過的小目標，在心中誦念著「我一定可以做到」，按部就班地各個擊破即可。

在不知不覺中你就完成了整個目標。

我們幾乎可以斷定：「古今中外被稱為一流人物者，不存在不曾活用潛意識力量而成功的人。」

潛意識就像一座肥沃的田園。如果我們不去播下美麗果實的種子，那麼消極的野草就會在這田園蔓延生長，因此，自我暗示就好像一個控制站，我們可以有意識地運用創造力、想像力去播下正面的種子；不然的話，我們會因疏忽任由負面甚至破壞性的種子侵入這田園。

任何一個大腦及神經系統正常的人，在他生活的每一天，都會不斷地產生新的思想和感覺。如果這些思想與感覺是正面的（例如想像自己成功地完成一項任務感到滿足快樂），你就在潛意識這肥沃的田園播下美麗果實的種子。如果這思想與感覺是負面的（比如想像自己無法完成一項任

務，感到挫折的痛苦），你就在潛意識這肥沃的田園播下雜草的種子。

種瓜得瓜，種豆得豆。不斷地自我暗示創富的念頭，你就會成為富人俱樂部會員；不斷地自我暗示窮困的念頭，你就會成為窮人俱樂部會員！

你想參加哪一個俱樂部？

「人生是多麼美妙啊！活用潛意識，輕鬆地哼著歌竟也能成功。」像這種積極、樂觀的人，做事都能順利無阻，成為不斷進步的人。

福特之所以一直能扮演一個成功者，最大的原因在於他腦中充滿了正面、肯定的思想。也就是因為他的開朗樂觀才導致他的成功。

開朗樂觀並不是指看開一切，而是指抱著有益於潛意識運作的正向思考而言。

從他抱持的繁榮、健康、和平理念中，大概可以看出他之所以成功的端倪。

繁榮、健康、和平，全都是正面肯定的字眼。一直保持著要實現這三個願望的正面想法，就會自然而然地達成。特別要注意的是在他的理念中，「我」這個主語並不存在，其好處是用不著「羨慕別人的成功」。

人之所以在意別人，總歸一句話，是因為相對於「自我」而來。因為他沒有自私、自我的意識，自然而然地湧現積極、正面的效果且沒有任何不良的副作用。

繁榮、健康、和平、愛、成功、進步、發展、向上等等，經常想著積極肯定事物的人，心然會成功。

你，就是你現在所思所想的化身。既然如此，日復一日、時時刻刻的想法都必須謹慎。我們深信你必然能實現你的願望。

永不絕望，不要落入失敗的陷阱

偉大的德國作家歌德曾說過：「能從絕望的處境中逃脫的人，必能學會堅強的意志，所以不要只是一味地煩惱，應立即採取行動，使自己從絕望中逃出來，你要相信新的一天會將你帶到新的地方去。」

你覺得「信心」是一種摸不到、不實在的東西嗎？你覺得它無法達到我們一再向你保證的那些目的嗎？現在就給你一個活生生的例子，讓你了解：在百萬分之一的求生機率之下，如何靠著信心的力量解救一個人的生命。

西元 1946 年 9 月，有一位名叫威廉的水兵，被大浪沖下甲板。他身上並沒有穿著救生衣。當時是凌晨 4 點，他置身茫茫大海，遠離海岸。沒有人知道他上了甲板，當他落水的那一刻，他知道自己獲救的機會是零。可是，年輕的威廉並不驚慌失措，他把身上的粗棉布衣脫下，同時在褲腳打結，讓裡頭充滿空氣，把它當作臨時的救生圈。

根據他事後的描述，當時他力圖鎮定。他告訴自己：「不要擔心未來。」他想，8 點集合的時候，他們就會發現他不在船上，然後會派出救生艇出來搜救他，因為他們這條戰艦的航行路線，跟一般商船的路線是大不相同的。

他異常地鎮定，偶爾還試著把頭靠在充氣的棉布衣上休息。可是，波浪卻不停地拍打著他，讓他無法入睡。他抑制心中的恐懼，依賴他的信心，不斷地暗自祈禱：「主，請救救我吧！主，請救救我吧！」

於是，隔天早上，依然沒有船隻的影子，他開始有些消沉。由於受到海浪拍打，喝了不少海水，他的身體變得相當虛弱。可是，他不曾失去信心，仍然不停地祈禱：「主啊，請你救救我吧！」

那天下午 3 點，也就是在他落水後的 11 個小時，他被一艘叫「執行者」的美國貨輪上的水手發現，而他們都覺得相當吃驚。

可是，更令他們難以理解的是，船長說不出他為什麼要把船從平日的航線，更改為威廉所搭的戰艦交叉的航線。要是他們不這麼做的話，他根本無法經過原本在幾百里外大洋中，等候救援的威廉身邊。

當威廉被救上來時，精神還算不錯。他獨自走上「執行者」的繩梯，而船上的水手都為他歡呼。

讀過這篇報導後，你是否還會對「對那些滿懷信心的人來說，沒有不可能的事」這句話，有所懷疑呢？

到底是什麼力量促使那位船長改變航線，將船航行到大洋中，把一個擁有自己會獲救的信念的人救起來呢？

心靈和精神所及的範圍是沒有極限的。你有多大的信心呢？在讀過這個故事後，該會更堅定吧。你也許沒有機會在這種急迫的環境裡，去測試自己的信心，因此，對於日常生活的瑣事，你大可很輕易地去完成。

要是你沒有辦法堅守信念的話，在某些年後，它便產生不出「特別的力量」，對你也就無所作用。

萬一身處險境，千萬不要期待能在某一時間內得到回應，因為上天是不會在這段時間內覺察到的，限定時間將使你緊張，對自己能否及時得到援助也會感到懷疑。

你所要做的，只是確信救援會及時來到。威廉就是以如此的心態，將讓上天所給予的本能掙脫束縛，進而對他提供援助和指引，去面對危難。

在他滿懷信心，口中複誦「主啊，請你救救我吧」時，威廉對自己沒有絲毫懷疑。他一直深信自己將會被解救，而事實也果真如此。

永遠地摒除心中的疑難，因為「只要堅信，夢想便會成真」。

不要為明天而生活

　　布里斯托爾曾說過，每一次想到世界上竟有這麼多不幸福的人，就覺得不可思議。我們每個人並不是生來就要過著悲慘的日子，生命太短暫了，我們不應該過得悲慘。身為人類，我們是萬物之靈，我們應該感到幸福快樂才是。

　　當你感覺到憂愁時，請記住 —— 你只能活一次，因此要盡量善用你的時間，為有意義的事奉獻你的精力，力使自己及他人獲得幸福快樂。不要浪費時間，必須了解時間的偉大價值。

　　如果你頭腦清醒，你會不會把錢丟掉？當然不會，那為什麼還要把比金錢更珍貴的時間浪費掉呢？

　　時間是你最寶貴的禮物。有一位大詩人曾經寫道：「時間迅速飛逝，只不過一會兒，我們的雙唇已經麻木。」這是智者之語，他告誡我們不要浪費時間，不要虛度光陰。

　　有很多人是生活在未來的。他們不斷地存錢，以備「不時之需」，或者是「退休後搬到佛羅里達享福」；或拚命工作，「將來老了以後，才能照顧自己」。

　　未雨綢繆是一種美德，而且上面引述的種種計畫也相當明智、周全。但是這些人當中，有很多人卻在犧牲眼前的生活來策劃將來。從某種角度講，這是個毫無意義的行為。生活是不穩定的、沒有保障的，因此如果一個人犧牲目前的幸福來換取遙不可及的將來，最終很可能一無所獲。

　　如果你目前每一天都過得十分充實，仍然能夠為將來的幸福奠下基礎的話，那是最好不過了。但要是自棄目前的享受來換取不可知的未來，那是得不償失的。

　　布里斯托爾根據個人此生 60 多年有經驗總結出如下結論：有些人為「明天」而活，但在他們尚未到達「明天」之前就死了；有些人為了「晚

年幸福生活」而存錢，到最後卻因為某種意外而損失了終生的積蓄；有些人終生辛勤工作，換來大筆金錢意圖安享「黃金晚年」，但他們卻已經失去健康。

布里斯托爾認為這些人的做法是不可取的，他建議我們想要幸福地生活在現在與將來，應採取下述行動：

✧ 每一天盡量過得充實。

✧ 為每一天定下目標。就算有人認為你所定的目標過於瑣碎。也不要理會他們。只要這些目標對你有意義，就是最正確的。

✧ 告訴自己：你有獲得幸福的權利，不要因為別人的負面想法而使自己憂慮。

✧ 每天抽出一定的時間讓自己輕鬆一下，做一些能令你感到心情平靜的事情，使你遠離生活中的煩惱憂愁。

✧ 認清真正的你，並接受你的缺點與優點，不要妄想成為完人。

如果你能按照上述方法確實採取行動，那麼不必假借外力，而是借著本身的威力，你就會讓自己的生活變得更加美好！你會認識到：人不必依靠金錢、電器、汽車、房子、貂皮以及所謂的物質財富，而是靠內在心智的威力，這種威力來自整個宇宙，是宇宙的一體，這種力量能幫助我們實現一切的理想。

第三章
記住的成功公式

盡力負責就不會失敗

決心、目標、專心，這些都是陳腔濫調，但這些又都是真理，它使彼得‧克波羅斯、柯特‧卡爾林成為勝利者。只要人們像他們一樣盡力負責，就不會失敗。

從僱傭者到創業者，是一個很大的轉變。促成這一轉變，無疑需要很大的決心，轉變成創業者之後，有人成功，有人失敗。成功與失敗的一個頗有決定性的因素，就是決心的程度。

幾乎每一個創業者，最初都有一篇血淚斑斑的辛酸史，他們成功之後，或許會津津樂道，但我們多少也能體會到他們當時的痛苦。每一番事業開始的一年半載，必定是天昏地暗，到彈盡糧絕時，才慢慢有所轉機。

有些人回頭重做僱傭者的初期，大概還不死心，告訴自己只要療傷一回，又可以重頭來過。這種情況有如流寇被招安，招安之後，又再為寇到底，堅持自己的獨立性和機動性，才會得天下。

一個人下定主意要創業時，需要破釜沉舟，背水一戰的決心，除了做創業者之外，其他的選擇都要不屑一顧，一定要堅持創業者的身分。失意時，可以兼職，可以做顧問，可以收管理費，但決不能再打短工。只有堅持做創業者的人，才會在百般挫敗之下屢敗屢戰，成則為王，敗則為寇，企業者的成功不是每月計算的，甚至不是每年計算的，一次機會，一次成功，便創下自己的功業。

彼得‧克波羅斯，是流動鋁製品推銷商的兒子。他建立了一家全美最好的旅遊公司。西元 1925 年被《時代》雜誌評為當年頭號人物。

西元 1918 年，他入選青年董事長協會，這個組織是由年輕的董事長組成的一個全國性的商業團體。要求會員年齡在 50 歲以下，擁有僱員 75 人以上，企業銷售額 500 萬美元以上。

當時年僅 30 歲的克波羅斯給眾人的印象是一個自律感非常強的人，

如果他在別人身上沒有發現這點，他簡直不能容忍。如果他看見僱員用手捂著嘴說話，便會伸手指去。他一直要求僱員穿西裝打領帶。

是信心？目標？還是專心？當然都包括。在這方面，克波羅斯成功地為世人做了典範，他既是個領袖又是企業家，他既為別人又為自己確立了工作作風。

由於他的努力，第三屆奧運不像第二屆奧運，不僅贏利，而且是一筆 1,500 萬美元的贏利，在閉幕式上出現了前所未有的景象，眾多熱情洋溢的觀眾站起來為克波羅斯鼓掌。正如另一位業界巨人，麥凱信封有限公司的董事長兼執行經理哈威回憶：「在我的一生中，我參加過許多體育活動，但這是我第一次看到 1.4 萬人站起來為一個給他們門票的人歡呼。」

柯特‧卡爾林是紐約州的首富。他白手起家，建立了全球性的大型聯合公司，年銷售額超過 4 億美元。

卡爾林獨到的地方是他的遠見。只要是為了支持自己作出的判斷，就無所畏懼。他不會讓任何人牽著鼻子走，從不需要股東、合夥人或者合資者，獨自經營或者就不做，儘管他偶爾也賣掉過自己的產業。

為什麼卡爾林寧可單幹，而不參加任何交易呢？這是因為卡爾林認為他的判斷比那些可能成為他的股東、合夥人、合資者的判斷要好，他不想讓他們來干擾自己的工作。

在胡佛（Herbert Hoover）執政期間，全美上下經受著殘酷的經濟衰退的考驗。卡爾林說了一番令世人震驚的話。他說就他的企業而言，他根本就不在乎整個經濟情況如何或者下一年如何，對短期的蕭條、衰退，他完全不放在心上。和平時一樣，弱者會更弱，而強者則會更強。無論發生什麼事，到西元 1929 年，他的銷售額增加到 2 億美元。

他說：「我在賽馬中不說『停』。」他一生都在賽馬，在很大程度上是和他自己競爭 —— 因為他把競爭對手遠遠拋在後面。

　　只要人們像彼得·克波羅斯、柯特·卡爾林一樣盡力負責，就不會失敗。沒有一家公司擁有特權能永久擁有顧客，沒有一個人可以壟斷世界的體育比賽，存在於商界內永無休止的毀滅和變化的循環，總是為那些具有決心、目標和專心的人們提供新的機會。

追求財富的合理願望

　　一個人如果具有高尚的人格，並且合法地去賺取財富，這會不斷地擴大他的影響，增強他的力量。努力累積財富，只要盡量避免狹隘的、唯利是圖的傾向，就能大大增進一個人的才能，使一個人精神煥發，能培養他節儉的習慣，發展他的智力，使他更為敏捷，並能提高他的判斷能力，以及增強他的道德感和精神力量。

　　「對帳目進行清算，與學習微積分一樣，能培養一個人的心智；計算銷售方面的資料，就像計算高難度的數學一樣，同樣會鍛鍊人的智力。」商人要想把事情做得有條有理，就得不斷地考慮問題。如果他是個精明的商人，實際上從早到晚都在不停地鍛鍊自己的思維。

　　作為一個商人，無論是自己的下屬還是他的投資人面前，他都應該做到有條不紊，辦事果斷，精益求精，待人有禮貌，並體諒他人。他總能不斷地改進自己的行為方式，使自己的行為舉止更加合乎規範。如果他寬宏大量，在完成事業的過程中，他就能越來越散發出自己的魅力，他總能不斷地提高自身的修養，胸懷會變得越來越寬廣，對他人也越有同情心，也更加慈愛。

　　一位富有智慧的思想家曾經說過：「有些人生活困頓不堪，住在貧民院裡，或是沉淪在社會的底層。他們之所以成為生活中的失敗者，是因為他們缺乏維持生存所必須的條件，貧困給他們的生活帶來了極大的不利。」

經濟上的貧困會以各種形式表現出來。有些人因此過於憂鬱，愁眉不展。在每個城市都可以看見經濟上的貧困現象，人們的生活因為經濟貧困而潦倒。有些小孩因為家境貧寒而失去了快樂的童年。因為貧困，天性喜歡交際的人也只能獨守一處；因為貧困，處在美好年華的年輕人滿臉陰雲。

在這樣的條件下，即使具有偉大的才華也無法施展，即使胸懷偉大的抱負也無法實現，再美妙的計畫也都是泡影，再堅定的決心也會遇到巨大的障礙。

貧困者總是容易受到各界環境的支配。他們無法獨立，無法自由支配自己的時間，他們沒錢買房子，也就不可能安居樂業。貧窮是人生之大患，它沒有任何值得稱讚的地方，誰要是稱道貧窮的好處，大概一生都會永遠地活在貧窮困頓之中。

一個人的生活如果處處受阻，負債累累，工作上老是受制於人，一元要當做十元花，他也就沒法保持自己人性的高貴和尊嚴。但恰恰是人性的高貴和尊嚴，才能使一個人做到剛毅不拔，彰顯美德，並能真誠地面對生活。

不管人們怎麼看待貧窮，它總是使人變得狹隘，降低人生的價值，使人畏縮不前。貧困往往意味著無望，意味著憂傷，它使人與人之間的愛變得不再真切，它甚至還能扼殺愛情。貧窮是加在人身上無形的枷鎖，它使人不得自由，而掙脫這條枷鎖，去獲得自由，是青年的責任。只有這樣，才能充分地發展自己。

我同意霍勒斯·格里利（Horace Greeley）的看法，每一個健全的人都會為自己的貧困而感到羞愧。我認為，對於貧困，每個年輕人都應該敬而遠之。在一個自由開放、充分競爭的社會裡，貧窮是人生的恥辱，它是對人生的一種制約，它給人的不可能是快樂而只能是痛苦。年輕人應該意識到這一點，一定要下決心去躲避貧窮對人的奴役。

小孩子一心想變得富有，這種想法是很好的，但父母通常意識不到這一點。我們應該讚揚這種累積財富的想法，加以積極的引導，多多鼓勵，而不要壓制。有些小孩具有創造財富的強烈本能，如果我們能夠明智地對待他們，加以鼓勵和培養，他們就能創造人生的輝煌，成為社會的有用之才。

小孩子如果能夠真誠地面對自己內心賺錢的欲望，他就能抵抗各種各樣的誘惑，也就不可能變得懶散、粗野；相反，他能夠做到節儉和克制，而節儉與克制的習慣對他一生都將產生重要的影響。

愛默生說：「通常來說，商業活動是吝嗇的、低俗的，雙方總是斤斤計較，但正是這種商業活動推動歷史的進步，提升人類的文明。」富人再怎麼自私，他也不可能讓窮人一點也分享不到他的財富所帶來的好處。

無論富人把錢花在建築上，或是用來配置精美的馬車，或是大辦宴席，或是購置精美的服飾、珍貴的寶石，或是建造代價昂貴的教堂、輕巧的遊艇、夏季的別墅、豪華的宮殿——不管他們是如何花錢，別人都能看到這些，都能欣賞它們，都能充分利用這些建築、物品的真正價值。

渴望財富的積極力量

每個人都在努力實現自己的目標，但大自然卻利用這些成果為整個人類造福，推動人類的進步。每個人都想超越他人，為了自己的利益竭盡心力，但最後會為全人類帶來最好的結果。

金錢帶來的是權力和優越感，如果人們缺乏追求權力和優越的熱情，那麼人類歷史上又怎麼可能產生那些英雄豪傑呢？要做到勤勞、堅毅、機智、簡樸，就需要一定的自我紀律的約束。但如果缺乏追求權力和優越感的熱情，這種自我紀律的約束也就難以實現。

對於我們日常生活來說，可以用錢來購買鞋子，穿在我們赤裸的雙腳

上。沒有錢,也就沒有保暖的煤塊,食品儲藏室也就會空空如也。有了錢,人們才可能生活得舒適,舉止才會高雅得體,才有機會接受教育,才能買到美麗的畫卷、書籍,才能聽到動聽的音樂,才能去各地旅遊觀光。有了錢,才有舒適的居所,才能買到營養豐富的食品。

金錢意味著自我的獨立,意味著有機會做些有意義的事情。有了錢,才能有先進的醫療技術 —— 有多少人因為經濟上的貧困請不起醫生,最後死於非命。有了錢,當你困乏的時候,你可以得到很好的休息。

對於病人來說,有了錢,就隨時根據自己的需要改變室內的溫度。有了錢,我們就不必天天起早摸黑,一年忙到頭,我們就不必在體力不濟的時候也被迫去勞動,如果沒有錢,就只得一天到晚拚命苦幹。

富有絕不是一種罪過:同樣,追求財富也不是罪過。約翰‧衛斯理(John Wesley)說:「只要不腐蝕自己的心靈,不傷害自己的身體,不給周圍的人造成什麼不便,就該盡自己的最大努力去創造財富,並盡可能地節約,取消不必要的開銷,盡自己最大的能力去向他人奉獻自己的財富。」

恆心使你擁有財富

艾力克斯從事計畫顧問多年了,他的年薪超過 30 萬美元。有一次午宴上,當同行問他為什麼他賺的錢比他多。他想了一會兒,回答說:「我成功的奇蹟全靠五步祕訣,而且我想這 5 步對其他人也一樣有效。」

同行們請他談一談哪五步,於是艾力克斯向人們講述他的訣竅。

首先,我深入調查,了解情況。我對地方商業界的消息很靈通,哪個人被晉升我都一清二楚。哪家公司有潛能、有發展,我也瞭若指掌。無論開會、聊天、度假,我都在搜集資料。我對年輕的公司,特別是那些對年金或利潤分紅計畫有興趣的公司最有經驗 —— 那是我的專長。

第二步是打電話找公司裡的高級經理。首先我向他解釋我的身分來

歷，我的公司，我的資格以及我擅長的投資事業。然後我會要求預約詳談。通常我都能如願以償，因為我一向坦誠。我從不利用欺騙來取得拜訪顧客的機會。

第三步是登門拜訪 —— 我稱之為出診。談話之間，我盡可能地了解顧客的投資計畫、他的性情、職業以及個人背景。我很少談到我自己和公司的事情，而我提出的問題足以向他證明我很在行。

通常在談話結束時，還沒有具體的計畫產生，可我已經敲開一扇門了。

第四步是，在拜訪後以個人名義寫一封短信，告訴顧客很高興與他見面，我們公司正在研究制訂具體方案。這封私人信件很是有效，它是一種誠意的表示。而且會讓顧客覺得自己特殊而重要。在這個電腦的時代，大家動不動就寄出表格，這樣做只能收到相反的效果。

第五步，發出信後，隔了三四天我再打電話過去。首先再一次向他致意，然後表示願意竭力效勞，幫他成為成功的投資者。最後我要求再訂一次面談。

當我第二次見客戶時，我隨身帶了幾個方案去。多數不會有什麼結果，可我絕不強求。我的打算是建立長遠的關係。

成功的銷售和釣魚一樣，如果你太急躁，魚都嚇跑了。而我若是主動表示時間太局促，不好起草合同，特別是關係到大筆金額時，顧客就會願意再考慮跟我合作的可能性。

第二次見面後，事情就好辦多了，我可以打電話或親自與顧客來討論計畫。我會隨時與顧客保持聯繫，直到成交為止。有時磨上好幾年工夫，然而機會一到，我就會簽上五六個合同。

派克是一個非常有趣的人，他已經 80 歲高齡了。他有一個了不起的太太、幾個子女和一大群孫子及曾孫子。此外，他還是個富豪。他說：

「我不太清楚自己有多少財產，不過我想不止 3 億美元吧。」

在過去的 20 年裡，他有一個好朋友兼合作夥伴羅斯。最有趣的一件事是羅斯幫助派克準備自傳。派克並不想將自己一生的傳奇公諸大家，只打算為後世子孫留下幾條關於如何致富，享受人生的道理。

羅斯之所以同意這件差事，完全是想好好研究一下這個老人。想知道一個出身寒微，只上過三個學期大學的人，如何能擁有油田、大廈、購物中心、土地、黃金、保險和其他財富。

更令人好奇的是，為什麼如此有錢的人住的卻不怎麼樣，開一輛用了六年的舊車，衣服都是百貨公司的拍賣品。

一天上午，羅斯和派克正在討論他的自傳時，派克開口道：「羅斯，今天我打算告訴你關於我賺錢的哲學，再把它寫在我的書上，讓我的後代子孫都能了解我的意思。」

羅斯答應他一定全力以赴，他們就此開始。

「我賺錢一向遵守四個原則，」派克說，「第一個原則是不要受制於錢。很久以前我就學到了，如果你崇拜金錢，就會被它毀掉。所以在這方面，我一向捐出所有收入的 10% 以上給教堂或其他慈善機構。等我過世後，會有更多財產捐出去做有意義的事。」

「你瞧，」派克繼續說，「我讓自己跳出了賺錢的恐慌，我並沒有花掉它。有些人會拿錢去跑馬、賭博，可是我只是賺錢而已。我用財產的累積來衡量自己的成就。」

「可是你不覺得這有些狹隘淺薄嗎？」羅斯問。

派克解釋說：「一點也不。你看，當我在賺錢時，我也幫助別人過得更好。我納了不少稅，這也等於幫助別人。就我的觀點來看，納稅是做生意的一種代價。現在，我再跟你講一些具體的例子，讓你看看我在賺錢時怎麼幫別人的忙。」

「拿我在那布拉斯加的油田做例子吧，我幫助那些投資者賺了不少錢，我也替開採公司和他們的員工賺錢，還有輸油管工人，提煉商和零售商，他們也都蒙受其利。進一步說，在冒險尋找油田時，對於抑制原油價格上漲也不無小補。然而我並沒有受金錢的挾制，相反地，我能控制它。」

「你第二個賺錢的原則又是什麼？」羅斯問他。

派克回答：「就是『耐心』。我想，粉碎大多數人的淘金夢的原因，最主要的就是急躁。當我年輕時我存了1萬元，在那個時候，對我來說，那是一筆為數不小的錢。後來我遇見一個看來精明能幹、能說善道的股票經紀商，他告訴我如果我拿1萬元跟他合作投資的話，照他的手段，保證30個月內回收100萬元。」

「我就像個天真的年輕傻瓜一樣，聽信他那一套。三個月後，有一回我度假回來，才發現我戶頭裡一毛錢不剩，都給我那個傑出的經紀人糟蹋光了。可是這1萬元卻是我做過的投資中最大的一筆，即使在哈佛、耶魯和普斯林頓三個學校修上三個學位，只怕也不會把投資失敗的法子教得這麼透徹。」他大笑。

「第三個原則呢？」羅斯問。

「等等，」派克回答，「第二個原則我還沒講完呢！我真不知如何強調耐心的重要性才好。一旦你知道如何運用它，錢就會自動跑到你的錢包裡去了。到現在，我搞賺錢這行業已經搞了60年，30歲之前我的財產淨值100萬，等到40歲時，已經有了500萬。接下去的十年裡，又跳到3,000萬。等我60歲時，已經有了8,000萬了。現在，在近20年內，8,000萬又漲成3億元。」

然後派克岔開主題，向羅斯說：「你知道嗎？我總覺得，學校裡沒有教會孩子們資本的意義實在很糟糕，他們大部分人只是以為那就是拿來花

掉的錢。然而完全不是那麼一回事，所謂資本就是用來滾錢的錢。」

派克繼續說：「還有另一件事小孩子也沒有學到，那就是只要你懂得投資的門徑，資金就會增加。1 萬美元投資 12%，只要在 30 年內，它就會滾成 30 ～ 40 萬之間。」

派克停了一下又往下說：「現在來談談我的第三個原則：永遠不要在投資上賭博。自從我丟了 1 萬元，上過那次當後，我便從此立穩腳跟，事先研究過每件事才做。你知道我蓋的那一座購物中心吧？在決定建造之前，我私下研究過三次，我要確定那真是個好地段才行。」

「投資挖石油時，我也做過同樣的事。我請了一個地質學家 —— 我所能找到的最好的一個地方去堪測土地，看看那地方的潛能高不高。所以，千萬不要去賭博，每項投資都要盡可能小心翼翼地研究。我略微估計一下，在 20 筆上門來的生意中，我起碼會刷掉 19 筆。」

「現在我再來告訴你我的第四個原則，是感情上的事：絕不要邀請負擔不起風險的人一起投資。不管再怎麼小心，偶爾也會有項投資失敗。20 年前就發生過這種事。那時我碰到了一個機會，是筆十拿九穩的不動產生意。有一座中型城市計畫興建機場，我的不動產專家說，他們有 99% 的把握，肯定它會建在什麼地方。所以我就籌措了一家聯合組織，在那附近買了些不動產，保證適合興建旅館、餐廳和機場其他輔助設施。我相當肯定這筆生意一定大有可為，就鼓勵我的祕書和她的先生也投資一點。他們對我很信任，因此就傾其所有，投資了 1.5 萬元。」

「結果，市議會決定將機場建在城裡的另一邊，我們的投資就此全部泡湯了。我良心上很過意不去，因為把我的祕書夫婦也牽連了進去，而他們是冒不起任何風險的。當我知道投資損失慘重時，我立刻簽一張支票給祕書夫婦，把他們的投資額都還回去了。從此之後，我就不會再邀那些負擔不起損失的人來投資了。」

簡言之，派克的賺錢原則可以寫成如下四點：

1. 享受賺錢的樂趣，可是不要受制於錢。
2. 培養耐心，更多的耐心。
3. 永遠不要在投資上賭風險，盡量在事前調查清楚。
4. 不要讓那些冒不起風險的人受到傷害。

不是每個人都像派克一樣，有賺上 3 億美元的抱負。可是他的原則放之四海皆準，不拘目標為何。而最基本的關鍵在於：恆心。

欲望就是力量

美國帕金森管理研究基金組織曾就經理應具備的條件問題進行了大規模的調查。商業界、政府、科學家和宗教界領導人接受了採訪。回答方式多樣，但調查結果只有一個，即做經理的最重要條件是：「完全向前的欲望。」

欲望，一旦利用就是力量。沒有順從願望，沒有去做你想做的事情，只會成為平庸者。

我們都有願望。我們都想有朝一日成為一個什麼人物。但事實上，我們大多數都違背了它。不是順從它，而是扼殺它。扼殺的方法常見的有下面 5 種，它們都很危險：

◇ **自我貶低**：你經常會聽人說：「我真想做名經理，自己創辦企業，但我做不到」、「我缺乏頭腦」、「如果我試的話，肯定會失敗」、「我缺乏教育和經驗」。許多年輕人用這種負面的自我貶低方法違背了自己的願望。

◇ **安全感**：那些說「我現在的工作很有保障」的人因滿足於安全、保障的想法扼殺了他們的真正願望。

✧ **害怕競爭**：「要進這個單位的人太多了，不會有我的份」，這類話違背了自己的真正想法。

✧ **父母的支配**：我們常聽到許多年輕人說：「我真想做另外一份工作，但我父母要我做這個，我不得不做」，以此來解釋他們選擇的工作。其實，大多數父母絕不會有意強迫他們孩子必須做什麼。所有聰明的父母都想著他們的孩子能取得成就。如果這樣的年輕人耐心向他們的父母解釋他們為什麼更喜歡另一份工作，父母對此是不會反對的，因為父母和他們對人生目標都是一致的，那就是成功。

✧ **家庭的責任**：「我應該在 5 年前就換工作。但現在，我有了家，沒法再隨意變換了」，這種狀態扼殺了自己的願望。

扔掉以上這些扼殺願望的武器！記住，要最大限度地發揮你的力量，就必須去做想做的事情。滿足願望會帶給你熱情、活力甚至使你更健康。就像給用了 10 年的舊車加了一個 500 馬力的新發動機一樣，使你精神倍增，效率倍增。

許許多多的成功者們每星期的工作時間超過 40 小時，但從未有過怨言。他們有一個目標，目標帶給他們精力。

例如：當你樹立了一個理想的目標，並決心朝這一方向努力的時候，你的精力會倍增。許多人因為選擇了一個目標，所以為實現這一目標，他們投注了新的精力和活力。目標消除無聊、煩惱，目標甚至能治慢性病。

讓我們進一步再探索一下目標的作用。當你滿足了你的願望，有了一個目標時，你不僅會得到實現這一目標而需要的體力、精力和熱情，而且會保證自己自覺地沿著正確的方向往目標邁進。

幾種關於金錢的負面說法

　　讓我們清楚地、坦誠地來看看那些負面的說法。大家常常這麼說：「金錢買不到幸福。」這話固然不錯，然而貧窮更買不到幸福。事實上，金錢確實能夠在很多方面使人們更接近幸福。美國社會學家希克斯認為金錢可以在以下 12 個方面使人們生活得更美好：

　　① 物質財富；② 娛樂；③ 教育；④ 旅遊；⑤ 醫療；⑥ 退休保障；⑦ 朋友；⑧ 更強的自信；⑨ 更充分地享受生活；⑩ 更自由地表現自我；⑪ 激發你取得更大成就；⑫ 可以為社會公益事業多做貢獻。

　　甚至於最常被引用的一句話：「金錢是萬惡之源。」也是引用錯誤。原來的說法是：「沉迷金錢是萬惡之源。」而其真正的意思是：沉迷於金錢甚至於其他事物。我們可以這麼說：金錢匱乏是萬惡之源。

　　「錢不會長在樹上。」這是一種比較有趣的負面說法，每一個人在幼小時便聽過它（說不定長大了之後還這麼說著），這句話真正要闡述的意思是，錢很難賺。因此，既然你的潛意識裡相信它，你發現你真的賺不到錢。現在，換成這樣的想法：錢能夠從任何一個你播種的地方長出來。

　　「錢要靠錢來滾。」這個說法是不正確的，事實上，每天都有富貴之家走向破產，同時每天都有一文不名者白手起家。看看那些只是因為夢想而大有成就的人，你就會明白：要賺錢，頭腦比錢袋更重要。

　　負面說法讓你墨守成規，立刻行動，開始消除你的負面思想，消除那些自我打擊的說法吧！現在是打掃你內心世界的時候了。要將所有的負面說法清乾淨，捫心自問：「這是一個貧窮提倡者的說法，還是一個勝利者的說法？」馬上採取下列的步驟，並準備朝好運的路上前進吧！

誰拿走了你的金錢

是誰讓你一直沒錢的？在你思及金錢時，你腦中出現的是誰的想法？有三種類型的規劃項目可以輕易地通過我們心中的篩檢程式：

1. 從我們所愛、所尊敬的人那裡得來的看法與想法。
2. 不斷重複的想法。
3. 可以符合或支援以前已經儲存之資料的想法。

我們大多數都會先從身邊的人身上學習，我們買下他們的系統，並以他們所知的「真理」為真理，假如他們的「真理」是貧窮或溫飽，我們便也照單全收。

金錢是個熱門的話題，但一經提及卻又很少會有什麼好話。在你成長的過程中常會聽到、碰到各式各樣關於錢的說法。

當其他人提及與錢相關的類似事情時，周遭有經歷過的人便會報以了解的微笑、點頭。你不斷地聽一些負面的說法（或觀點狹隘的說法），這些便會穿過你的篩檢程式，被你吸收，並存在於你的腦子裡。其他類似的消極觀點便會輕車熟路，如洪水般地氾濫而入。

你的內心防備過濾掉任何「不像你」的東西。在這種只有關於金錢的錯誤觀念被儲存起來的情況下，任何時候只要你有機會賺錢，或贏得一些東西時，你的腦子便會這麼運作：「我從來不曾贏得什麼……你得為了錢拚命工作……要賺錢得要靠錢……有錢人都不快樂的。」

你大概聽過，也大概用過這樣的說法：「沒錢，但很快樂」、「沒錢，但很誠實」、「守財奴」或者「為富不仁」。你每天每天都在接受這種和其他的負面資訊，而這些都促成了現在的你對金錢的態度與信念。

是誰阻擋你成為富翁

有一群人到山上去打獵，其中一個獵人不小心掉進很深的坑洞裡，他的右手和雙腳都摔傷了，只剩下一隻健全的左手。

那個坑洞非常深，又很陡峭，地面上的人束手無策，只能不停地喊叫。

幸好，坑洞的壁上長滿了一些草，那個獵人就用左手撐住洞壁，以嘴巴咬著草，慢慢地往上攀爬。

地面上的人借著微光，看不清洞裡的情況，只能大聲為他加油。等到看清他身處險境，嘴巴咬著小草爬時，地面上的人忍不住議論起來！

「哎呀！像他這樣一定爬不上來！」

「情況真糟，他的手腳都斷了呢！」

「對呀！那些小草根本不可能撐得住他的身體。」

「真可憐！他如果摔下去死了他的老母親和妻子可怎麼辦才好！」

落入山洞的獵人聽了這些議論實在忍無可忍了，他張開大嘴叫：「你們都給我閉嘴！」

就在他張口的剎那，他再度落入坑洞，當他摔到洞底即將死去之前，他聽到洞口的人異口同聲說：「我就說！用嘴爬坑洞，是絕不可能成功的！」

在我們的人生裡，當我們在坑洞裡的時候，別人不但沒有伸出援助之手，反而發出事不關己的議論，不會奉獻一點慈愛與關懷，容易使人絕望。

在困境中的慈愛與關懷，可以救人；而在困境中的議論與批評，只會使人陷入更深的絕境。

因此，在自己面對困境和難關時，不要在意別人的議論，要意志堅強，往上攀爬。

當你遭遇挫敗時，專注於自己追求的信念會幫助你掙脫負面情緒的桎梏，使你很快就會逃離失敗的陷阱，繼續奮鬥，只有你專注於自己的信念，你才能爬出你的失敗陷阱。

在我們致富的道路上，是誰阻擋你成為富翁？可能這個阻擋你的敵人就在你的心中，也就是你自己！

貧富只在一念之間

美國傑出的科學家與政治家富蘭克林曾說過：「貧窮本身並不可怕，可怕的是自己以為命中注定貧窮或一定老死於貧窮的思想。」

有位年輕人時常對自己的貧窮發牢騷。

「你具有如此豐富的財富，為什麼還發牢騷？」一位老人問。

「你說的屬於我的豐厚財富到底在哪裡？」年輕人急切地問。

「你的一雙眼睛。只要能給我你的一雙眼睛，我就可以把你想得到的東西都給你。」

「不，我不能沒有眼睛！」年輕人回答。

「好，那麼，讓我要你的一雙手吧！為此，我願用一袋黃金作為補償。」

「不，我的雙手也不能失去！」

「既然你有一雙眼睛，你就可以學習；既然你有一雙手，你就可以勞動。現在，你自己看到了吧，你有多麼豐厚的財富啊！」老人微笑著說。

由於種種原因，有時人們會陷入一貧如洗、身無分文的處境，他們因此被統稱為「窮人」。

然而，面對一貧如洗的處境，人們卻有兩種態度：其一是怨天尤人，不知所措；其二則是加倍努力地工作，用行動使自己從這個境地中掙脫出來。

　　麥克‧塔德是美國的一個百萬富翁，在獲得成功之前曾經幾經沉浮，他對此的評論是：「我曾多次破產，但從未貧困。」

　　記住，「貧困」和「窮苦」只是一種精神狀態。對有主動精神的人來說，自己就是最大的財富。只要好好利用這一財富，腳踏實地工作，一定可以邁向成功的彼岸。

　　損失金錢並不可怕，而失去了自己的主動精神這一財富才是可怕的。如果你此時真的一無所有，那麼不正是一個放手一搏的最好機會嗎？

　　在大多數人看來，貧困是個病症，一切卑賤的生活思想和犯罪作惡，都是由於貧困。貧困的境遇是不受任何人歡迎的。許多事實證明，世界上一切事業，只要人們勇敢且堅持去努力，就會獲得成功，那貧困的環境，就可打破。

　　世上貧困的人，如果都能由黑暗和沮喪的環境中回過頭來，向著光明和樂觀方面走去，並且有決心和貧困鬥爭，那麼在短時間內，就能使貧困消失。

　　好多人想脫離貧窮，卻不肯加倍努力。

　　浪費和懶惰一樣，會使一個人陷於貧困，懶惰的人，通常也浪費，而浪費的人一定懶惰。

　　人類有著幾種性格是和貧困不相容的，就是自信和勇敢。有許多人，他們雖然貧困，雖遭災難和不幸，因為他們有著自信和勇敢的品性，貧困終於被他們克服了。如果一個人失去了勇敢和自信，只是偷懶畏縮，那麼他就永不能戰勝貧困，發奮有為。

　　如果一個人決心棄絕貧困，在服裝上、面容上及態度上將所有貧困的汙點洗刷乾淨，表現出自己的志氣，堅定的目標，致力於自己的事業，世上的一切，都不能使其決心動搖，這樣，自然會增強自信，發揮力量，獲得驚人的成就。

如果一個人甘處貧困，視貧困為正常的狀態，不想努力奮鬥來脫離貧困，那麼他身體中潛在的力量，就會失去其效能，這個人一生便將永遠不能脫離貧困的境地。

還有一些人，沒有脫離貧困的自信力，並把貧困視為他們的命運，這樣的人實在是無希望者，除非他們能恢復已失去的信心，棄絕受命運支配的思想。

布里斯托爾認識一個青年，是美國一所著名大學畢業的，他說如果他父親每星期不供給他一些錢，他就要挨餓。

這是一個沮喪的青年，他不相信他能成功地做什麼，他試過許多事情，盡遭失敗。他對於自己的才幹，沒有自信，他不相信他的事業會成功，因此今天做這個，明天做那個，終究一事無成。

一般人以為貧困了，就該常處貧困，這實在是個天大的謬誤。

如果覺得自己正在墮落，看起來一切事情都黯淡無光，那麼就應回過頭來，走向光明和希望之路。

要迅速地拋棄貧困的思想、懷疑的思想，忘卻腦海中的黯淡、憂鬱的印象，代之以光明、有希望的和快樂的印象。

偉大的世界，為每個人預備著美好的未來，我們應下決心，集中精神，去努力爭取這美滿的生活。這是天賦的特權。有成千上萬的人，因為能運用這特權，努力向前，終將脫離貧困的境遇。

鬆開自縛的繩索

你常常很憂鬱、很緊張，感受的壓力很大，就好像有一條繩子把你綁住。是什麼繩子把人綁住呢？會綁人的繩子太多了，尤其以下四種，最容易的把我們綁出病來。

第一條，常常感到懼怕不安。何謂懼怕不安？舉例來說，夫妻彼此苛

求對方，吵架、鬧脾氣，通常都是由於懼怕不安。一對戀人，彼此把對方管得緊緊的，因而常常起爭執，那也是因為懼怕，怕對方移情別戀。親子之間也是如此，父母怕孩子讀書不用功，達不到預期的要求，彼此衝突和摩擦便逐漸產生了。

人一旦被懼怕纏住，他的困擾就漸漸嚴重起來。比如說患有懼學症的小孩，通常都是中上程度的學生，由於怕輸給別人，在潛意識裡轉換成疾病，諸如到了校門口就肚子疼，或要上學就開始頭痛。病症是他的藉口，而這個藉口卻不屬於意識層面，而是潛意識裡偷偷地在運作，以致很難用勸說來達到目的。

人如果對人生有所懼怕，怕前途暗淡，怕被別人瞧不起，常常想著這些不安，很容易變成習慣性的焦慮，全身緊繃，早上起床時全身酸痛。其實那是懼怕與不安所導致的結果。

第二條繩子是迷失在潮流之中。跟著人群走，不會獨立思考，大家說對的，就跟著說對；不敢為自己的生活做決定，老是跟著別人，變成別人的一部分，會讓自己感到被孤立且迷失。當一個人迷失自己的時候，最嚴重的問題是潛能得不到開發，他的機會慢慢流失。他變成了別人，不屬於自己。

佛家有一個發人深省的故事。有一個人花了九牛二虎之力，到了沼澤的地方挖出許多沉香木，便運到市場去賣。沉香木很珍貴，價格也高，過了好多天沒人買，這使他心裡很著急。這時，他看到樵夫挑了一擔擔木炭到市場賣，很快就志光。於是他學那些樵夫，把沉香木燒成炭，果然很快就賣掉了。可是一車子的沉香木，卻只能賣到很少的一點點價錢。這件事，就是告訴我們，要獨立思考，不要一味跟著別人走。

人的心靈如果被綁架，就會陷入迷失或迷信之中。因此，「大家都這麼做，只要跟著別人走就行了」，是一種錯誤的觀念。要跟著大家走，也

得先把目標地點搞清楚，絕對不可以把泡沫山當雪山，隨著人家一起跳。這是我們必須慎思的。

　　第三條繩子是不肯改變想法解決問題。我們在過去的成長過程中學習了很多知識，在與人交往中會有許多想法，在生活中也養成了一些刻板的觀念。我們往往將敝帚視為珍品，像真理般奉為聖見，而不願嘗試用新的方法解決問題。如此一來，你就要遭受災難了。

　　環境在變，世事無常，舊的方法無法克服新的問題，若不知改變，我們會被大局淘汰，面臨許多挫折和災難。人是很容易當牆頭草或懶散怠惰。

　　其實，日常生活中，我們只是聽說便信以為真，並因而遭殃的事情很多。譬如，有多少人相信報上所登的治療腎虧的廣告？有多少人相信自己患有腦神經衰弱？我們對這些疾病通常並沒有真正的了解，只是道聽塗說便信以為真，然後把它當作祕密，每天苦惱不已。許多青少年所擁有的性知識並不完全正確，但卻信以為真，因而一知半解地為自己製造很多苦惱。

　　人若不願意徹底求真，只顧以過去成見生活，他也會把自己綁得很緊。

　　第四條繩子是以自我為中心來待人接物。這種人會把自己捆得透不過氣來。人若以自己為出發點設想事情，覺得別人應該配合自己，那麼人際關係就會開始出問題。人們會逐漸和他疏離，而他自己卻不自知。一個以自我為中心的人，不願意接受忠告，犯了錯也聽不進他人的忠言，最後就將慢慢變成一個孤陋寡聞或剛愎自用的人。

成功永不嫌晚

雷‧克洛克（Ray Kroc）—— 麥當勞老闆 —— 就是個克服困難的典型例子：他永遠不會放棄他的夢想。其實，他直到 52 歲時才走上成功的正途。他在 1920 年代初期開始出售紙杯，並且兼彈鋼琴，負起養家的責任。他一共在莉莉‧杜利紙杯公司服務了 17 年之久，並成為該公司最好的推銷員之一。

但他放棄了這個安定的工作，獨自經營起奶昔機器的事業，他十分著迷於一種能夠同時混合 6 種奶昔的機器。

後來，他聽說麥當勞兄弟利用他們的 8 臺機器同時推出去 10 種奶昔，於是親自前往聖伯納迪諾調查。他發現麥當勞兄弟有一條很好的裝配線，它能夠生產出一系列高品質的漢堡、炸薯條以及奶昔，克洛克認為，像這樣的好設備局限在一個小地方，未免太可惜了。

他問麥當勞兄弟：「你們為什麼不在其他地方也開一些像這樣的餐廳？」

他們表示反對，他們說：「這太麻煩了。」而且，他們「不知道要找什麼人一起合作開設這種餐廳」。雷‧克洛克腦海中卻正好有這樣的一個人 —— 這個人就是他自己本人。

丹民斯認為，在麥當勞歷史中，最重要的發展就是這一步：雷‧克洛克雖然一直只是一個推銷員，而且一直到他 52 歲時才開展新事業，但他卻能在 22 年之內把麥當勞擴展成為幾十億美元的龐大事業。IBM 一共花了 46 年才達到 10 億美元的收益，全錄公司更花了 63 年的光陰。

毅力並不一定是永遠堅持做同一件事。它的真正意思是說，對你目前正在從事的工作，要投下全部心力，專心致志地工作。先從事艱苦的工作，然後要求滿足與報酬；要對工作感到滿意，但要渴求更多的知識與進步；多拜訪幾個人，多走幾里路，多除一些雜草，每天早晨早起一點，隨時研究如何

改進你目前正在從事的工作。毅力就是經由嘗試和錯誤而獲得成功。

令人感到興奮的是，多數的人都要等到年齡很大之後，才會達到他們生命的最高峰，這是出乎我們一般人想像之外的，對年輕人而言，這表示他們有充分的時間來吸收知識及發展個人的才能。但對於那些年齡較大的戰士來說，這表示他們尚有希望。

既然一位紙杯推銷員及鋼琴演奏者能夠建立起全世界最大的速食餐廳連鎖店；既然一位肯德基州的老人可獨自開車，行幾萬里去推銷他的炸雞配方，最終造就了偉大的肯德基炸雞事業，那麼，你當然可以使你的夢想實現。其中的祕訣就是：毅力，即堅持到底，絕對不要放棄你的夢想。

在別人都已停止前進時，你仍堅持著；在別人都已失望時，你仍前進，這是需要相當的勇氣的。正是這種堅持、忍耐的能力，使你得到比別人還高的地位、較多的錢。

相信你的價值

成功的人相信他們自身的價值，即使只剩下夢想而無其他事物可憑藉時，他們也會堅守理想。為什麼？因為他們的自我價值觀念比是否被他人所接受的恐懼更為強烈。

成功是生活中的一種「結束」。每一次結束就代表了一次新的開始。物質成就指的是滿足某種需求的產品設計，一個發明家的產品大量生產之前，與發了大財之後，這個發明家的價值都是相同的。了解這一點之後，他（她）才有勇氣繼續研究下去。

霍威發明了縫紉機，婦女們嘲笑他許多年。這些婦女們說，在使用縫紉機後，縫衣工作很快就做完了，多出來的時間叫她們如何打發呢？霍威一生當中，窮得必須向人借西裝來穿，然而他的縫紉機，卻製造了許多他永遠買不起的衣服。

　　有一位大學教授，不但聰明，而且好學不倦。他的妹妹聽覺不好，為了加強聽力，他製造出一種極為複雜的機器。他花了好幾年的時間，在新英格蘭地區到處旅行，企圖找人投資以實現他的夢想。

　　他說，他可以用一根電線來傳送人類的聲音，使人們在幾里外也可以聽到。人們聽了他的話後，都忍不住哈哈大笑。確實如此，他們還嘲笑他說，他認為他的機器能將人的聲音傳到一里外，這足以讓人敬佩他的勇氣了。但在今天，沒有人敢嘲笑貝爾（Alexander Graham Bell）。貝爾博士即使在只有他自己相信自己的情況下，也仍然堅守應有的自尊。

　　據說，卡通大師華特‧迪士尼經常拿一個新構想去請教 10 個人，問他們的看法，如果這 10 個人一致否決這個新想法，他就立即把這項新構想付諸實現。當然，他早已習慣被人拒絕。

　　當他在好萊塢到處推銷他的《汽船威利號》的卡通觀念時，窮得幾乎破產。你能夠想像在當時那個無聲電影時代，他是如何到處推銷一隻以假聲發音的小老鼠嗎？華特‧迪士尼有偉大的夢想，全世界的小孩子，從日本的迪士尼樂園到美國佛羅里達的迪士尼世界，都永遠不會忘記他。

　　到底哪一個時期的華特‧迪士尼先生比較偉大？是他身無分文卻還在替米老鼠配音的時候？或是在他拍過那些偉大的電影之後？還是在他建造了迪士尼樂園之後？價值存在於人的本身，而不是在於他所做的行為。

　　每當鄧尼斯一想到梅爾夫人（Golda Meir），就忍不住讚嘆，她怎麼會如此勇敢又聰明，一名看似普通的婦人，竟能當一個國家的第一位女總理？她的外表雖然平凡，但內心美麗。

　　還有柴契爾夫人（Margaret Thatcher），她 21 歲時，離開父親的雜貨店外出獨立 —— 她怎能如此大膽地認為自己可以在這動亂的世界局勢中領導英國？

　　摩西奶奶（Grandma Moses）更是「大器晚成」，她一直到 70 多歲才開始畫畫，而且畫出了 500 多幅出色的藝術品。

最初，沒有人喜歡雷諾瓦的作品。一位巴黎專家看過他的畫，不屑地說：「我看，你只是亂塗，讓自己高興罷了。」雷諾瓦回答說：「當然，當我的作品不再令我感到高興時，我就不再畫畫了。」

南丁格爾伯爵在廣播節目「瞬息萬變的世界」中，也講了雷諾瓦的另一個故事。他說，每個人都勸雷諾瓦放棄繪畫，因為他們認為他沒有繪畫才能。一群被當代藝壇排斥的畫家，組成了一個屬於他們自己的小團體，其中包括了：竇加（Edgar Degas）、畢卡索、莫內、塞尚以及雷諾瓦這 5 位傑出的藝術大師，不管別人如何嘲笑，他們仍然秉持自己的信仰，畫出他們所想畫的作品。

南丁格爾伯爵繼續說道，雷諾瓦晚年得了風溼症，尤其手部最為嚴重。有一次，大畫家馬蒂斯（Henri Matisse）去拜訪這位年老的畫家，他注意到，雷諾瓦每次一揮動畫筆，就非常地痛苦。馬蒂斯問道：「你為什麼還要作畫？你為什麼要不停地折磨自己？」雷諾瓦緩緩回答說：「痛苦馬上會過去，但是美麗的創造與興趣，卻會永遠留下來。」

作出堅定的選擇

有一位朋友是從美國名校哈佛大學畢業的，十分榮耀。他帥氣標緻，容易相處，頗具魅力，而且精力充沛。他曾經試圖在演講方面有所成就，但很快放棄演講而改行從事編輯工作，不久又改行當教師。

後來，他又到一個行政部門當主管，不久又到公關處做廣告工作，接著又自己創辦了一個學校，然後又嘗試涉足採礦業，後來又去做點別的事情。

在這些完全不同的追求中，他走了幾萬里的路，花了無數的錢。就這樣過了 12 年，至今他還沒有確定的追求，沒有固定的職位和薪資，卻弄得債務纏身。

傑丹校長說：「如果你對自己說，我要做一個自然科學家，或一個旅行家，或一個歷史學家，或是一個政府要員，或是一個學者——或許你從來沒有說出它——然後你把你所有的精力都放到那個方向上，利用一切有助於你實現這個目標的優勢，拋棄一切對實現這個目標無益的雜事，你就會在某個時刻實現你的目標。」

「這個世界對那些知道自己要到哪裡去的人，總是大開方便之門。你心目中的目的地，就在那裡等待著你的到來。你會有足夠的時間的。你經年累月的奮鬥，不過是在為你的目的地做準備，早晚你會到達那裡。」

在選擇職業的時候，有多少年輕人會坐下來，仔細思考他們自身的能力，做出決定，然後以堅定的意志，去完成自己所選擇的事。恐怕就有 10 個人只考慮到一時的快樂或需要，根本沒有對未來進行過精心規劃，他們僅僅是隨隨便便地進入了最接近、最容易、最省事的職業。大多數人在他們所生活的社會中並不做有意識的選擇，他們不管什麼來了，就一頭扎進去，對他們來說，隨便在哪個領域工作都感到滿意。

一般的普通大眾，總是跟在有志向的人後面到處奔跑，就像普通的羊群，跟在領頭羊後面一樣。許多年輕人也是這樣，其實他們在準備進入某個行業時，應當坐下來，仔細考慮這項工作與他生活的關係，與現在的生活關係怎樣，與以後的生活關係怎樣，然後形成一個明確的目標，進而把自己的每一分、每一秒放在追求這個目標上，這樣你將會以最短的時間得到最大的回報。

人們往往不知不覺地進入了某個行業。他們從事社會工作，從事政治工作，從事某些他們喜歡但不會有任何成果的文化工作。如果順風順水，一切對他們有利，那麼事情都還好說。但如果不是這樣——因為人在這個世界上畢竟並不總是一帆風順的，那麼他們一切都完了。

斯托克說：「大多數人隨波逐流，了此一生，他們做什麼工作由上百種不同因素決定的。要是讓他們改做別的事情，他們一定也願意。實際

上，如果可以的話，他們更情願什麼事情都不做。」

愛利斯說：「現代的年輕人，需要聽一聽偉大先知的教誨和告誡 ——『不要墮落為群氓』使年輕男女遭殃的罪惡，一半是由於他們像普通人那樣行事。在『每個人都這麼做』這句話後面隱含的思想是最為有害的，它是一切高貴品格和進取精神的絆腳石。跟在許多普通大眾的後面，你將永遠不會到達你所嚮往的地方。在芸芸眾生後面亦步亦趨，你終將被引入歧途。隨著大流漂來漂去，你終將走向危險，等待你的只有失敗和滅亡。」

現今時代最為需要的不是那種「風向標」一樣的人，這些人總是被流行意見的風吹得不知道東南西北。當務之急是需要那些具有思想、意志堅定的人，他們勇敢站在正義的一邊，為一個理想而奮鬥，而不為浮躁的潮流所誘惑。

我們常常看到，有些人具有指揮能力，具有明顯的個人魅力，但卻是讓我們對他所寄予的巨大期盼落空。他們雖然受過極好的教育，具有十分精湛的職業技能，但他們就像缺少發條和彈簧等零件的時鐘一樣，老是走不準。

他們最大的問題就是缺少堅定的意志力。所以，所有認識他的人都不斷地對他抱有大的希望，卻一次又一次地失望不已。他幾近成功，但總是不能取得成功。他們搖擺不定的目標老是讓滿懷希望的朋友們失望，並打亂他們的計畫。

拋棄錯誤的競爭觀念

幹掉對手是競爭最原始的內涵，它淵源於自然界弱肉強食的法則，把你的對手挫敗，甚至消滅，你就無人可比，自然就是勝利者。

猴群中猴王的產生就是這種競爭方式的典型。當老猴王年老力衰、威不足以懾眾時，就會有年輕力壯、野心勃勃的公猴來向牠挑戰，於是一場

你死我活的爭鬥爆發了，直至最後老猴王被牠的競爭對手處死，勝利者登上猴王寶座，成為猴群新的統治者。人與人之間競爭如果奉行這一原則會產生許多負面影響，這方面的教訓俯拾皆是。

傳統競爭最大的缺陷在於不利社會的發展。由於競爭把心思放在如何「幹掉對手」上，他們並不關注自己的實力發展，不注重「公平競爭」的原則，而是絞盡腦汁地發現對方的短處，以便攻擊他人。

報刊上曝光的一些競選的內幕，大都反映了這種情況，互揭醜聞的結果是雙方的形象都遭到汙損，除了為平民百姓增添笑料談資外，沒有任何好處。更有甚者，一些競爭者為了達到「幹掉對手」的目的，甚至喪失人格，用種種詭計手腕來陷害競爭對象。

1930 年代經濟大蕭條時，美國西部一座小城最後只剩下兩家麵包店，當時物資緊缺，人們每天在這兩家店門前排起長隊購買麵包。其中一家店主看見麵包價格日漲，利潤豐厚，不由得利慾薰心，想獨自壟斷該城的麵包業，於是悄悄派人到那家店去，在和好的麵團中摻入致病藥物，最後導致許多人死亡。這種競爭是非常可怕的。

傳統的商業競爭歷來就是「有人歡喜有人愁」。在傳統商業社會中，資源有限、市場有限、社會財富增長緩慢，再加上經營意識保守、目光短淺，商業競爭往往局限在一個小範圍內，打得頭破血流。競爭勝利者獲利，必然同時意味著失敗者賠本。

商家賺的錢越多，顧客花的錢越多，這實際上是社會財富的再分配過程，並不能增加社會生產力，所以「你賠我賺」的競爭方式也不是最佳之選，它基本上將競爭雙方置於絕對對立的位置上，競爭企業之間、商家與顧客之間的根本利益是相矛盾，因而這種競爭方式帶來一系列的社會問題。有時候甚至會讓競爭對手兩敗俱傷，誰都想置對方於死地，自己大發其財，結果是誰都沒有賺，同歸於盡。

　　虛假廣告也是這種競爭常見的副產物。生產者為了擴大產品銷售而不惜斥鉅資製造鋪天蓋地的廣告攻勢，故意誇大產品的優點、性能和功效，以引誘顧客，他只想把顧客的錢騙到手，殊不知「聰明反被聰明誤」。

　　競爭促進發展，這才是競爭真正的價值所在。自然界的競爭法則是「物競天擇，適者生存」，首先是「物競天擇」，每一物種都充分發展自身，「發展」應是競爭的最高宗旨。

　　傳統意義上將「競爭」理解為「幹掉對手」，就忽視了發展的目的，並且實際阻礙了發展。試想一家企業如果單純考慮如何打垮它的競爭對手，培養出一批又一批經濟間諜而不是改善自己的產品品質、滿足市場需求，它會取得競爭的勝利嗎？這種目光偏狹的惡性競爭到頭來只會「搬起石頭砸自己的腳」。

　　真正的競爭應是實力的競爭，是公開、公平、公正的競爭。只有借自身實力取得成功才是穩固的、有發展後勁的，靠不合理的手段雖然能獲得一些暫時的利益，但不會獲得真正的「成功」。

　　贏得競爭勝利、獲取成功桂冠的關鍵在於不斷自我發展、不斷壯大自身實力，讓競爭成為攀登成功之巔的巨大動力，而不要一味地捨本逐末，將競爭與打擊對手畫上等號。

　　抓住一切機會壯大自己的實力，才能獲得競爭優勢。

不要讓金錢支配人

　　有一句啟人心智的箴言這樣說：「我不要貧窮，也不要富裕。」就像在任何問題上一樣——「中間的道路是最好的道路」。太富或太窮都是人生的負擔。

　　太富或太窮的人，難以在精神方面保持恰當的高度，但一個人要有適度而充足的財產，就可以避免這種情況。一個人如果擁有巨額財產，他

就很難駕馭這筆財富。因為通常來說，巨額的財富就像一匹桀驁不馴的烈馬。

「你的那匹新馬怎麼樣？」一個人問另外一個人。

「我已經將牠賣掉了。」另一個人回答道。

「賣掉了？為什麼？我上次看到那匹馬的時候你好像挺喜歡牠的。」

「是的，但那時我只是剛剛買到牠。每次我騎上牠的時候，牠總是一路飛奔，讓我摔了三次，我因此折斷了一個手指，一隻胳膊也脫臼了，遍體鱗傷。我不知道到底是我在駕馭馬呢，還是馬在駕馭我。看起來好像是馬在駕馭我，這樣的話，我就不要牠了。」

對很多人來說，巨額的財富就像脫韁之馬，無法駕馭。它攪亂了人們內心的安寧，破壞了人們的生活準則，敗壞了人們的道德。如果是這樣的話，擁有財富倒不如沒有財富。

但是，即使是桀驁不馴的烈馬，也可以用馬銜去對付它。人們應該有堅定的決心、清醒的意識和深刻的思想，我們去支配財富，應該成為財富的主人，而不是做財富的奴隸。

一個人擁有財富，但卻自私、吝嗇、貪婪、欺騙他人，這種人就是財富的奴隸。人們不能讓財富來支配自己。如果一個人因為財富問題疏遠了家人、放棄了正常的睡眠和有益健康的娛樂，卻無暇享受生活帶來的正當快樂，那麼這種人就是被金錢所奴役的。

財富本來是用來增添人的快樂和幸福的，但許多人卻被財富所支配，而被剝奪了本該享受到的快樂和幸福。一個富人貪婪、吝嗇，累積了大量財富，他目不轉睛地、死死地盯住這些財富。這也許是世界上最可悲的情景了。對於這些人來說，即使是為了個人生理的舒適和精神的提高，增加一點財富也是很可怕的事。

一個極度吝嗇的傢伙說：「大約3年前，因為一件很不幸的偶然事件，

我掉到一口井裡。開始的幾分鐘我凍得要命。我本來想用一先令的酬金說服一個養著一條狗的農夫要他救我出來。狗的主人聽到我的呼喊聲，讓狗將我拖了出來。但這主人卻很貪婪，與我爭吵了一刻多鐘，堅持要我付 25 美分。但在我看來，他根本不應該這樣敲詐我，要知道，如果在最後一刻他沒有注意到我在井裡，他一分錢也賺不到 —— 我就是死在井裡，也不會答應他的要求的，這簡直是敲詐！」

一個人如果過於自私，就不是真正的富有者。金錢就像山泉一樣，如果泉水只是為自己所用，就只能是積聚山內的泉水；它一旦從山裡流出來，它就會滋潤草地，使得流經之處芳草茵茵，河堤兩岸會長出美麗的花朵，花朵能在河面上浸潤它的臉龐。

但我們如果阻止這股泉水的流動，山谷會乾的。如果能不斷地運用它，讓它不停地循環流通，它會完善我們的人性。但如果只是一味地累積，或者任意揮霍，這個流通過程一旦受阻，它就會給人帶來可怕的後果。它會使人變得鐵石心腸，缺乏同情心，人的靈魂也會變成了一片荒漠。

一個老人以乞討為生，這是一件很悲慘的事。但一個上了年紀的百萬富翁在大街上徘徊迷茫，這是更加悲慘的事情。他錢包很充實，可靈魂卻很空虛。他對金錢的欲望燒乾了心靈的甘泉，壓制了他內在的雄心，使他不能去追求真、善、美。光有鼓鼓的錢包，內心卻很空虛，這樣的人不是世界上最可怕的人嗎？這些人沒有健全的人格，他們有的只是低劣的欲望。

湯瑪斯・布朗（Thomas Brown）說：「要慈悲待人，不要貪婪地追求財富，盡力向他人奉獻，毋因善小而不為。我們要追著財富的增加而不斷提升自己的思想境界。僅僅做到大方是不夠的，他人有困難的時候，我們還應該慷慨解囊。如果你有足夠的財富，你應該運用這些財富來說服別

人——特別是需要金錢的人，來提升你的人生價值。如果你就不該吝嗇自己的財富，你該伸出你援助的雙手。」

在紐約，兩個朋友在討論財富問題，其中一個高聲說道：「我要是能有約翰·雅各·阿斯特（John Jacob Astor）那樣富有就好了，難道你不希望自己像他那樣富有嗎？他有 1,000 ～ 1,500 萬美元的財富，要是像他那樣的話，你想吃什麼就吃什麼，想穿什麼就穿什麼。」

另外一個憤慨地回答道：「不！你可不要將我當作傻瓜對待。那哪是他的財富？所有的房子、倉庫、輪船、農場以及其他一切東西，都需要他精心照看，這些東西卻是供他人所需。」

第一個人說道：「可是，這些巨額財產可以產生巨大的收入或租金，一年的收入就是 60 多萬美元。」

「是的，你說的沒錯，可他拿這筆錢能做什麼呢？他只有不斷地建造更多的房子、倉庫、輪船，或者為了他人的方便，進行抵押貸款。要是他拿了這筆錢，不會做別的。」

一位睿智的作家曾說過這樣的話：「為了追求財富而追求財富，這樣的人生不值得一過。一個人不顧人格的尊嚴，不充分體驗、感受生活的美好，這樣的人是沒有遠見的。金錢本身無所謂好壞，關鍵看它帶來怎樣的結果。年輕人不應該一心只想著錢，而鄙視另外真正偉大的東西。而恰恰是金錢以外這些東西，才給人生帶來了真正的價值。」

真正的富有者，能夠把世界上絕大部分最美好的東西，變為自己生命的一部分，並將人生的絕大貢獻給他人。一個人擁有財富，同時能夠使他人受惠於自己的富有，這樣的人才算得上真正的富有者。

真正的富有者，應該具備強健的體質，能夠傾心投入地欣賞自然之美，能夠欣賞文學藝術，具備一定的科學知識，能夠結交偉大而高尚的人物。如果是這樣，他的人生，才沒有悔恨；他的內心，才會充實而滿足。

冒險才有意外的收穫

　　如果你吃過美味，你會永遠愛吃；同樣的，如果你知道冒險的樂趣，你也會永遠沉迷於冒險，而不肯捨棄。在開始我們偉大的探險前，讓我們先下一個必成的決心。

　　也許你平常對旅遊興趣不濃，甚至連一次小野餐都不願意參加；現在你卻面對著一個關係一生榮辱，尋找更豐富的生命的旅行。你必須用飢者求食、渴者求飲所具的精神與毅力得到成功的美味。

　　如果你能預知這種生活會帶給你多大的快樂，相信你會迫不及待地去開始尋找。有些年輕朋友喜歡無拘無束，尋歡作樂，隨俗浮沉。他們認為墨守成規是既迂腐又落伍的想法，而自我放縱才是自我表現。這一點令人難以苟同。只有不能自制的人才墮落得最快。一條力爭上游的魚，抵得上十條在靜水中遊蕩、因循苟且的同類。

　　大多數人都喜歡走容易之路，找到捷徑，這樣可以節省些力氣。精神與肉體都懶散的人就不喜歡改變現狀，不過他們也從來沒嘗過勝利的狂喜。

　　在第一次世界大戰中，有一位突擊隊長在任務回程中受傷，地點是火線上。敵人密集的槍彈把他躺著的地方封鎖得密不透風，似乎在說，看看有誰敢來救他。連長徵求兩名志願者去救他。結果全連都跨步向前。

　　少校選擇了兩名兵齡最長者。這兩個人果然不負眾望，一寸一寸地匍匐著爬到傷者身邊把他拖救了出來。一個精銳的部隊，隊員大多數都把生死置之度外去接受特別艱險的任務。他們認為那是一種榮譽。

　　一直躺在戰壕的人是感受不到一點刺激的。伸出你的頭看一看，你會有完全不同的感受。是的，只要你把頭抬高一點，你的日子再也不單調乏味了。

　　美國青年創業訓練營每年都要招訓成千上萬渴望成為領導人物的青少年。這些少年時時接受這樣一句忠告：「接受困難，勇於冒險。」

訓練營經常瀰漫著一股尖銳的殺伐之氣。這些青少年在種種場合中都想出人頭地、嶄露頭角。棒球賽、跳水比賽、爬杆比賽，就像上心理課程一樣，緊張刺激而全神貫注。老師們把課程把排得非常緊湊而有趣。

每一週都有舉行餘興節目，每一個人都要學習如何表現自己，怎樣使他們感到快樂，掌握自己的個性使它能吸引眾人。一定要爭取最能夠領導又最能影響別人的機會與地位。

在這樣一個自勵過程中，所有青年都在全心全力地表現自我、發展自我。來這裡受訓的學員能體驗到生命的各個方面都充滿趣味。還有什麼地方更能讓男孩子或女孩子體會到生命的新境界呢？

訓練營的格言是：「隨時隨地，表現自我，竭盡心力！」隨著訓練項目，他們盡其所能地生活著，光榮地完成訓練。

對一個奉獻自己的人來講，生活是一種光榮的冒險事業。一早從床上跳下來就充滿著戰鬥力，面對可能使你沮喪的人或環境，那你的問題就已經解決了一半。只要你使出更大的心力，勝利就會提早來臨。

你也許會問，如何冒險？第一點是你要承認積極進取的生活可以改變人生整個面貌。大多數人都是憂慮、恐懼的犧牲者：怕生病、怕過苦日子、怕失敗。但你必須了解勇氣之中就含有憂慮和恐懼成分，主要重點在於如何去克服它。當你勇敢向憂慮和恐懼進攻，那就說明你已經控制了憂慮和恐懼，不再被其所控制了。

人為什麼要冒險？因為你不冒險就永遠不會勝利。每一個人心裡都希望自己成為某種大人物，能達到某種境界。問題出在大家都坐等機會來臨，機會是不會光臨守株待兔的人的，只有進取的人才能抓到機會。

或許你現在坐在椅子上閱讀本章時會說：「你說得很好，但是我的環境不同，不允許我去冒險。」這種觀念也就是你最大的敵人。你在這種情形之下，更應當冒更大的險，越是平平庸庸的人生越需要冒險。你的弱點

要靠堅強的行動來治療它。不妨作出出人意料的事，必要時破窗而出。現在就開始！

當你勇於想得更偉大，勇於要做一個偉大的人物。你將擁有更豐富的生命。世界上到處充滿機會，勇於冒險必然會有豐富的收穫。在科學方面、宗教方面、實業方面、教育方面，到處都需要有勇氣面對困難的人才。迫切需要的是攻擊的人才，而非防禦性的人才。

你且平心靜氣地問問自己。你對生命作何想法，對你自己作何想法。你滿意於你目前能力所負的一點點責任嗎？你滿意於跟在別人後面生活嗎？你畫地自限地說我的能力到此為止嗎？還是你心裡自認為是屬於彌足珍貴的少數者之一，懷抱著一種渴望的心情，有一天將攀登領導地位，作最大的貢獻？假使是後者，你就是我們要尋找的人。你不必等待「有一天」，現在就開始。

第四章
改變及努力的價值

動物園裡新來了一隻袋鼠，管理員將牠關在一片有著一公尺高的圍欄的草地上。

第二天一早，管理員發現袋鼠在圍欄外的樹叢裡蹦蹦跳跳，立刻將圍欄的高度加到兩公尺，把袋鼠關了進去。

第三天早上，管理員還是看到袋鼠在欄外，於是又將圍欄的高度加到三公尺，將袋鼠關了進去。

隔壁獸欄的長頸鹿問袋鼠：「依你看，這圍欄到底要加到多高，才能關住你？」

袋鼠回答道：「很難說，也許五公尺高，也許十公尺，甚至可能加到一百公尺——如果那個管理員老是忘了把圍欄的門鎖上的話。」

在過往的歲月中，相信您一定非常地努力追求過，很多東西比如追求財富、名望、愛情、尊嚴⋯⋯等等。

你得到了嗎？得到之後，幸福與快樂是否也隨之而來？而您是否真的快樂？

我們的出發點是正確的，大多數人都認為：「先讓我得到，然後再為快樂操心。」而當他們耗盡心血、使盡手段，終於爬到成功巔峰時，環顧周圍，卻驀然發現，自己的家人、朋友、同事竟已被踏在底下，而自己是如此的孤獨與不快樂。

或許這時您不禁要問：「我哪裡做錯了，怎會如此？」而一些從未成功過的朋友，也一直都喜歡問同樣的問題。

故事中的袋鼠的回答應是最好的答案：如果不將柵門鎖好（也就是態度要端正），圍欄加得再高（獲得的幸福與快樂）也是枉然。

每一個人現在所處的境況，正是以往自己所抱的態度造成的。所以，如想改變未來的生活，使之更加順利，必得先改變此時的態度。堅持錯誤的觀念，固執不願改變，恐怕再多的努力，也可能成為枉然。

　　如果您從未覺得自己成功，或成功後仍不快樂，不妨在此刻考慮自己的態度，是否在起始點已有誤差？給自己一個好的改變，開始嶄新而快樂的生命歷程。

最幸福的人是擁有現在的人

　　每個人應該了解人生最重要的就是生活本身，所以人的第一要務就是對這個「生命」負責任。如果他付出全部的心血，生命就能如他所願；如果輕視生命，不關心這個生命，生命自然不會如他所願。

　　在宇宙把生命交到我們手上之後，以後的事就靠我們自己去決定該怎麼做才正確。下面的這一首詩對我們有所啟示：

> 我路過這個世界僅此一次，
> 　因此，若有任何我能盡到心意的事，
> 　讓我此刻就去做，
> 　讓我不延誤也不漠然，
> 　因為，生命沒第二次機會。

　　每個人只能活一次，這是不變的事實；認清這一點，你就應該活得自信，不要活得怯懦；要活得沉著、平靜，不要活得惶惶不安；要力求心態平衡，不要困惑混亂。為自己也為了我們身邊的人，你應該讓生命做最大的發揮，而不是自暴自棄、誤人誤己。

　　你有選擇的能力，讓我們盡全力來發揮。就在你運用智慧面對生命的時候，你會發現天地之間有一股神奇的力量來支持你做出最佳的抉擇。把握現在你就不會失敗，你只允許自己成功！

　　你也可以把每一天當作生命中最後一天那樣生活，只要你把它想像成真的，那麼一些平常令你心煩的小問題，就無關緊要了。你將不會再去為許多小事情煩惱──這些日積月累的小事情將會破壞你的幸福。你將會

很驚訝地發現，這種想法能夠為你帶來很大的平靜。既然這是你在這個世界上的最後一天，又何必去擔心一些瑣碎小事呢？

這世上，最幸福的人不是明天輝煌燦爛的人，而是能把握現在的人。擁有現在的人懂得金錢是好東西，但是金錢買不來幸福。

把握現在，你可以想像自己進入一種境界。正如布里斯托爾所說，如果你對自己有信心，而且認為自己有權利得到幸福，那麼不管到哪裡去，都可以定下決心去創造幸福。

只要你對自己有信心，你將會發現整個世界充滿了幸福 —— 早餐的美味可口，早晨沐浴的神清氣爽，即使在簡單例行的穿衣過程中，你也會覺得無比滿足。當你出門走在街上、走在上班的途中，將會友善地看著四周的人，因為你覺得他們就像是你的兄弟姐妹。

他們並非十全十美，如果有人顯得冷漠無情，你將會敏銳地察覺到他們可能遭遇了難解的困擾，你將盡量善待他們。如果他們對你的友善沒有立即反應，你也不必介意，因為你將為自己的寬容大方感到欣慰。

在這個不完美的世界裡，有許多美好的事物，只要你用尋求滿足的眼光去看。

正如我們前面所說，在這個多彩多姿的世界上，你同樣可以快樂如君王。

但你首先必須想像自己進入這種境地。你一定要排除掉消極的感覺 —— 恐懼、憂慮、憎恨 —— 因為它們是快樂的敵人。如果你感染了這些虛幻的疾病，你將無法感到舒適，甚至也不知道幸福的意義是什麼。

傳遞好消息會使人精神振奮

我們見過這樣的場面，有一個人突然說：「我有一個好消息！」在場所有的人都會立即把注意力集中在他身上。好消息不僅能吸引人的注意力，更重要的是使人振奮。好的消息能帶給人熱情，甚至助人消化。

而事實上，我們聽到的壞消息太多了，好消息卻太少了。沒有人會因為他傳播過壞消息贏得了朋友，發過財，取得過成就。

帶給你家庭一些好消息，告訴他們今天發生了什麼好事。回憶那些愉快的、趣味無窮的經歷，把那些不愉快的事情拋到九霄雲外去！宣傳好消息，因為傳播壞消息是徒勞無益的，結果只會給你的家庭帶來擔憂、緊張，使他們坐立不安。

記住，只告訴別人你的感覺很好，做一個樂天派！何時何地，只要你有機會，說一聲：「我真舒服！」你會馬上感覺到好得多。同樣的道理，如果你總是跟別人說：「我真難受。」你的情況會更糟。我們的感覺如何是由我們主觀決定的。同樣要記住：別人總是喜歡和充滿活力的樂天派作伴，而討厭那些死氣沉沉的人。

告訴你的同事們一些好消息，有機會就鼓勵他人，讚賞他們。告訴他們公司在做一些有益的事情，聽取他們的意見。熱心幫助他人，贏得他們支持，讚賞他們的工作會使他們更充滿希望。讓他們相信你非常需要他們的鼓勵。安慰那些憂慮重重的人。

每次當你告別一個人時，問問自己：「這人跟我談完話以後感到愉快嗎？」這種自我訓練的方法能保證你走的是一條正確的路。在你和僱員、同事、家庭成員、顧客甚至一般的朋友談話時，不妨運用這一方法。

好的消息會帶來好的結果，讓我們去宣傳它們吧。

培養一種富有吸引力的個性

　　吸引人的個性猶如磁石，會把所有的人吸到你這裡來。培養這種魅力是你的權利，也是你的義務。

　　成功人士一般都塑造了讓人喜愛的、富有吸引力的個性。這種個性使他們有超凡的魅力，有助於他們與別人友好合作。令人喜愛的個性比較容易識別的，但卻很難下一個準確的定義。很顯然，這種個性是從一個人的言談舉止、說話語氣、態度親疏和可靠程度等方面表現出來的。

　　有些人儘管年紀已經很大了，但魅力一如當年，因為一個人的魅力既來自於外表，又來自於心靈。令人喜愛的個性是態度、行為及表情的結合。面帶令人愉快的表情遠比穿戴首飾更重要，比擦亮皮鞋、修平指甲所增添的光彩要大得多。

　　以迷人的外表掩飾惡劣的品德在短期內可能有效，但真實的自我很快就會暴露出來。因此只看才能而不顧品德，在此基礎上建立的關係會使生活變得很悲慘。只有迷人外表而無良好品格的人，就像中看不中用的東西。做人最起碼的一條標準就是永遠把迷人的外表與內在的品性結合起來。

　　對所有的人都彬彬有禮，但只和幾個人保持密切的聯繫，而這幾個人在取得你的信任以前必須經過嚴格的考驗。喬治‧華盛頓說：「真正的友誼就像一種慢慢成熟的植物，只有經歷而且經得起災難的打擊，才能稱得上友誼。」

　　一個小男孩對他的媽媽很生氣，於是對她大聲嚷道：「我恨你，我恨你！」因怕挨媽媽罵，他跑出了家門。他跑到山谷中又大聲嚷起來：「我恨你，我恨你！」遠處傳來了回聲「我恨你，我恨你！」這是他有生以來第一次聽到回聲，他很害怕，就回去找媽媽，求媽媽保護。

　　他說，山裡有個壞孩子對他大聲喊「我恨你，我恨你！」媽媽一聽就

知道是怎麼回事了，於是讓兒子再回到山谷，大聲地喊「我愛你，我愛你！」小孩去喊了，並聽到了回聲：「我愛你，我愛你！」這件事給小男孩上了生動的一課。生活就像回聲，你付出什麼就能得到什麼。

班傑明・富蘭克林曾說過：「善待別人，就是善待你自己。」無論是想法還是行動，它們遲早都會得到應有的回報。當你高升的時候千萬要尊重別人，因為當你落魄的時候還會與他們相遇。

許多年以前，兩個年輕人邊打工邊在斯坦福大學上學。他們賺的錢少得可憐，於是想到為伊格納奇・揚・帕德雷夫斯基（Ignacy Jan Paderewski）舉辦一個鋼琴獨奏音樂會，以此賺點錢交食宿費和學費。

這位大鋼琴家的經紀人要他們付 2,000 美元，這筆錢在當時可不是個小數目，但他們還是答應了下來。他們開始拚命地工作，可音樂會辦完後，他們發現總共賺了 1,600 美元。

音樂會結束後的第三天，年輕人們把這個壞消息告訴了鋼琴家。他們把 1,600 美元全部給了他，還附上一張 400 美元的空頭支票，對他許諾說他們會盡快把 400 美元賺到，一到手就送去給他。他們的大學生涯似乎走到盡頭了。

帕德雷夫斯基回答道：「不，孩子們，你們不必這樣。」說完，他把那張支票撕成兩半，還把錢還給了他們，對他們說：「從這 1,600 美元裡扣除你們的食宿費和學費，剩下的錢再各拿走 10% 作為你們的報酬，其餘的歸我。」

許多年過去了，第二次大戰爆發了又結束了，帕德雷夫斯基當上了波蘭的總理。為了使本國成千上萬飢餓的人民能吃上飯，他付出了艱苦的努力。當時能幫助他的只有一個人，那就是美國食品與救濟署的負責人赫伯特・胡佛。胡佛答應了他的請求，不久成千上萬噸的食品就運到了波蘭。

當飢餓的人民不再挨餓後，帕德雷夫斯基來到了巴黎，對胡佛送來救濟表示感謝。胡佛回答說：「不用謝，帕德雷夫斯基先生。有件事你可能

不記得了，當我還是大學裡的一名學生時，有一次我遇到了困難，是你幫助了我。」

愛默生說：「每個人在真誠幫助他人的同時都是在幫助自己，這是生活中最美麗的一種補償。」

俗話說，惡有惡報，善有善報，運動也具有這樣的天性。你不必刻意去追求回報，它總是自己悄悄到來。有一位公司的人事經理談到他是如何選聘人才的，也許我們能從中深有感悟：

如果你到公司來求職，第一件事我要問醫生你的身體狀況。我需要確知你是否有完成一個工作的精力與持久力。第二，我會要人事部門調查你的知識能力與求學背景。若兩方面都好，是不是就通過了？不是的。有許多我想知道的，是不能在紙面上寫出來的。

你走進我的辦公室時，我要注意你的衣服、你的髮型、你的鞋子、你的指甲、手乾不乾淨。人們常常重視匆匆一瞥的印象。我注重的是你的個性。我是在找那種無法描寫的氣質，你能吸引人的氣質。

如果你只是隨便地跟我握手，不平實，唇角下吊，我不想錄用你；面露微笑，聲音清朗，步伐穩定，興趣廣泛 —— 都是令人喜愛的個性。這些個性可以吸引生意，也可吸引任何人。微笑會把阻力消除。這種領袖型人物可以招致許多朋友。

吸引人的個性，就是我們常說的人緣。什麼是人緣？是不是有的人有，有的人沒有？你是不是可以開發出來？當然可以。固然，有的人天生就得人緣，但是並不表示其他人就不可以開發出來。

有些人加入推銷隊伍，開始面對顧客時，總是非常害羞的，但是幾年之後，經過一段時間的訓練，他們逐漸發展了這方面所需的個性，能夠站在講臺上面對上百人，自信地、沉穩地發表有力的演說。

這些人並不靠背熟演講詞吸引聽眾，而是找出社會的需要，以傳教士的熱情來配合這需求。目前「服務」一詞已經老化了，其實真正的服務能

力也就是加強你吸引他人的個性。

你也許要問，如何去培養呢？是不是向社會名人去學習呢？不盡然。如果跳舞、打橋牌，參加俱樂部消耗你太多時間妨礙你另外三方面的發展，你必須加以節制。

下文也許可以說明你正確認識何謂個性發展。這種發展對你的生命完整大有必要。

在報紙上有時可以看到偉大人物過世的消息。他在事業上與教育上的影響力，誰能步其後塵，繼續貢獻社會呢？他生前在社會上是高高在上的力量，他付帳單以及盡法律規定所應盡的義務，只是他生命中的最小部分。最重要的就是他的個性。他如何鼓勵同僚，吸引他人到他身旁。

他去世了，社會也失去這個人的個性。我們要重視這個人。所以你要像他一樣生活，像他一樣去思考。試著去替代他在社會上所發生的作用。要你去替代社會上已有成就的人也許讓你膽怯，因為你自己似乎沒有什麼內容可以拿出來。但是實際上你總會有一點優點。拿出來，如此一點一點地拿出來，會逐漸增加你的優良個性。

「個性」這兩個字很難說出來，但它們環繞在我們生命周圍又是多麼真實。

人際關係有助於實現你的願望

如果你有一些實際經驗，證明你有能力與那些能夠自我實現的人們相處，那麼你就通過了人際關係這一關，無論你的願望是什麼。

假如你沒有這種實際經驗，為了事先搞清楚你在多大程度上喜歡與他們一起工作，你可以認識幾種人，可以以這種方式檢驗一下。

一般來講，你容不容易與人相處，可能在工作或社會活動中遇到的人是有相關的 —— 如果你確實很熱心於此項工作或活動。

　　事實上，很多人幾乎能夠在一夜之間變成人際關係專家，只要他們明白，除非他們改善對人的態度，否則他們永遠不要希望達到他們預期的目的。

　　假如你並非開始就敢作敢為、樂於競爭，你大概對走街串巷的推銷員會感到不快。假如你不能當眾接受許多不公正的批評，你最好不要競爭公共事務方面的職位。

　　當然，在你所從事的任何工作中，你的成功和失敗都會影響到你在人際關係方面的能力。

　　哈利不擅長人際關係，而就他所做的具體工作而言，他也不必八面玲瓏，能言善辯。他很快活地從事工業應用的導航工具實驗，不斷產生新的想法和改進意見，因為他樂意從事機械工作，而且他喜歡這種獨往獨來的工作。

　　而托米在人際關係方面頗有競爭力，他喜歡結識新朋友。他喜歡和對市場學及經營買賣感興趣的人在一起。後來他在一個廣告服務中心的生產部門工作，他覺得不合適、不適應。他就是不適合做那種工作。他在設計廣告布局和選擇合適的鉛字方面是一個不錯的技術員，但實際上所有的工作都是他獨立完成的。

　　如果對他的願望和才能綜合考慮，似乎很明顯，他可以成為某個技術行業第一流的推銷員。後來他找到了一個貿易雜誌的推銷工作，賺的錢比以往都多。他有生以來第一次做得這麼好，他覺得自己現在真正懂得生活了。

　　所以，不管你喜歡獨自工作，還是與人來往；不管你喜歡主動認識人，還是更願意人們來找你；不管你喜歡教育氣氛、學術氣氛或藝術氣氛，或是激烈而大起大伏的高度競爭性的行業，你在人際關係方面的愛好，與你選擇你想做的事有極大的關係。

　　然而，即使你已經感到滿意 —— 因為你的能力和人際關係都支持你的願望，這是否意味著你將能一帆風順地完成你想做的事？

　　不要讓你的名譽毀於一旦，許多努力奮鬥的人，他們能從成功獲得滿足與喜悅，主要是因為贏得了美譽的關係。對於那些有成就的人來說，能夠獲得名聲和讚譽，被認為功業彪炳，才是功成名就最大的報酬。畢竟名聲是買不到的，它必得靠自己一點一滴去賺取。

　　而且在大多數情況下，各個領域中出類拔萃的人 —— 政治家、體育明星、企業家、演員、作家或教育家 —— 在到達巔峰之前，總要經過一段充滿挫折的漫長歲月，刻苦耐勞，方有所成。要想譽滿天下絕不是一夜之間就能輕輕鬆松一舉獲得的。

　　曾經有這樣一個悲慘的故事。有一位很有名氣的表演者爬上幾十公尺高且塗了油的竹竿 —— 實在技藝超群。整整十分鐘，數以百計的觀眾眼睜睜看著他爬上滑溜溜的竹竿，直到頂端。然而他不小心出了點差錯，不到30秒的時間內，他整個人掉到地上，摔成一團，簡直慘不忍睹。你看，花上十分鐘才完成的事，可以在短短幾秒鐘裡以死亡終結。

　　如果我們不能維護那來之不易的名聲，那我們的心血就都付諸東流了。

　　尼克森當了 8 年的副總統之後，在總統競選中被甘迺迪擊敗。西元 1964 年，當共和黨黨員拒絕支持高華德（Barry Goldwater）參議員爭取國家最高席位時，尼克森力排眾議，一意支持。而在 1996 年，共和黨群龍無首，一片混亂時，尼克森奔走遊說，幫助共和黨人在國會贏得多數席位。

　　然後是 1968 年的大選年。勞苦功高的尼克森理所當然被推舉出來，競選總統，這次他贏了。

　　1972 年，他競選連任。由於四年任內平均表現良好，果然，他以壓倒

性的多數票贏得連任。接著就是水門案的爆發，這也許是歷史上所公開過最大的政治醜聞。因為尼克森被牽連在內，他被迫做出抉擇：不是辭職，就是被彈劾。

尼克森花了不只 25 年的時間，才贏得海內外的交相讚譽，結果在短短幾個月內，他又名聲掃地。25 年苦心塑造的東西，竟毀於短短六個月。在許多報紙的標題上，我們可以看出，不少辛苦經年終於略有所成的人，是如何將自己的名聲毀於一旦的。下面我們可以看到這樣的例子：

「法官受賄，因而遭到免職」

「宣誓官員撒下彌天大謊，人犯得以逍遙法外」

「參議員涉及調查案，被判有罪」

「足球教練因違反選舉法而被解僱」

「參議員重劃公路，圖利自己的土地」

「欺詐索賠案中，社會福利局長中飽私囊兩萬元」

那些違犯社會規則的人犯了一個重大錯誤：他們毀掉了自己辛苦賺來的名譽，完全是自毀長城，怨不得人。

若要維護聲譽，請參考下列三個建議：

✧ 榮譽是你的第二生命，最重要的資產，千萬小心維護。好名聲來得不易，可是一旦毀掉，幾乎再沒有重建的機會。如果你不慎失足，新聞必不脛而走，會有很多人幸災樂禍地說一聲：「罪有應得。」

✧ 你是別人的模範，認為你值得學習。不管你的名聲是鄉里聞名，還是遍及世界，你的言行舉止都是別人模仿的重點。每個人都應該捫心自問：「我的作為值得模仿嗎？」造成許多藥物使用氾濫的原因之一是，許多知名的運動員和演員在作祟。

有個天才經紀人告訴我，每當一個特寫人物服用某種藥物的新聞披露之後，起碼有 1,000 個年輕人決定仿而效之。如果有一個議員和地方承包商勾結，另外一些人也會想幹同樣的勾當。結論很簡單：樹立良

好的模範，協同建立更完善的公司、團體，及到一個更完善的國家。同時，請千萬愛惜自己的羽毛。

✧ 誠實必有好報。完全走正道的人，錢財也能賺得多、賺得好。如果那些詭計多端的人，肯把為非作歹的心思花一半在正道上，他們的成就要多得多。誠實一點是明智的 —— 那是通往智慧之路。

踏實的敬業精神

不要看不起自己的工作。所有正當合法的工作都是值得尊敬的。只要你誠實地勞動，沒有人能夠貶低你的價值，關鍵在於你是如何看待自己的工作。吉本曾經談到這一類人：「他只知道自己要有較高的薪水，卻不知道自己應承擔的責任。」

如果你是這種人的話，對你自己來說，或在上司的眼裡，自己就沒有什麼價值。不要把金錢作為自己選擇工作的首要標準。在英國的報紙上有一則廣告，有一個教師的職位空缺，上面寫著：「工作很輕鬆，但需要全身心投入其中。」

輕鬆工作，全身心地投入其中，這才是成功人生的真實寫照。如果把工作僅僅當作賺錢的工具，這種看法也是讓人蔑視的。上帝已經為我們準備好了麵包，他本可以讓我們在舒適的伊甸園裡永遠待下去，可他不僅是為了讓人類滿足動物式的欲望，還需要追求更偉大和更崇高的目的。

在人的身上有一種神性，在舒適的伊甸園裡培養不出這種神性的。人被趕出伊甸園，這看似災難，實際上是件無限幸運的事，這就迫使人類只有透過自己的辛勤勞動，才能去換取生存所需的麵包。

上帝向我們揭示了這樣一個真理：只有經歷艱難困苦，才能取得世界上最大的幸福，才能取得最大的成就；只有經歷奮鬥，才能取得成功。懂得這一點是具有重大的意義。

蒙格爾說：「我們正因為缺少某種東西，才有追求它的強大動力。只有具備明確而堅定的目標，才能走向成功。只有具備這樣的目標，才能鍛造人的品格，提高人的修養；只有具備堅定的立場，才能取得成就。」

拉斯金（John Ruskin）說：「只有透過勞動，才能保證精神的健康；在勞動中進行思考，勞動才是件快樂的事。二者密不可分。」

共生與榮譽

自然界中有許許多多的「共生」現象，令人嘆為觀止。下面僅舉兩個例子。

例一：早就聽說檀香樹是植物中的有名情種。不知是哪位多情文人有如此雅興，竟把它和相思、枸杞同稱之為「癡情三郎」，這對渲染生命世界的可愛的確起了不小的烘托作用，使人每想及此，不能不對其聯想力之豐富深表讚嘆。又不禁使人想到，這種浪漫的說法終究也不過是以情代理，以情假木，以超脫的審美趣味戲弄一番無知的樹木罷了。

然而事實上遠非如此。因為，高大青翠的檀香樹，一定要由巧茶和洋金鳳之類美麗的花卉陪伴，才肯好好成長。看來，「檀郎」多情並非人們單純的藝術想像，這只不過表明了它自身特有的一些「共生」習性而已。這是一種恰當的藝術想像，它賦予了這種有趣的現象以愛的靈性，智慧的生命。

例二：是誰開拓了陸地的綠色王國？是誰迎來了千姿百態的植物世界？答案是，是屬於低等植物的地衣 —— 松蘿。松蘿不僅能夠在岩石上繁殖，而且能把堅硬的石層轉化成鬆軟的土壤，它還勇於在淒風苦雨的洗禮下進擊，在冰霜雪霰的襲擊到來時與之奮爭。

松蘿頑強的生命力，在於它是一種很獨特的生物共生體 ——「菌藻聯合部隊」。它由真菌的菌絲組成周邊，內部包裹著陸生的藻類，真菌能

為藻類提供營養原料，藻類卻能把原料變為真菌也能吸收的有機食物，它們團結合作，相互取長補短，於是贏得了某些高等植物也無法比擬的生命力和戰鬥力，形成了鍥而不捨的「進取性格」，以致從低等植的的階梯上一躍而獲取了先鋒植物的榮譽稱號。

善於從「共生」中獲得榮譽，這是大多數智者的成才道路。只有扎根在蘊含著巨大創造力的群體之中，只要善於同各有專長的同路者們真誠地合作，才能最大限度地發揮自身的智慧優勢，加速自身成才步伐。正如貝佛里奇（William Beveridge）所說的：「多數科學家在孤獨一人時停滯無生氣，而在群集時就相互發生一種類似共生的作用……」

共生，多麼富於詩情的境界，在共生的園地裡，不僅誕生著妖嬈的綠衣仙子，還不斷羽化著「智慧的女神」，她們將優化多少睿智的心靈，她們將美化多少壯麗的青春。

當今，歷史的推進，要求智慧優勢的集約，要求創新精神的凝聚。因此，一個人是否善於從「共生」獲取強大的開拓性實力，已不只單純反映一個人的個性品德，而且還反映出一個人有無成功的理性修養。

現代人才學的研究中，素有「人才軸」的提法，它相當準確、形象地概括了人才的「共生」作用。「人才軸」自然有中心，又有周邊。對於每個人立志為人類作出更大貢獻的進取者來說，只要善於和更多的同行者聚合在一起，就能使「人才軸」具有更大的「品質」，從而使智慧優勢獲得更大的慣性伸延力。

記得星雲說的完善者普拉斯早就曾經提醒人們：「大自然所表現出來的智慧，真是形形色色，變化萬端。為了了解它，我們必須聯合大家的知識和努力才行。」

「鳥未倦而知返」乃大智

這種在必要時棄直路、拋「捷徑」的做法，確乎不失為一種大智慧，一種明晰的人生態度。

「鳥未倦而知返，雲將歸而始閑，不失早見之譽。」這段古訓向我們揭示了成功與態度相關聯的一個側面。

人類可供挖掘的潛力是巨大的，然而作為個體的人，每一個特定的發展階段能挖掘的潛力，可能發揮的主觀能動作用，相對說來又是有限的。「鳥未倦而知返」，就是對自身的主觀能動作用和客觀的隨機變化狀況持理智的評價態度，以及時恰當地調節自身的行動計畫和行為方式，以期獲得最理想的結果。

「鳥未倦而知返」包含著鳥自身的生命系統和飛行環境兩個維生系統方面。一則關於鳥的寓言說：一隻在森林邊緣生活習慣的鳥，看到藍天浩渺，一望無際，於是牠決定飛出森林。牠飛呀飛呀，突然發現前方金光四射，一片澄黃，喜得牠舞姿翩翩，逕直向前。

不料，當牠精疲力竭地飛到那裡時，才知道原來是荒漠的戈壁沙灘。牠飢渴勞累，但卻找不到食物，也尋覓不到適宜的可供小憩的枝頭，想返回蔥郁富饒的森林，已經沒有力氣，也來不及了。因為接踵而至的是風沙的怒吼和寒夜的降臨。

我們可以設想，如果這是一隻聰明的鳥，對自身的主觀能動作用和客觀的隨機變化狀況能夠持理智的態度，牠首先該考慮自己的飛行時間持不持久？如果目的地不如想像的那麼美好，有沒有及時返航的精力和時間？如不能及時返航，那裡有沒有起碼的生存條件，以蓄積返航的力量？如果這隻鳥從主觀生命系統與客觀維生系統兩方面都有比較理智的判斷，就不會導致上述的悲劇。這雖是一個寓言，實則不啻為現實生活的寫意。

相比之下，現實生活中的鳥要比寓言中的鳥聰明得多。否則，牠們早

就絕跡了。譬如海洋鸌，牠每年一度要實現從北極到南極的遠航。有趣的是，這種鳥飛的卻是一條與南北兩半球相關的曲線。

經過人們考證，發現這條曲線與大陸板塊因漂移作用而分裂為南北兩大板塊的曲線驚人地相似。這說明，海洋鸌在遠古時代飛越大陸板塊時，是沿著趨於直線的維生系統環境飛行的，世世代代，南北大陸板塊徐徐分離，海洋鸌卻依然適應著維生系統的制約，不惜改變近似於直線的飛行途程，沿著有益於維生的曲線飛翔。這種隨機適應的作法，表面上看來，是失之於迂迴曲折，會增添飛翔的「倦意」，而實則是把延長的路線分割成可資消除「倦意」的「補給點」，從而維護了生命系統與維生系統的協調。因此，這種在必要時棄直路、拋「捷徑」的做法，確乎不失為一種大智慧，一種明晰的人生態度。

培養性格自制力

在性格的塑造和發展的過程中，人的自制力起著極為關鍵的作用，它直接決定了你生活中的成敗。

人性具有兩重性，人們能感覺到這種兩重性。一種本性追求著真、善、美，它提升人們的精神境界，使人的心靈變得純淨，這是其天使的一面，它映現著上帝的形象，是不朽的神聖的一面，它驅使人的靈魂朝著上帝而升騰。另一方面便是獸性的一面，它把人引向墮落。

一個人只有在小事面前學會自制，才能在大事面前較好的控制自己。一個人必須省察自己，看出自己的弱點到底在哪裡，弄清楚到底是什麼因素在阻礙他走向成功。這些也正是他應該下大力氣學會自制的地方。

這些缺點是自私、虛榮、膽怯、暴躁、懶惰、憂鬱、精神不健全、心不在焉，還是缺乏生活的目標？不管你的弱點以何種方式隱藏著，你都必須發現它們。你每一天的生活，就是你一生的一個縮影。

不必為過去的錯誤作無用的懺悔，也不必為將來的前途作無端的憂慮，你應該這樣度過你的每一天 —— 就像今天所過的這一天是今生中唯一和一天，利用這一天去發揮你身上最大的優點，克服自身最大的不足。你的弱點只要顯露出來一點點，你就要克服它們。這樣的話，你的每一時刻都是一個勝利。如果能夠做到這樣，你就會成為生活的主人。

在任何場合，都要讓自己的行為舉止不同凡響。每一個機會都很重要。如果你逃避責任，而不是堅毅地前行，你的性格就越來越萎縮。難道我們要承認自己是外在環境的奴隸嗎？難道我們該為那些區區小事而煩惱嗎？人的精神能超越於物質之上。帶著希望、雄心、期盼和信心，我們搧動著人生的雙翼，衝過重重風暴，飛向生命的高空。而那些無力超越障礙的人，將困守在人生的低谷中。

培養良好的習慣

一位法國作家寫道：「對於日常生活中的行為舉止，養成的習慣比座右銘更為重要，因為習慣是活的座右銘，成為人的本性的一部分。換掉座右銘是沒有什麼用的，就像是換了一本書的標題。真正重要的是養成新的習慣，這才是生活的核心和性質。」

詹姆斯教授說：「要形成新的習慣或拋棄舊的習慣，我們必須全力以赴，盡可能地做到堅定不移。我們要利用一切外界的有利因素，不斷強化這種正確的動機，我們要為自己創造有利的條件，使自己有勇氣養成新的習慣。要大膽地與老習慣訣別。如果條件允許的話，要公開做出自己的承諾。簡單說來，利用一切有利因素，促使你的決心得以實現。如果能夠做到這一點，你以後的行為方式就能顯示出不可阻擋的銳氣，也就不會輕易放棄。如果能堅持按照新的習慣行事，老習慣也就失去了死灰復燃的機會。」

「第二條重要格言是：如果新養成的習慣還沒有在你行為中完全固定下來，你就不該有任何的鬆懈。一次小小的鬆懈就像打開了精心纏好的線團——要知道，打開一個線團通常比纏上它更容易得多。」

莎士比亞說：「如果今天有做到，下次就很容易做到，再下次就更容易做到。因為習慣能改變人的本性。它能阻止人性中的邪惡，也使其更為放縱。」

不斷成長自我

經營是一種藝術，事業是一種經營，人生更是一種經營。

在一次機會裡，聽到一則故事，極具啟示，內容是一位著名演講家在一次演講會上，拿了一塊兩尺長的木頭及一把很鋒利的斧頭當道具，他將這塊木頭放在演講臺上，接著取出利斧向木頭猛砍，砍了十分鐘，結果滿身大汗，木屑滿天飛；然後他轉向驚訝的聽眾問：「你們看到了什麼？你們看到了什麼？」

眾說紛壇，有人說：看到你在砍木頭，有人說：看到木屑在飛揚，也有人說：我看到滿頭大汗，以及砍柴的動作等，但在各式各樣的答案裡，沒有一個讓演講者滿意的答案，後來演講者告訴大家，你看到的是你看到的，但是你是否看到這經過十分鐘之後的斧頭已經鈍了，沒有像原來那麼鋒利了？這句話使很多人頓然醒悟過來。

日常的事業經營上，我們不都也是這樣子嗎？我們每天都在做砍柴的例行公事，每天上班、工作、下班，如同我們在做砍柴的工作一樣，如果我們沒有進修充電的機會，如果我們不知道去把斧頭磨利，那麼就如同這把斧頭，經過一段時間的削砍以後必然會鈍掉。

這個故事提醒我們，在現實的人生、奮鬥的人生裡，必須不斷地接受充電，不斷地成長自己，才能在激烈的競爭環境下求得一席地位，使自己

被重視、被肯定。這裡提醒每位工作者要不斷進修，不斷進取，不要使自己成為鈍了的斧頭。

多問是求知的捷徑

我們在牙牙學語的時候，媽媽就教我們回答所有的問題了。如果問題答對了，就會獲得稱讚，自己快樂，媽媽更快樂！媽媽的快樂裡還包含了很濃很濃的驕傲，因為媽媽逢人便說她的孩子多麼乖巧伶俐。除了媽媽的問題必須回答外，還得回答外婆的問題，嬸嬸的問題。

就這樣，孩子們有問必答，到了上學，更是有一半時間是用來回答問題的。回答占著現代教育的重要成分，沒有問答就沒有教育！

經過長年累月之後，回答問題已不是一種要受意識支配的的反應。在我們的日常生活中，仍不斷需要回答問題，也仍不斷需要照著別人的話去做事。即使你有時不想言聽計從，受人指使，但由於從小到大，所接受的教導和訓練，已經根深蒂固，違抗反而變成一種不自然的舉動！

因此可以肯定，被問的人絕不會不理不睬，反而會覺得能蒙垂問是件光榮的事，能為人做事更是幸運之至！

生理學家也認為，人們為了滿足「沒有我不行」的心理，所以樂於助人；反之，如果拒絕回答別人的問題，不幫別人解決疑難，便是表示自己無能、差勁。

所以，你盡可以不假思索地提出問題，不必擔心會因此碰壁，因為不願意回答別人的問題的人少之又少。向別人發問，你會獲得你想知道的，同時你也能滿足別人的「自大」心理，一舉兩得，何樂而不為呢？

在東方中國的古老文獻中有「不恥下問」的話。不只是請教高明的人，即使是比不上自己的人，也還是有問一問的價值。因為人到底不是萬能的，不可能一切都懂，所以多問多知多好處。

　　如果你想了解自己的健康狀況，以求保持身心健康，那麼你最好請教醫生；請教學者、商界泰斗、科學家、市場專家，則能夠使你廣開眼界，促進你的事業發展，購物採買，要多跑幾家，比較價錢，這是生意人都懂的道理；如果人生路不熟，與其亂衝亂闖，費時誤事，不如開口問問當地人。

　　許多美滿姻緣所以錯過，往往是因為欲言還休，不敢鼓起勇氣開口問一問。在電梯裡，在公共汽車上，在火車廂裡，在客機上；對面的人，旁邊的人，只要開口，誰敢說不是有緣千里來相會！

　　總之，問、問、問……這是最快速、最簡單而又最有效的成功捷徑。所以，多多發問，不恥下問，包你不吃虧！

第五章
坦然面對無常

跨越一段無常的路

世事是無常的，周圍的人事、環境不斷在變化，如果我們不用創意的智慧去適應，生活就會發生困難；如果我們對於無可挽回的變化，不能看透它的本質，而執著於過去的記憶之中，就會產生強烈的失落感，引來更深的痛苦。

人必須看清生活之中無常的本質：你沒辦法永恆的持有自己喜歡的東西，痛苦也會隨著時間流逝，苦與樂是生活情境中所發出的聲音。如果緊抓過去的事件不放，就會脫離現實，而產生許多錯誤的回憶，帶來更多痛苦。

曾經有一對夫婦，從遠方來和心理學教授晤談。他們為愛子的橫死而傷心欲絕，事情已經過了半年，孩子的臥室、用具和書籍，保持完好一如生前。他們說這是一種愛的懷念，這是作為人父母愛不能捨的心情。

教授很能理解他們的處境，但是他們天天觸景生情，不斷想到愛子血淋淋的境況，而活在沮喪、哀傷、精神不振和絕望的心情中。於是教授問他們：「愛子已逝，留著那些遺物和環境，徒然帶來更多的哀傷，你們這樣做，對愛子有益嗎？對你們有益嗎？」

他們搖搖頭，接著又是痛哭失聲，教授以專業的口吻問下去：「你們對孩子的感情至深，令我感動。容我再問：孩子來人間走一趟，受到你們的愛和溫暖，現在他必須回到另一個世界，既不能活著為人，也不能放心到另一個世界，這樣對他好嗎？」

「大概不好。」他們停止了哀泣，以嚴肅的心情面對教授。

「好！你們的孩子一定很孝順，是不是？」

「是的。」他們說了許多孩子乖巧、孝順和品學兼優的事。

「你們這麼難過，哀傷不止，孩子有知會不會心痛難過呢？」這時，這對夫婦有了面對現實的表情，於是，教授又問：「你們願不願意做一些

行動，改變自己的生活，讓日子過得好些，也讓孩子心安呢？」他們終於道出肯定的答案：「願意有一些改變。」

這是他們能脫離哀傷重要的第一步。從這一步開始，他們打理愛子的房間，該送人的送人，該收藏的收藏；他們與孩子又作了一次告別，這樣他們才心安，然後計畫新的生活方式。他們看清了無常，看清無常背面的真愛：既是互愛的，也是彼此自愛的。這個家庭逐漸走出陰霾，迎向陽光。

人最忌執著在自己所設的不合理框架裡，這一來創意全消，也會斷送心靈的自由。你看，如果一個人堅持著不合理或缺乏彈性的觀念，就會變得痛苦不堪，例如：

凡事我應該做得好，受到別人的讚美或尊重。

別人應該公平對待我、體諒我和尊敬我。

雖人應該要了解我的立場，替我想想才對。

世事無常，每個人對事情的看法、感受和判斷都不一樣，如果死抱著這些觀念，就會有挫折感，產生不滿情緒，不是造成憤怒，就是引致不平，這樣就沒有一天好日子過了。所以，你要對這些真實現象有所了解，才不致造成心情或情緒上的紊亂，能夠贏得別人的尊重，從而得到公正的待遇，避免強迫別人了解自己的立場。

無常的變化，若能以慧眼來看，以創意的耳朵來聽，以智慧和彈性的心境去面對，你會發現許多的美感和創新。美感是從巢穴的局限中跳躍出來的新奇和協調，韻律是在變化中組合而柔媚與優雅。人類的驚奇、創造、發明和慈悲，都可以從無常中看出它的真相。

大自然是無常的，所以有四季之美，能領會它的啟示，才會唱出「春有百花秋有月，夏有涼風冬有雪」的美麗詩句，才能畫出傳神多變的人物景致，也才有「耳聞之而成聲，目遇之而成色」的才氣。無常的變化啟示我們，孕育我們，給予我們豐足多彩的生活。

　　無常是美的、喜悅的、創意的；但相對於執著的情感而言卻也是痛苦的。可是，我們明明知道是無常的，就應該對執著保持適要而止的省覺，要多去品觸無常迅速的變化、美和曠達才對。

　　人生就是要跨越一段無常的路，但要走過這段路需要一些配備、工具和地圖。請記得，你是在運用這些裝備來走無常的路，卻不是執著在裝備之中，不敢跨出無常的人生路。

打開塵封的心結

　　人的心靈，很容易被成見、貪婪和懼怕所阻礙；也很容易被暗示或受蠱惑，失去理性。所以人常常作繭自縛，把自己困在愚昧的巢穴，封閉在狹隘的死胡同裡，變得心煩鬱悶。

　　人的心只要被塵封起來，就會有迷信、衝突、困擾。現代人都以為自己有豐富的知識，但其實能打開心靈、獨立思考、清醒覺察的人實在不多。

　　我們很容易被一些似是而非的觀念所困，比如說，有人買了新房子，請個風水師來看風水，風水師告訴他說：「先生！這棟房子方位不適合你，住進來會生病，不利健康。」主人聽了頓時覺得憂懼，每天為這件事情煩惱。這時他的心靈被一些莫須有的觀念所封閉，他的理智思考被阻礙。

　　人很容易嫉妒別人，以致心懷敵意，這時過當的防衛機制開始作祟，不敢跟別人交心，當然也就失去做知心朋友或進行親密交往的機會。當自己與別人之間築起一道牆時，頓時覺得孤立和敵意。這時的心靈是封閉的，因為他不敢跟別人交往，建立親密的關係。

　　我們都忙於工作，忙是沒有錯的，打拚也是應有的本分。可是，當你把全部時間投注於工作，變成工作狂時，心靈就會被忙碌所困，體會不到

生命的樂趣。這時你犯了本末倒置的錯誤：把生活當手段，把工作當目的。生活變得乏味，日子久了心智就開始僵化。這會給自己的生活帶來困擾，也會為自己帶來心理健康上的危機。

人們往往習慣以自己為中心，來看待人際關係，希望別人能給自己更多青睞和讚美，自己卻很少去欣賞他人。這時人際的溫暖和社會支持，就開始解體了。尤其是汲汲於爭取別人的讚美和豔羨時，那種期待和乞求，更容易使自己陷於疲乏。人在汲汲營營之後，會變得寂寞孤獨。許多名人，不就是在獲得掌聲之後才崩潰、自殺的嗎？

這是一個知識發達的時代，一個自由開放的時代，你被迫要接收不同知識和價值觀念。或者，只要你不去妨礙別人的自由和權利，就可以做任何想做的事，說任何想說的話。

但是這些紛繁的知識，卻要靠自由的心靈才能去分辨它們、處理它們。那些心靈不自由的人，或者容易被知識、觀念、私欲綁架的人，碰到這紛繁的現代生活，不免要困坐愁城了。

現代人想得太多，為自己也為子孫，為名利也為學歷。就一般人而言，煩心的東西太多，心靈的障礙很重，結果心靈世界被捆住了、封閉了。這是現代人的共同問題，也是心理困擾和生活失調的根源。人若想打開心結，過清醒有創意的生活，就必須經過一番淨化的過程。

消極等待與積極堅韌

從耐心這一角度，我們可以將身邊的人分為三類：

✧ 不耐煩的人
✧ 消極等待的人
✧ 積極堅韌，堅持到底的人

　　不耐煩的人無論做什麼事情都希望立刻獲得回報。當他在餐廳點菜時，他要求食物立刻送到。他對一點點延遲都要暴跳如雷。綠燈亮時，如果前面的車沒有脫弦而去，他就猛按喇叭。「如果東西有什麼缺點的話，反正顧客也不可能不會察覺。」這就是他的看法。對於各種機會，不耐煩的人經常到手便丟，來不及讓它們有所發展。

　　吉姆大約50歲了，他是一個典型的沒有耐心的人。他相當聰明，大學畢業，身體健康，可是就傳統的觀點來看，吉姆只能算是個失敗者。他承認，過去30年來，他試過不止20種行業，從房地產到保險業、推銷、炒地皮，以及經營清潔器具的連鎖店，也都做過。

　　吉姆對婚姻同樣地不耐煩。他結過四次婚，每次都失敗，再寄希望於下一次更美滿的生活。如今他已屆中年，過去30年間的發財夢，吉姆所得總值竟是負數。他欠的比他所有的東西還要多。他向人透露：「你也許會覺得難以置信，可我就是不知道上哪裡去籌措拖欠的房租，免得被人趕走。」

　　有的時候，得不到的東西的確比較好，可是大部分時候卻不盡然。你那些只有三分鐘熱情的朋友，常常只是與多年的流浪漢一樣 —— 不知何去何從。

　　至於消極等待的人則是聽天由命的類型。他們寧可坐在那裡乾等，也不願採取行動或是設法加速進行。他們的座右銘是時間會解決一切。如果今天沒做好，我們明天總會把它做好。滿足於現狀是這種人對人生的看法。「別把船亂搖亂晃」，「天塌下來有高個子頂著」，「除非確定事情會成功，否則千萬別去做」，不論對事業對個人，他們都是抱著這種態度。

　　那些消極等待的人通常日子過得還不錯，也不會變成別人的負擔，而且能受到親朋好友的尊重（雖然不見得令人欣賞）。慢慢地，那些人對生活感到厭倦，盼望老年趕快到來（也許在下意識裡，他們覺得生活沒有任何情趣，只好寄希望於死神的安慰）。

　　至於積極堅韌的人，他們與前面二者屬於完全不同的類型。他們的想法是：「凡事都需要時間，可我要盡可能把需要的時間縮短。我要積極進取，在最短時間內，達到目的。」這種人會慎重選擇目標。他們的理由是：「我要仔細選擇想做的事，然後全力以赴。」他們了解，真正要有所成就的話，必要的時間和相當的努力都不可缺少。

　　有堅韌耐力的人不為自己努力，也覺得有義務為下一代建設更美好的將來。

　　想想看，恆久堅韌的耐心如何為我們塑造今日偉大的文明。然後我們會發現，只要秉持恆心，終將如願以償。讓我們看看布朗的例子。

　　布朗在研究火箭上所表現的耐心，為太空探測和衛星轉播鋪下一條道路。他還只有十幾歲時，便夢想有朝一日到月球上探險。在那個年代，人類能夠進入太空的念頭仍被視為妄想，但這無法阻擋布朗。

　　到了 1930 年代，德國人發現火箭具有發展為武器的潛能，布朗便奉命著手製造火箭。將飛彈用於戰爭原非布朗的本意，1944 年他鋃鐺入獄。不久，政府意識到他的天才關係德國戰爭的生死存亡，便將他釋放，命令他研製致命的太空武器，對抗英國。

　　二次大戰結束後，布朗領導一支工作隊，發射了美國第一顆人造衛星「探險家一號」。1961 年，他的工作隊將美國第一個太空人薛巴德送入太空。首次登上月球的壯舉中，布朗亦功勳顯赫。他是將世界推展到太空紀元貢獻最多的人。他所以能取得這些成就，大半是憑藉他非凡的耐力。他的實驗失敗不計其數，可是他知道自己最終的目標意義深遠，因此堅持到底。

不幸中的勇氣

盧梭說：「在不幸中所表現出來的勇氣，通常總是使卑怯的心靈惱怒，而使高尚的心靈喜悅的。」

派蒂‧威爾森在年幼時就被診斷出患有癲癇。她的父親吉姆‧威爾森習慣每天晨跑。有一天，戴著牙套的派蒂興致勃勃地對父親說：「爸，我想每天跟你一直慢跑，但我擔心中途會病情發作。」

她父親回答說：「萬一你發作，我也知道如何處理。我們明天就開始跑吧。」

於是十幾歲的派蒂就這樣與跑步結下了不解之緣，和父親一起晨跑是她一天之中最快樂的時光。跑步這段期間，派蒂的病一次也沒發作。經過幾個禮拜之後，她向父親表示了自己的心願：「爸，我想打破女子長距離跑步的世界紀錄。」

她父親替她查了金氏世界紀錄，發現女子長距離跑步的最高紀錄是 80 英里。當時讀高一的派蒂為自己訂立了一個長遠的目標：「今年我要從橘縣跑到舊金山（400 英里）；高二時，要到達俄勒岡州的波特蘭（1,500 多英里）；調研時的目標在聖路易市（約 2,000 英里）；高四則要向白宮前進（約 3,000 英里）。」

即使派蒂的身體狀況與他人不同，她仍滿懷熱情與理想。對她而言，癲癇只是偶爾給她帶來不便的小毛病。她不因此消極畏縮，相反的，她更珍惜自己已經擁有的。

高一時，派蒂穿著上面寫著：「我愛癲癇」襯衫，一路跑到了舊金山。她父親陪她跑完了全程，而她做護士的母親則開著旅行拖車尾隨在後，照料父女兩人。

高二時，她身後的支持者換成了班上的同學。她們拿著巨幅的海報為她加油打氣，海報上寫著：「派蒂，跑啊！」（這後來也成為她自傳的書

名)。但在這段前往波特蘭的路上,她扭傷了腳踝。醫生勸告她立刻中止跑步:「你的腳踝必須上石膏,否則會造成永久的傷害。」

「醫生,你不了解,跑步不是我一時的興趣,而是我一輩子的最愛。我跑步不單是為了自己,同時也是要向所有人證明,身有殘缺的人照樣能跑馬拉松。有什麼方法能讓我跑完這段路程?」醫生表示可用黏劑先將受損處接合,而不用上石膏。但他警告說,這樣會起水泡,到時會疼痛難耐。派蒂二話不說便點頭答應。

派蒂終於來到了波特蘭,俄勒岡州州長還陪她跑完最後一英里。一面寫著紅字的橫幅早在終點站等著她:「超級長跑女將,派蒂·威爾森在 17 歲生日這天締造了輝煌的紀錄。」

高中的最後一年,派蒂花了 4 個月的時間,由西岸長征到東岸,然後抵在華盛頓,並接受總統召見。她告訴總統:「我想讓其他人知道,癲癇患者與一般人無異,也能過正常的生活。」

如果派蒂·威爾森都能有這樣的成就,那麼身心健全的我們不是應該有更大的發揮嗎?

忍耐

美國著名教育家及哲學家約翰·杜威說:「最有用處的美德就是忍耐。」

生活一天天變得更為複雜了,現代科學技術的高度發展打破了人類生活的緩慢節奏,使人在臨失去個性的威脅。但就是在這壓力重重的時刻,你還是能掌握使身心得到放鬆的技藝。這是一種懷著創造力凝神思考的時刻,是進行純粹清澈思維的時刻,不必急於行動,不必虛擲光陰。運用你的想像力而積極地休息,控制你那擔憂、焦慮、不安的情緒,在忍耐中發現和平安寧。

　　靜下心來，你可以看見一部關於你自己的電影 —— 你的自由和你的責任，你的開懷大笑和你愁眉苦臉。由於你在這部電影中知兼作者、演員、導演和觀眾數職，所以演好演壞完全在你自己。你可以用你的自尊和自信來發掘你內心的忍耐精神，這種精神正等待著被開發利用於有建設意義的事業。這種技藝，使你減少失敗受挫的機會。你會發現一個內心世界中的你，一個比你更好的你。

　　另外，忍耐首先就得有寬容態度。忍耐有時幾乎就是寬容的同義詞，幾乎是心平氣和的同義詞，又幾乎是成為一個自我完善的人的同義詞。

絕不拖延

　　每一個人都喜歡拖延，每一個人都有拖延的習慣，每當想要拖延的時候，就立刻把想法做轉換，設定完成期限。

　　這就是拖延的根源，如果已經設定了期限，就不會拖延，而且，那個期限如果是一定要完成的，無法再更動的，這樣一來，就沒有拖延的藉口。

　　拖延是一個習慣，行動也是一種習慣，不好的習慣要用好的習慣來代替。

　　仔細思考一下，拖延的事情遲早要做，為什麼要等一下再做？現在做完等一下可以休息，有什麼不好？現在休息，也許等一下要付出更大的代價。

　　想想，在日常生活當中，有哪些事情是你最喜歡拖延的，現在就下定決心，將它改善。

　　從最簡單的事情開始，當你可以激發自己的行動力的時候，你會非常有衝勁，會非常想去完成一件事情。

　　當事情不如意時，一定是你沒有掌握正確的方法；當完成的速度不夠快的時候，一定是你使用的策略不對。

　　當你開始拖延的時候，一定是你的優先順序沒有排列對，因為你不知道這件事有多重要。

　　凡事掌握其根源，必定會得到非常大的收穫和成效，不管你現在要做什麼事，請立刻行動。

面對不完善的自我

　　古語云：甘瓜苦蒂，物不全美。從理念上講，人們大都承認「金無足赤，人無完人」。正如世界沒有十全十美的東西一樣，也不存在精靈神通的完人。但在認識自我，看待別人的具體問題上，許多人仍然習慣於追求完美，求全責備，對自己要求樣樣都是，對別人也往往是全面衡量。

　　難道那些英魂、名人果真那麼光彩奪目、無可挑剔嗎？絕非如此。任何人總有其優點和缺點兩個方面。

　　美國大發明家愛迪生，有過一千多項發明，被譽為發明大王，但他在晚年卻固執地反對交流電，一味主張直流電。

　　電影藝術大師卓別林創造了生動而深刻的喜劇形象，但他的有聲電影卻保有許多政治意見。

　　人是可以認識自己，操縱自己的，人的自信不僅是想念自己有能力有價值，同時也相信自己有缺點毛病。我們放棄了完美，就會明白我們每個人的兩重性是不可改變的。所以，我們應當保持這樣一種心態和感覺，我知道自己的長處，優點，也知道自己的短處缺點，我知道自己的潛能和心願，也知道自己的困難和局限，自己永遠具有靈與身、好與壞、真與偽、友好與孤獨、堅定與靈活等等的兩重性。

　　自我容納的人，能夠實事求是地看自己，也能正確理解和看待別人的兩重性，這樣就會拋棄驕傲自大、清高孤僻、魯莽草率之類導致失敗的弱點。我們以這種自我肯定，自我容納的觀念意識付諸行動，就能從自身條

件不足和所處的環境不利的局限中解脫出來，說自己想說的話，做自己想做的事，不必藏拙，不怕露怯，即使明知在某方面和別人大同小異，只要是自己想做的事，也會果敢行動，我行我素。因為任何一個人只有經過東倒西歪、羞怯緊張、讓自己像個笨蛋那樣的分階段，才能學會走路、講話、游泳、滑冰、騎車、跳舞等等一切本領和技能。

任何人都有缺點和弱點，任何人也都是無知無能的，只不過表現在不同的事情上而已。因而，人人在自我表現和與交際中都會有笨拙的表現。有些人由於不能實事求是地對待自己的缺點，拿出勇氣，去革新自己，突破自己，所以，他們情願不做事、不講話、不玩樂交際，也不願意在別人面前暴露自己的弱點。如在燈火絢麗、樂曲悠揚的宴會廳裡，他們很想站起來跳舞，可是怕被笑話，寧願做一晚上的觀眾。跳得好的人越多，他們就越鼓不起勇氣。

奧地利著名的管理學家彼得‧杜拉克（Peter Drucker）在《有效的管理者》一書寫道：「倘要所有的人沒有短處，其結果最多是一個平庸的組織。所謂『樣樣都是』，必然『一無是處』。才幹越高的人，其缺點往往也越明顯，有高峰必有深谷。」

誰也不可能十項全能，與人類現有博大的知識、經驗、能力的彙集總和相比，任何偉大的天才都不及格。一位經營者如果只能見人之所短而不能見人之所長，從而刻意於挑其短而不著眼於其長，這樣的經營者本身就是弱者。

有些人，搞不清楚為什麼要放棄完美。儘管追求完美而達不到理想的目標，但總可以促使自己有所改進和提高吧！我們要有所改進和提高，必須要通過一個重要的環節，就是學會自我接受，自我肯定。因而，我們只有放棄完美，才能樹立起自信自愛的意識，才能真正地認識和確立自己的價值、選擇和追求。

面向陽光

西方有句諺語：「只要向著陽光，陰影就在你背後。」

回憶一下，在你的職場經驗中，同事跟同事相處，最常聊起、也最容易產生共鳴的話題是什麼？是不是抱怨共事的公司；那個上司不公平？那些制度不合理？別人多麼會算計？自己多麼任勞任怨，然後結論就是：真想辭職不幹了！但是抱怨最多的人往往也最下不了決心，老是一邊罵又一邊做，於是，就陷入永無止境的工作心病輪迴中。

當然，從另一個角度看來，抱怨也是一種發洩減壓的方式，就如同咖啡廣告中的女職員，在工作中受了挫折，含著淚水到茶水間沖杯即溶咖啡，啜完香苦的咖啡，深深吸氣，抹去淚水又可以面對工作了。有人喝咖啡，也有人唱歌做運動，凡此種種，都是個人緩解壓力的方式，但其中最不好也最達不到效果的，就是抱怨個不停。

抱怨多，成習慣，不僅壞了心情，讓自己長期處於不開朗的狀態；甚至有可能言多必敗，平常跟你一起抱怨的好同事如果哪天打了一個小報告或說了無心之言，都會讓你的前途跟心情雪上加霜。所以，化抱怨為開朗，隨時在工作中保持快樂吧！就算欺騙自己也好，騙久成真。

倘若真的有人這樣問：你工作快樂嗎？回答出答案之前，你可能會遲疑個三五秒種，想認真分辨到底快樂與否？別擔心，這是正常的。因為，根本不可能有任何老闆願意付出很多薪水滿足員工的快樂感，而且，既然是工作就代表責任與壓力，這教人如何快樂得起來？但是，工作中的確有快樂存在，只不過要自己尋找。

人難免有脾氣，難免會為事情感傷，但將這種負面的情緒加諸在自己與別人身上好嗎？當然不好。沒有人會想當你的出氣筒的，每個人都是自己心情的主人，你可以控制你的喜、怒、哀、樂，運用自如。

但就是因為你可以運用自如，情緒就像飄浮在空氣中的一氧化碳或

是高含氧的密室，只要放在你心中的那根火柴起了些小火花，「嘭」的一聲，就可以炸傷你自己和連累周遭的許多人。很危險，不是嗎？它們就像氣球，你必須用線牽著它，否則很快就會飄走。

一方面，身為情緒主人的你，是否像不管孩子的父母，放任它們到處搗蛋？這可不行，萬一闖了什麼禍，身為主人的你有100％的責任，因為你不懂得去管它們，間接地會影響到人們對你的觀感，很重要的！

你會問：事情發生的太快，只是憑著當時的感覺去反應啊，怎麼管得住！沒錯，雖說要管理自己的情緒，但觀點在環境變化過快時，潛意識第一個行動就是：保護自己！對！就是為了保護自己，個性就會像只備戰狀態下的刺蝟，無情地對傷害你的人展開攻擊（這時，就是你對情緒失去控制權的時候）。當然，事後你也許會為剛剛所做的事後悔，但也有可能不會！

仔細地去思考回想剛剛發生的事吧！你對著別人生氣對嗎？為什麼要生氣呢？生氣的原因到底是為了什麼？是否到了最後生氣過頭，無法就事論事、偏離事情的根本嗎？是否為了一時的氣話，做出了很難再回復的決定？這些對你、對他人想必感覺都不好受吧？也就是為何情緒管理是多麼需要去規劃的事。

下一次，當你想生氣的時候，請先停下腳步，讓場面像定格畫面一樣，將生氣的原因反覆思考一下下，就一下下。或是用筆寫下生氣的原因及想罵的話，事後，你多半會必覺自己實在反應過度了。

願你也為你的情緒做一個資料夾，嚴密地管理它！別讓它亂跑。你會覺得，自己越來越有修養，大家也越來越喜歡你。

不要取消自己的競爭資格

我們可以辭退一個工作；我們可以脫離一個團體；我們可以避開不喜歡的朋友，但我們不能離開人類的大家庭，更不能離開自我，否則，便只有自殺。

我們要學會激勵自己：激勵自己無益的憤怒，可以導致排斥作用。

在田徑競爭中，競賽者可因某種原因而被取消資格，全在裁判的判決。但在日常的生存競爭中，只有我們自己才能取消自己的資格。而當我們這樣做時，競賽仍然照常進行，它是一種馬拉松式的長途競跑 —— 在我們心中，我們沿著跑道奔跑，跑了一圈又一圈，受到挫折，絕不容許思考躊躇 —— 直到我們精疲力竭，除了氣惱和孤獨之外，另無表現。

我們要在自己的心中跑一場「怒髮衝冠」或「愛麗絲夢遊仙境」的競賽。我們必須走進而非奔進積極的世界，去與他人競爭（以及合作），發現我們做人的效用。我們要挺起胸膛向前和完全的自尊自重。我們要沉著而又鎮靜地向前走，從容而自信地向前走，想到我們所能貢獻給大家的一切 —— 想到我們所能貢獻給自己的一切。

我們返回自己；返回我們堅強的自我；返回日常生活的自我更新、自我改地，以及自我補償因為判斷不良而把時間浪費在過去錯誤上所受到的損失。我們要挺起胸膛前進，以我們的自我為榮，它具有神奇力量的。

白蟻啃食木頭，牠們毀滅人類智慧的產物，使人一想到牠們就發怒。

布里斯托爾用「啃光的白蟻」表示讓人洩氣的一面，因為那是一種以自毀的方式啃噬你自己的作用 —— 直到全部啃光，一無所有。

當你逃避人生，你就是啃噬你自己，摧毀你的精神。正像受傷的人會損失血液一樣，消極的生活會吸去你精神上的「血液」，吞噬你的生命力。

醫生在骨折的腿上使用石膏，藉以限制腿的活動，促進它的痊癒。使用枴杖承受斷腿的壓力，在痊癒之前，醫生必須限制他的活動。

　　但這是一種積極的創造性計畫——因此，它的最後結果，應該是腿部恢復健全，整個人也恢復全部的生活功能。

　　患了慢性沮喪的病人，不斷地啃蝕他自己的心靈，直到發生「骨折」，然後再加上一道：「石膏」，刻意地限制自己的人生活動。

　　他為自己的失敗找藉口。他把自己不善與人相交，推委在別人身上，認為是別人誤解了他，埋怨人家不公，因而限制了他與別人交往，最後只有跟他自己交往，悶坐、呆想、自討苦吃。

　　當一隻白蟻啃進了一個人的心靈時，會使他從慷慨的施捨，退入一種自毀的甲殼。一旦有人幫助他祛除內心情緒的白蟻之後，他就恢復了自信而返回人世，成為社會上一個積極有為的人。

　　由於現代這個世界極其複雜多變，我們每一個人都有著或大或小的白蟻，以種種不同的方式在我們心中作怪。我們絕不可能讓它們腐蝕我們的心靈，迫使我們逃避他人。

　　如果你想過積極創造的生活，你必須勇往直前地做下去——不論你遭遇什麼樣的困難。否則的話，你的心靈會形成一種適於白蟻繁殖的溫床。它們會侵進你的自我，將你摧毀。

　　不要這樣自我鞭笞下去，學習把你的船駛上人生的正道吧，不要像蟲一樣蟄居在死水深坑之中。

孤獨的真面目

　　治療悲傷的良方是走向人群，以你的豐富內心面對他人，並拆除與人隔離的院牆——孤獨者用以掩藏自己的籬笆。

　　征服孤獨之苦，比征服聖母峰或其他任何山峰，要困難得多。征服孤獨之苦，比起征服南極和北極，比過去、現在及未來征服外太空，都更為重要。

　　首先，為這個詞下個定義：什麼叫做「孤獨」？

　　所謂孤獨，因人因事而有不同的意思。許多人認為，一個人獨處就是孤獨；一個人獨處一室，深思默想，就是孤獨。

　　這種說法有些偏頗。孤獨的人可能很少獨處，他也許根本不知道在家度過一個黃昏，以抽菸（或打毛線）和沉思打發時間的滋味。

　　孤獨的問題不是一個人獨處的問題，而是感到孤單寂寞的。它是一種跟他人失去關聯的感覺，它是一種可怕的感覺 —— 跟他人失去聯繫，中間產生了裂痕，有一條鴻溝橫在他們之間，別人都在一個跟他遠離的天地中活動。

　　孤獨的限度，其分界就是一種把個體局限起來的圍牆 —— 用來把人圍起來，以便跟鄰居隔絕的圍牆，不是為了種花、種菜、種水果，而是阻礙人類之愛和兄妹之情的發展。

　　限制自己，以免犯了超過範圍的大錯，這並沒有錯誤之處，但我們也不可過度自限，以免低估我們的能力。不自量力與真正的量力而行之間差別很大。真正的量力而行，跟自限正好相反，後者是孤獨的一部分。而自限的反面是向外擴展的，我們應該以此為目標。

　　自我驅逐甚至更加惡劣，它隱含著痛苦的自我否定，根本不想念自己，而這正是孤獨的核心。當我們存心逃避他人和生活的時候，我們便把自己逐出了自己的世界；身為自己的屋主，我們把我們自己的感情和快樂擲向自己，直到它們失去了生命的意義為止。

　　這是一種自衛的手段，出自一種不良的自我厭惡 —— 一種沒有爆發的自責火山，沒有翻放一種健全的自我批評機制。

　　它是一種受到威脅的自我保護，顯示出信心的缺乏：不相信自己，不相信他人，不相信上天，自我驅逐的人覺得他自己一文不值，寧願自己在孤獨的自衛圍牆之內，也不肯表露他的廬山真面目。

人們並不迴避自我驅逐的人；自我驅逐的人逃避他人，他人在他的心中，多半是看他隱私、看他罪過、看他可怖的眼睛。因此，他驅逐他的自我之情，驅逐他人對他的感情，從生活中退回到絕望的沙漠，退往煩惱、痛苦的牢獄 ── 一種比監禁真正罪犯的監獄還要惡劣的牢獄。

征服孤寂之苦

驅逐的反面是深信，其中包含熱切的自信。自信告訴我們：不論我們自以為是多麼的渺小，也不應該把我們自己從人生的住宅中驅入水溝。我們要常使自己充滿信心，相信總有一個地方可以作為我們與他人共處之所。我們要用信心充實自己，就像我們每天以營養的食物充實自己一樣：我們要讓它成為我們日常飲食的一部分。

我們要使這種思考和想像的方式，變成一種習慣 ── 反覆不斷地想像自己的成功，寬恕自己的失敗 ── 想像自己是一個有偉業、有價值的人，相信自己可以為自己感到驕傲，這樣就可以走出內心的孤獨，回到家人的世界 ── 我們原來就屬於這個世界的。

悲傷會產生孤獨。有一句希臘古諺說：「在所有人類共有的疾病中，悲傷是最嚴重的一種。」世界上沒有一個人可以逃避它。它能使某些人變得溫柔慈祥，它能使另一些人（也許不夠堅強）變得冷漠且鑽進保護性的盔甲之中。

痛苦加之於人類時，人的身體和心靈可以忍受到某種程度，再更嚴重就不行了。這是一種適應，心靈必須為逝去的親人哀傷，但到了一定時候必須停止哀傷，恢復人生的正常狀態。因為，永無止境的哀傷，會變成一種自毀的力量，就像屋頂有了一個漏洞一樣，必須加以修復；否則的話，小洞不補，大洞吃苦，那將是後患無窮。

莎士比亞認為，每個人都可以控制悲哀 ── 除了身逢其變的人之

外。儘管如此，你仍必須節哀順變。只要假以時日，時間自會幫助你；但需要記住的是，你最後必須脫離悲傷，返回日常的現實生活中，以免內在的創傷無法治癒。

如果到了內傷無法治療的程度，那便會成為一種可怕的疾患 —— 比胃潰瘍還要糟糕 —— 使你越陷越深，陷身在不能自拔的自私之中，導致孤單寂寞之感。那時，你會追求一種虛幻的快樂，沉迷在哀傷之中，落入約翰生博士所說「憂傷可以變成懶散的一個分支」裡。

記住英國政治家迪斯雷利（Benjamin Disraeli）所說的一句話很有益處：「悲傷是一時的沉痛，沉溺於哀傷會造成終身的大錯。」

當生活變得愁悶難受的時候，當警報把你推向難解的總是和無限的煩惱時，你會渴望想去逃避看來令人難以忍受的現實，這是非常自然的事情。於是，我們開始做白日夢，想到某個陽光和煦的樂土 —— 也許會在某種廣告、某種明信片或某本書中看到過它 —— 並希望自己能夠身逢其境。或者，你的心靈也許到達了那個地方。

患了這種「懷舊病」的人，會使自己脫離對他人極為重要的生活 —— 為了今天的生活而生活的生活、每一天都有一些特殊之處的生活 —— 雖然有時會有不如意之處。他對「過去的大好時光」懷念得越厲害，他對那些日子構想得越虛幻。

如果這種習慣變成一種固定的模式，他的思想可能就會虛妄不實。他感到孤單寂寞，因為他的這種想法已經使他脫離了他的同伴。

治療此種「懷舊病」的辦法是「懷新熱」。這種「懷新熱」是一種積極創造的思想：所思想的不是過去，而是現在和未來。它是一種自我改善的渴望 —— 為了今天和明天 —— 並使它成為一種習慣。你必須對自己有更深的認識，以便做你自己更好的朋友，作為自我改善的一部分。

這種「懷新熱」是一種渴望，渴望知道是活在「現在」，而不是活在多年以前；它是一種熱切的渴求，渴求避開失敗機運的陷阱，發動成功契

機，以便使自己每天的日子過得更豐富；它是一種決心，決心使自己的日子過得更積極，充滿與他人共處時的美好感覺和趣味。

因為，所謂孤獨之感，就是你跟自己同胞兄弟分離的一種恐怖的感覺。

這是一種可怕的感覺，跟痛苦的感覺不相上下。

布里斯托爾相信，怕死的人之所以怕死，因為他們以為死亡就是跟他人完全分離 —— 而不認為是自然程序，不認為是返回大自然的一部分。

他們所怕的不是死亡，是分離和永遠的孤獨。

不怕死的人，可以過著豐富的生活。他們生平與別人密切相處，因此，對他們來說，分離和孤獨只是小的挫折而已，是不足畏懼的事。

上前線打仗的人 —— 拿著槍和手榴彈向敵人進攻的步兵 —— 在跟他的戰友前進時，可以感到一種生死與共的戰友之愛，使他能夠克服死亡的恐懼而勇往直前。當然，他很害怕，但他的害怕，比起沒有朋友可以交談而心靈空虛的人，比起沒有實際危險但很孤獨，又不敢在光天化日之下出去與人相處的人，會更可怕嗎？

步兵的命運雖然相當恐怖，但他至少知道他在盡力而為；知道他在面對現實；知道他的朋友會盡可能地去幫助他。而孤獨的人呢，卻不敢面對現實，沒有一個朋友在危難時幫助他，這些人要想進入人生的佳境，途徑只有一個，即利用自己的信念去征服孤寂之苦，培養樂觀的生活態度，竭誠歡迎心靈的好友。

找回真正的自己

信念的其中作用就是讓你找回真正的自己。

對自己的美貌感到驕傲的女人往往戴上冷漠的面具，以掩飾她渴望受寵的需求。

認為自己失敗的男子，可能戴上自誇的面具，令人厭煩地大談他的成功歷史。

渴望早點嫁人的女孩子，卻偏偏假裝她從未想結婚這件事。

這只是眾人所戴的眾多面具中的少數幾個。有時它們能保護你，使你不會受到責難，但它們卻也讓你和誠實的人隔離。

某些人因為只憑外表而錯估了其他人，而退回一種防禦性的甲殼中，同時以高度的掩飾來欺騙他人。

一些外表看來完美的人卻往往會嚇壞別人。他們顯得如此寧靜安詳，他們的外表完美無缺，並把感覺隱藏得很好。由於他們表現出超凡的完美，因此引起其他人的自卑。人們往往會覺得與之相比，自己真是無用。

不要讓這些偽裝嚇壞了你。你要看出他們的真面目，他們也是凡人，只為了保護他們自己，所以才把人類缺點掩飾起來。因此當你看到某人經常表現出完美的模樣時，要模仿他。只要你維持純真的自我，保留你所有的人類弱點，那就大大勝過了那些必須掩飾自己真面目來應付生活壓力的人。

想要保持真面目，並不是一件容易的事情，因為如此一來，你的弱點將因暴露而易受攻擊。這個社會裡有很多「惡霸」，他們企圖以犧牲別人來滿足自己的虛榮。

然而，在某些情況下，毫無掩飾地保持真面目，是一種很不聰明的做法。如果你為所欲為不遵從習俗，將會因此而丟掉工作；還有在一些嚴密控制的社會組織中，將遭遇重大的挫折。你當然有這種常識：在莊嚴的結婚典禮中抑制你的大笑，即使你的笑聲是友善的也不能放聲大笑。

不過有很多人卻在不需要如此壓抑的情況下，仍然隱藏起他們的真實面目。這有點像以一個莫須有的罪名把你自己關進監獄裡。

人甚至害怕表現他們的真面目，他們盡量不使自己「與眾不同」。然而每個人都與眾不同，人人應該為此而高興才對。這使生活有了意義，人

畢竟不只是機器。然而某些人卻寧願向現實低頭，像機器人一般生活，避免可能出現的批評。

這是一種很可怕的犧牲。別出心裁的批語固然不好受，只要你對自己有信心，你就可以忍受這批語，如果有人想要欺侮你，你也可以給他一個教訓。

你能夠保持你的真面目，而且也應該這樣做；因為生活有時候會給你很多機會，而且不會對你懲罰或放逐。有時甚至因為誠實及保持個性而受到重大的獎勵與鼓舞。

面對沮喪

每個人一生中都難免有低潮 —— 孤單一人、還不起債務、失業、失去心愛的人。這時我們常懷疑自己是否能撐到下個星期，但到頭來畢竟還是撐過去了。

失去對前途的信心，把未來看得比實際更糟，是常有的事。瞻望將來，可能覺得處處埋伏著危機，簡直不知該如何生活下去。

一個準備出外旅行一天的人，應該不至於蠢到想要帶足一輩子的口糧吧！所以那些把以後 25 年的煩惱都扛在心關，卻想不明白日子為何如此難過的人，是不是也很奇怪呢？我們生來一天就只有 24 小時，一秒鐘也不多，今天就擔心明天的苦惱，實在毫無意義。

下次你覺得絕望的時候，應該先自問：

「我有沒有足夠的空氣可供呼吸？有沒有足夠的食物讓今天不至於挨餓？」

（如果答案都是「有」，情況就不能算壞了。）

我們常忘記生活中最迫切的需求已經得到滿足的事實。

有一次，一個人打電話找心理學教授求助。

他說：「一切都完了，我完蛋了。我沒有半分錢，我失去了一切。」

教授問：「你眼睛還看得見嗎？」

他說：「看得見呀。」

教授問：「你還能走路嗎？」

他說：「還能走呀。」

教授說：「你還能打電話，可見你一定還聽得見。」

「沒錯，我聽得見。」

教授說：「那麼，我相信你所有的一切都還在，你唯一失去的不過是錢罷了。」

我們可以再問自己一個問題：「情況會糟到什麼程度？如果最壞的事發生了，我還會有命嗎？」我們往往犯了過分誇大的毛病。有些情況，很可能會引起相當大的不便，卻絕不等於世界末日。

接下來的問題是：「我是否把自己看得太重要了？」你是否曾經為一件朋友根本不會放在心上的事，失眠一整個星期呢？這大多是因為我們太重視自己。我們以為全世界都在注意我們，其實不然。而且，即使全世界都在注意你，又怎麼樣？無論如何，你都會以你所知道最好的方式過你的生活。

接下來的問題：「我能從這種情況中學會些什麼？」從反省或事後的聰明中，我們通常都可以學到一些東西，但是，要在受苦的同時，保持心理平衡與高度警覺，並從中學習或理解受苦的原因，可就沒有那麼容易了。

最快樂的人可以把困境轉變成極具價值的學習經驗。他們一直把頭抬得高高地，保持微笑，他們知道情況早晚會改善，自己會通過考驗，成為更好的人。不過，這種事說的比做的容易得多了！

最後一個問題：「如果情況真的很嚴重，我是否還撐得過五分鐘呢？」一旦熬過五分鐘，你可以以再支撐五分鐘當作下一個目標，一點一點地度

過，會比較省力。同時，保持忙碌，替自己找一件五分鐘可以做完的工作，投入全部精力。忙碌的時候，我們會覺得好過得多。

對自己感到滿意最好的方法，或許就是替別人做一些事。過度的擔心與自憐，多半是因放太多心思在自己身上而產生的。你若設法給別人快樂，送他們鮮花、幫助他們整理花園、花時間陪陪他們，你也會好過起來！這完全是一種自然而然、單純而美好的經驗。

如果一次只處理一小部分，災難的嚴重性就會緩和得多。同時，如果我們把不愉快的經驗當作學習的機會，面對它也會變得容易些。

走出嫉妒成性的惡性循環

嫉妒，從某種意義上來說，是人類的一種普遍情緒。現代社會是一個崇尚成功的社會，激烈的競爭中有勝有敗，自然失敗者就會有羞愧、憤怒和怨恨等組成的複雜的嫉妒情感。輕微的嫉妒在愛情之中是有積極作用的，在事業中也如此。

如果沒有對別人成功的嫉妒與欽佩，恐怕難以想像成功的可能，但是嫉妒一旦成為一個人突出的性格，按現代心理學分析，那就是心理疾病與人格缺陷，而不具有積極意義了。

嫉妒不僅會毀了別人，同時也會毀了自己。它無時無刻都像毒素一樣侵蝕本來健康的心靈，它使智者蒙昧，勝者返悲。嫉妒是健康、快樂、成功最致命的勁敵之一。在嫉妒的原因還沒有去除之前，嫉妒者早已毀壞他原有的健康，甚至意志頹唐，行為失常。

有人問亞里斯多德：「為什麼心懷嫉妒的人總是心情不悅呢？」亞里斯多德回答道：「因為折磨他的不僅僅是本身的挫折，還有別人的成就。」

法國作家大仲馬在小說《黑鬱金香》中也講述了一個關於嫉妒的故事。卑劣的博克斯戴爾出於嫉恨荷蘭青年拜爾勒成功地培育出黑鬱金香，

製造了一系列毀滅拜爾勒及其所創造的事業的行為。但正義最終戰勝邪惡，博克斯戴爾的陰謀未能得逞，拜爾勒事業有成，而博克斯戴爾卻在恐怖、憤怒、絕望中走向墳墓。

嫉妒往往被認是卑劣的情感，因為害怕受到譴責，嫉妒者只能把自己的嫉妒情感潛藏內心，結果使嫉妒者處於焦灼不安，苦苦折磨的受壓抑狀態，自然對嫉妒者的身心會造成傷害。

嫉妒往往由「小我」私念而生，也與缺乏自信心有關。嫉妒成性的人總愛把自己放在與別人對立的位置上，目光短淺，氣量狹小，通常會因一些微不足道的小事而生嫉妒。缺乏修養的人容易在嫉妒支配之下做出害人害己的事情來。

英國哲學家培根曾指出：「在人類的一切情欲中，嫉妒心恐怕要算是最頑固、最持久的事。」莎士比亞說：「嫉妒是綠眼妖魔，誰做了它的俘虜，誰就要受到愚弄。」因此我們要克服自己的嫉妒，可以從如下幾個方面著手：

一是轉移注意力。嫉妒者往往太過於鑽牛角尖了，一鑽進去就不再出來。比如說在一次與你的同事的競爭中，你失敗了，他卻成功了，得到了上司的讚揚與獎賞。嫉妒者會認為這極不公平，憑什麼對方和自己做同樣的事卻得到更多的回報？而且他把這樣的心態擴展膨脹，妒火越燒越旺，行動自然也不太客氣，害了別人，也害了自己。

這時，我們可以採取的辦法是積極地轉到別的事情上去，在忙忙碌碌中去消除你對這件事成敗的執著，因為你在繁忙的時候，無暇去想這件事情，更不要說去行動了。積極參與有益的活動，努力學習、勤奮工作，使自己真正充實起來，那麼嫉妒的毒素也不會孳生蔓延了。轉移注意力，哪怕是短期的計畫中出去參加一次集會，外出旅遊或與一個知心人聊天，都會不知覺地磨去你的嫉妒心，擁有舒適的心態。

　　二是要找出不嫉妒的理由。嫉妒往往因失敗所帶來的心理不平衡而生。一個人在嫉妒的時候，總是注意到別人的優點，卻忘記注意自己的優點，可以想像，這樣的比較對你來說永遠是總輸不贏，要想在這樣的情況下保持平衡幾乎是不可能的。

　　但是，換一種心情，你可以想想自己比人家行的時候，想想比人家做得好的時候。你可以說：「這樣的成功算不了什麼」，「我上次做得那樣好，你不也不行嗎？」這樣的想法能使你漸漸平息不公平感覺，當然它也只能是權宜之策，過多使用又成了心理障礙。

　　三是化嫉妒為動力。嫉妒是具有一定積極意義的，一定範圍之內的嫉妒心是人類進取心的基礎，是質地優良的潤滑油，它使失敗者嚮往成功，使失意者嚮往希望，可以說，借助嫉妒才樹立起人類的理想。

　　莎士比亞把嫉妒比作愛情的捍衛者。確實，你的戀人如果反對你和別的異性接觸與交往，正好反映了他（她）對你愛的程度，反之，如果他（她）從不「吃醋」，那麼你們之間的愛情恐怕是有些危險了。

　　工作上，如果失敗者只是心安理得地接受後果，根本不考慮一下別人的成功與自己的失敗之間形成的對比，這樣的人無論如何也不會追求上進，追求成功了。

　　從這一層上講，有嫉妒心理並不是一件太壞的事，它可以積極地引導人們上進，勇敢地向對方挑戰。關鍵在於你自己要克服嫉妒性格中的負面成分。正面的嫉妒心理，必然會產生自愛、自強、自奮、競爭的行動和意識。不妨借這股嫉妒之風自我超越，奮發努力，以此增強競爭的信心，這才是強者的風度。

戰勝困難的利器

熱忱是戰勝所有困難的強大力量。它使你保持清醒，使你全身所有的神經都處於興奮狀態，去進行你內心渴望的事。它不能容忍任何有礙於實現既定目標的干擾。

在著名音樂家韓德爾（George Frideric Handel）年幼的時候，他的家人不准他去碰樂器，不讓他去上學，哪怕是學習一個音符，但這一切又有什麼用呢？他在半夜裡悄悄地跑到祕密的閣樓裡去彈鋼琴。

莫札特還是小孩的時候，成天要做大量的苦工，但是到了晚上他就偷偷地去教堂聆聽風琴的樂曲，把他的全部身心都融化在音樂之中。

當巴哈還是個小男孩時他只能在月光底下抄寫學習的東西，連點一支蠟燭的要求也被蠻橫地拒絕了。當那些手抄的資料被沒收後，他依然沒有灰心喪氣。

皮鞭和責罵，只是使兒童時代充滿熱忱的奧利·布林更專注地投入到他的小提琴曲中去。

沒有熱忱，軍隊就不能打勝仗，雕塑就不會栩栩如生，音樂就不會如此動人，人類就無法駕馭自然的力量，留下深刻印象的雄偉建築就不拔地而起，詩歌就不能打動人的心靈，這個世界上也就不會有慷慨無私的愛。

熱忱 —— 正如查理斯·貝爾（Charles Bell）經常說的那樣 —— 塑造了阿加曼農的形象，打開了希臘城幫底比斯堅固的大門；熱忱使能印字的針安到滾軸上，發明能進行批量印刷的印刷機；熱忱使伽利略架起了望遠鏡，把整個宇宙的風景盡收眼底；熱忱使哥倫布面在一個微風吹指的清晨到達巴哈馬，收起了曾經在海上颯颯飄揚的船帆。

熱忱使人們拔劍而出，為自由而戰；熱忱使大膽的樵夫舉起斧頭，開拓出人類文明的道路；熱忱使米爾頓（John Milton）和莎士比亞拿起了筆，在樹葉上記下了他們燃燒著的思想。

波以耳（Robert Boyle）說：「偉大的創造，是離開了熱忱就無法做出的。這也正是一切偉大事物激勵人心之處。離開了熱忱，任何人都算不了什麼；而有了熱忱，任何人都不可以小覷。」

熱忱，是所有偉大成就取得過程中最具有活力的因素。它融入了每一項發明、每一幅書畫、每一尊雕塑、每一首偉大的詩、每一部讓世人驚嘆的小說或文章當中。它是一種精神的力量。只有在更高級的力量中它才會生出來。在那些為個人的感官享受所支配的人身上，你是不會發現這種熱忱的。它的性質就是一種積極向上的力量。

斯塔爾夫人（Germaine de Staël）說：「這個詞在古代希臘人時期就被賦予了神聖的涵義；熱忱，意味著『我們心中的神』。它是這樣一種神的精神，鼓舞著每一個人，使他們忘記自我，把個人的安危置之度外，不顧一切嘲笑和反對，追求自己的理想。」

班揚本可以擁有他的自由；如果不是他可憐的盲人女兒被人帶走，如果他不用供養一個家庭；如果不是出於對自由的熱愛，不是出於雄心壯志的鞭策，他怎麼可能在公共場合做精彩而樸實的演講呢？正是偉大的熱忱使這位貧困的、未受教育的、遭人蔑視的修鍋匠寫下了不朽的、精彩絕倫的寓言。直到如今，全世界的人們還在閱讀他的作品。

一個大公司的職員們嘲笑一位年輕的同事，這個年輕人是公司的一個小職員，卻做了許多本不屬於他工作範圍內的工作。他們嘲笑他的工作熱情，說那是毫無意義的做法，因為他不能從中得到一分錢的好處。不久以後，他被從所有的僱員中挑選出來，進入了公司的董事會，隨即當上了經理，他負責的生意是國內最大的生意之一。

溫德爾‧菲力浦斯（Wendell Phillips）說得好：「熱忱是生命的靈魂。」

賀拉斯‧格里利說：「最好的勞動成果總是由頭腦聰明並具有工作熱情的人完成的。」

天無絕人之路

不管事情看起來有多難纏，不管問題看起來有多難對付，永遠也不要放棄，永遠也不要屈服。俗話說的好，車到山前必有路，置之死地而後生。你能失去什麼呢？別擔心沒有辦法，別擔心無計可施。也許你需要的是鼓勵和實際幫助 —— 但總會有辦法的。

讓我們回想一下第二次世界大戰，當時很多人被關在戰爭監獄裡，他們能有什麼辦法呢？辦法少得可憐，但他們聚集在一起，想出了很多逃跑的辦法：比方說挖隧道，比方說精心偽裝。總之他們找到了辦法！

把創造性地解決問題當作一種工具。對自己的朋友以及同事的能力有絕對的信心。在《巨富之家及其成功之路》一書中，馬科斯·鞏特爾指出成功者具備的兩點：

✧ 他們分享的哲學觀點：車到山前必有路；事情能夠成功。
✧ 他們只考慮即時真正值得注意的問題。

處理問題有先後順序是最有效分配時間的好辦法。一會兒我們會告訴你列出每天、一週和一個月最優先要做的事情的辦法。但現在我們要記住的是車到山前必有路這句話。要知道，世界上所有重大發現和重大成就都是山窮水盡時出現轉機，只是因為發明人有永不放棄的精神。

但別以為只有當事情似乎無可挽回時才去尋找解決辦法。當一切都進行得很順利時，就應該想一想改進現狀的辦法。中國古代有句成語「亡羊補牢，尤為未晚」，不論你的工作辦法是什麼，你應不斷改進它們。

我們拿IBM來做個比方。這家公司曾在電腦工業領域有過最強大的研究開發部門，但不幸的是，研究出來的東西沒能及時應用到市場上來。結果銷售額下降，在1990年代初期甚至出現不得不退出市場的跡象，這迫使其改變行銷程式，尋找縮短週期的辦法，這樣他們不但可以和對手競

爭，而且還能領先。在商場上，你也許不是決策人物，通常是對手逼得你
不得不採取對策。

商業史上有很多創新者，最初他們的點子看起來很怪，不被重視，只
是到了後來才顯出他們的遠見卓識。創新過程是尊重知識，特別是尊重想
像力的過程。問題是極待解決的謎題，不是要跨越的障礙。

別看不起別人的建議——這種事情太多了，而且對人對己都沒什麼
好處。如果你對某個特別的建議不滿，就說：「我認為這個提議現在對我
們沒什麼用」。但要鼓勵提出建議的這個人，因為說不定有一天他（她）
的突發奇想能挽救公司的生命呢。

在第一次世界大戰中，泰勒上校的處事方式非常令人欽佩。有一次他
兒子向他告別時，他說：「你們的姓是泰勒，泰勒這個姓代表做事能力。
你們永遠不可靠邊站，給勇於冒險的人讓出路來。你要冒險向前使他讓出
路來給你走。」這席話使人了解了這位上校為什麼如此能幹。

大街上行人擁護，交通阻塞。但消防車飛馳而過，大家都自動地讓出
路來。當然你只是偶爾感覺沮喪、懶散、軟弱，但這正是你更需鼓起戰
鬥勇氣來的時刻。只要你向前跨步，沮喪、懶散、軟弱都會躲開，瞬息
即逝。

一家報紙上有這麼一條新聞：一個母親為了不讓她的寶寶受到威脅，
舉起斧頭砍死了一頭熊。按常理來講，一個婦人是不可能砍死一頭熊的，
但事實上她砍死了！

加拿大有一位電車司機，他在第一次世界大戰時從電車司機升到了將
軍。並不曉得一位電車司機有統帥大軍的能力，但事實上他能。

有一位年輕人在鐵路工作，因為他做事踏實，因此有機會讓他到運輸
公司做幾天臨時工作。他的主管因公出差，行前要他在這幾天內查出某一
事件的事實與資料。這位臨時工對簿記一無所知。

　　但是他花了三天三夜把資料準備好，把事實弄清楚。主管回來後他提出了一份詳盡完整的報告。從此他就非常希望能有機會處理以前沒有經驗的事。這些新嘗試終於成了他向上的墊腳石。後來他成了一家公司的副總經理。

　　肯塔基州有一位農村青年，一直到19歲都未曾離開他土生土長的故鄉，也從未見過火車。現在他卻是西部最大一家銀行的董事。他曾被選為肯塔基州伯瑞亞學院的董事。這家學院頗負盛名，擁有3,000名學生。對於後者，他認為那是一生中最大的光榮。經驗告訴他，一個人最大的滿足不是金錢與盛名，而是對他人的貢獻。

　　一位阿拉巴馬州的礦工，靠勞力維生，忽然深切體認自己沒有受過什麼教育，於是在燭光下開始自修法律常識。當新的金礦區在郁康地區發現時，他冒險去了。而他也真的在郁康地區的地腹中發現了礦源而發了財。但是發財並不是他找到的最大財富。

　　有一天，他開車迷失在寒冷的大風暴中，忽然看到遠處一個發亮的白色十字架，那是當地教會所豎立的。就是這個十字架引導他到達一個新境界。他現在是最吸引人的傳道家，他把他的生命與財產全投入對基督的奉獻中。

　　戰爭或者其他災變常常打開許多人自己從未發現的大門。危險會刺激靈魂採取行動激發你的潛力。那位母親一輩子也不知道她有那麼大的力氣；電車司機永遠也不知道他有能力做統率人群的將軍；鐵路工人、礦工、農村孩子都將碌碌一生而逝，永遠不知道有一個偉大的靈魂藏在他們心中、身體上。

　　《成功心理學》作者畢金說，有很多青年都可做到增加一倍、兩倍，甚至三倍、四倍的工作效率，只要被一種創造性大膽的精神所鼓舞。可惜很多人都缺乏這種勇氣，因為在心靈深處缺乏一種衝動來發動冒險精神。

　　一位拳擊教練說，他常常發現極有前途且聰明的拳擊手不能晉級。因

為他們常會比一個較差的對手先產生心理疲憊感，因此在持續的交戰中失敗。

看到一個雄心勃勃的人因缺乏應有的能力而未能達到目標，固然是可悲的事，但更千百倍可悲的是看到那些完全可以成為將軍、董事長、傳道家的人才在面前溜走；只以為他們不過是一個司機、礦工而不去激發他們。

你也許要問：是什麼東西會改變司機成為將軍，方法如何，是不是他僅僅參加軍隊，一心想當將軍，然後挺起胸膛準備接受佩戴的胸章？不然，他做司機時食宿與同僚一起，和他們一起領取薪資，生活在司機的世界裡。忽然間因為戰爭闖進這個廣大的世界來。他內在的巨人受了刺激，頓時醒了過來。他未醒的巨人是什麼呢？

第一，生理上的巨人。做司機的時候一天到晚在嗆人的灰煙中奔馳。參戰之後他騎在馬上奔馳，訓練的軍官要他挺胸、收腹，接受艱苦的體能訓練。他終日在野外生活，吃的是軍中的簡單食糧，然後他發現自己有堅強的體格與充沛的體力。

第二是知識領域的擴大。在他的帳幕中有一位教授出身的人教給他知識，他與一位工程師出身的人共同操作大炮。這些人的知識使他羨慕、使他興奮。他到過倫敦、巴黎等大都市，使他大開眼界。因此他被送去炮兵學校進修。他發現自己的高等數學學得很好，於是他的軍餉也步步高升。他發現他當司機時利用頭腦的一部分而已，現在接受面臨許多新挑戰的新知識，於是他腦筋的其他部分也一一開發出來。

第三，他發現他的人緣極好，善於進行人際關係的處理，使每一個接觸他的人都喜歡他。他能領導這些來自各個不同階層、不同地域的士兵，使他們為同一目標作戰。不管他們原來是工人也好，知識分子也好，商人也好，都承認他是走在前頭的人物，願意追隨他。他有領導力量。這是無

數當司機的人所沒有發現的，因為司機都是跟在人家後面。

第四，也是最重要的一點，他雖然未曾真正接受宗教的洗禮，但是他胸中洋溢著宗教家的熱情，肯為道德目標而奮鬥。

但是為什麼不是每一個參戰的司機都變為將軍？答案是很明顯的，是他們沒有足夠的本領當將軍，或是他們不敢嘗試去發揮他們內蘊的潛力，而只有這一位發現了他內在的潛力。他有可以經得起熬煉的健康體魄，可以學習進步知識的能力，以及非常好的人緣──善於處理人際關係的能力。這些都是他成功的基石。因為他發現了它們，又加強、擴大、提升它們，而終於超越他的同伴。

同樣讓我們來看看前面提到的那個鄉下孩子。雖然19歲還沒有見過火車，但他有機會坐上車子遠行，他看到了廣大的世界。他19年來在農場裡培養了強壯的體魄，因為這個機會的來臨，加上補充的知識能力、精神上的修養，年復一年，他終於爬上了銀行界的榮譽寶座。

因此所謂內部尚未醒過來的巨人，包括四方面：強健的體格、吸收知識的能力、廣結善緣的個性，以及高尚的品格。四者缺一不可。同時，每一方面的進展也會帶動其他方面的發展。

生命中的「四劍客」合作無間地創造了奇蹟。從歷史上看，每一個偉大人物都具備這四方面的特點。試舉出每一個偉大人物，不論他努力的方向是什麼，所處的時代如何，其成功祕訣不外如此。

格蘭菲爾爵士說：「人必須有遊戲、工作、愛心與祈禱，以發揮他的生命。」請多多重複這句話。

有趣的一點是，你的力量使出越多，你反而覺得你擁有的力量越多。生命的寶藏留給自己越多，反而會活得越不快而終至消失。你拿出來與人分享，擁有的反而增多了。請注意這句老話：你奉獻出生命，你就得到了更豐富的生命。

讓我們再重複一遍，生命的最大原理是：你的力量使出越多，擁有的力量也越多；將擁有的生命之寶拿出來與人分享時，反而會增加十倍，甚至百倍、千倍。

當「此路不通」時

當我們談論確立目標時，有些人會這樣說：「我懂得朝一個目標奮鬥是很重要的，但問題是經常會發生這樣或那樣的事情而擾亂了我計畫的實施。」

確實，有很多你無法控制的因素影響著你的計畫。也許你的家裡有人生病；你在尋求的一份工作被取消了；也許你會遇到一些始料不及的麻煩。

鑒於此，我們必須記住這一點：如果你在開車時，碰到一個「此路不通」的路牌，你不會把車停在那裡或回程。此路不通就是說，你不能透過這條路到達你的目的地，而可以尋找另外一條路到達。

觀察一下軍事統帥是怎麼安排計畫的。當他們為達到某一個目的而制定了一個偉大的計畫時，他們還制定了另外一個可供選擇的方案。如果有什麼預料之外的事情發生而排除了第一項計畫時，他們便會利用第二套計畫。當你正坐在飛機上時，你計畫降落的機場被封閉了，你也不會緊張，因為你知道坐在前面駕駛飛機的機師心中還有一個機場可供降落，而且飛機上還有一些儲備的燃料。

取得巨大成功而走彎路的人是傑出的人。

當我們繞道而行時，我們不一定要改變我們的目標，我們只要走一條不同的道路就是了。

只有無所作為者才會不犯錯

　　總有人會批評和懷疑你，那些自己不願嘗試的人，老愛批評諷刺那些不顧惡劣環境而奮發向上的人。亞伯拉罕‧林肯被人稱為「猩猩」和「丑角」，被同輩視為「共和黨之恥」。下面告訴你一些批評的話，但沒有人記得這些批評者的名字：

　　你在襯衫上放一隻鱷魚而不放口袋？我真不敢相信！這些襯衫絕對賣不出去。

　　別擔心，老闆，沒有人會買那些小日本的車子。

　　沒有錶帶的手錶？你瘋了！

　　算了！別告訴我他們可以把音樂放在透明膠紙帶上。

　　那些持否定態度的人總會找到可以批評的事。然而，這些惡毒語言所攻擊的，正是現在風靡世界的名牌產品，你一定猜得出它們是什麼？

　　值得重視的不是批評，不是那些會指出強壯的人是如何跌倒，實踐家應加強哪一方面才會做得更好的人，而是那些真正置身競技場中的人，他們奮鬥不已，他們的錯誤越來越少，因為沒有一件事不是由錯誤和缺點中做成的。

　　那些真正去嘗試的人，他們才知道什麼叫熱心和熱衷，知道最高成就的勝利。即使他們失敗，至少他們勇於嘗試。他們要比那些既無歡樂也無痛苦的人來得偉大，後者生活在昏暗中，既不了解勝利，也不了解失敗。

　　如果你要獲得成功，你得不計代價地去達成你的目的。

你是感情脆弱的人嗎？

　　許多人易為一些瑣碎小事所困，諸如他人的冷淡或輕蔑，甚至一個眼神或手勢，他們的情感極易受傷。在家庭中，在辦公室或社交圈裡，你一定常見到這種感情敏感的人，別人與之交往時須事事小心謹慎，以免無意的言談舉止冒犯了他們的尊嚴。

　　那些表面上自尊心很強，那些對於來自社會的「蔑視」十分敏感的人，實際上最缺乏自信心。他們往往被一些臆想中威脅自己自尊心的瑣碎小事所「刺傷」。同樣一件小事，在那些具有真正自尊心的人看來毫不在意，卻會強烈地撕裂這些人的感情。

　　那些具有真正自信心的人，對於來自社會冷嘲熱諷和惡意攻擊不屑一顧，而這些自尊價值很低的人則會被「切割」、被「解剖」，精神上形成嚴重創傷。那些缺乏自信心的人，那些對自己的能力無法掌握的人，往往處世小心翼翼，甚至對掉下一頂禮帽也會百般猜疑。那些暗自懷疑自己價值的人總是缺乏安全感，他們會無端地感到受到某種威脅，他們往往會誇大或過高地估計真正的感情傷害。

　　我們每個人都需要某個堅韌的感情保護層，以防禦臆想的或真正的對於自尊心的威脅。每個人都有一層肉體的皮膚，它能防禦細菌的侵害，防止或緩衝來自外界的撞擊的損傷。然而在精神方面，許多人根本沒有保護層，他們僅有一層極薄的、過敏的內皮，因而，他們最易遭受感情傷害。

　　他們需要更厚、更具韌性的感情皮膚，那樣的話，他們也能對一些微不足道的瑣碎小事付之淡淡的一笑。他們需要加強自尊心，他們需要更豐富的自我想像，這樣，他們就不至於對那些偶然的議論或無意的舉止感到惶恐不安。一個精神健全的人，能夠坦蕩地面對來自社會的誤解和攻擊；一個富有自信心的人，絕不會把無惡意的議論視為感情威脅。

斷絕後路

　　凱撒在尚未掌權之前，是一位出色的軍事將領。有一次，他奉命率領艦隊前去征服英倫諸島。

　　在他檢閱艦隊出發前，才發現一項嚴重的問題。隨船遠征的軍隊人數少得可憐，而且武裝配備也殘破不堪，以這樣的軍力妄想征服驍勇善戰的盎格魯薩克遜人，無異於以卵擊石。

　　但凱撒當下還是決定啟程，航向英倫諸島。艦隊到達目的地之後，凱撒等候所有兵丁全數下船，立即命令親信部屬一把火將所有戰艦燒毀。

　　同時他召集全體戰士訓話，明確地告訴他們。戰船已然燒毀，所以眾人只有兩種選擇。一是勉強應戰，如果打不過勇猛的敵人，後退無路，只得被趕入海中餵魚。

　　另一條路是，不管軍力、武器、補給的不足，奮勇向前，攻下該島，則人人皆有活命的機會。

　　士兵們人人抱定必勝的決心，終於攻克強敵，而凱撒也因為這次成功的戰役，奠下日後掌權的基礎。

　　凱撒的領導智慧，在中國古代也有類似的故事。「破釜沉舟」的確是最能激勵人心的方式之一。

　　大多數成功人士之所以成功，都因為他能夠專心致志於他所努力欲成的目標上。為了達到目標，能捨棄一切與他成功之路不相關的事物，眼光只鎖定他的目標。

　　這般強烈的成功意志，對於一般人而言，似乎較為難以具備的。故而，我們不妨可以學習凱撒大帝火燒戰船斷絕後路的方式，來激勵自我能夠全力以赴。

　　建議您將紛亂的思緒暫放下，靜心省思，有哪些事物阻礙在您通往成功的路上？

　　當您看清所有阻礙您成功的事物，諸如拖延、怠惰、負面意識……等等，接著您必須有個堅定的決心，先除去所有的障礙物，只要會妨礙您成功的壞習慣，在今天一次將之完全除去。

　　然後，再斷絕您所有可退之路，唯有如此，才能夠完成您渴望追求成功的願望，如同求生的本能一般，那麼地迫切而強烈，借由這種本能來引導您走向成功。

　　如果能確知自己完全無路可退，再怎麼怯懦的人，也立刻能成為最英勇的戰士，自然地挺起胸膛，去迎向任何挑戰，且必將勝利。

　　您已經完全了解這項成功法則，請問您將採取何種策略來激勵自己？得以跨向頂尖大師的寶座。

怕什麼，去經歷再說

　　一個平凡的上班族邁克・英泰爾，37歲那年下了一個瘋狂的決定，放棄他薪水優厚的記者工作，把身上僅有的三塊多美元捐給街角的流浪漢，只帶了乾淨的內衣褲，決定由陽光明媚的加州，靠搭便車和陌生人的好心，橫越美國。

　　他的目的地是美國東岸北卡羅來納州的「恐怖角」（Cape Fear）。

　　這是他精神快崩潰時做的一個倉促決定。某個午後他「忽然」哭了，因為他問了自己一個問題：如果有人通知我今天死期到了，我會後悔嗎？答案竟是那麼的肯定。雖然他有好工作、美麗的同居女友、親友，但他發現自己這輩子從來沒有下過什麼賭注，平順的人生從沒有高峰或谷底。

　　他為了自己懦弱的上半生哭。

　　一念之間，他選擇北卡羅來納州的恐怖角作為最終目的，以象徵他征服生命中所有恐懼的決心。

　　他檢討自己，很誠實地為他的「恐懼」開出一張清單：從小他就怕保

姆、怕郵差、怕鳥、怕貓、怕蛇、怕蝙蝠、怕黑暗、怕大海、怕飛、怕城市、怕荒野、怕熱鬧又怕孤獨、怕失敗又怕成功、怕精神崩潰……他無所不怕，卻似乎「英勇」地當了記者。

這個懦弱的 37 歲男人上路前竟還接到奶奶的紙條：「你一定會在路上被人殺掉。」但成功了，4,000 多里路，78 頓飯，仰賴 82 個陌生人的好心。

沒有接受過任何金錢的饋贈，在雷雨交加中睡在潮溼的睡袋裡，也有幾個像公路分屍案殺手或搶匪的傢伙使他心驚膽戰、在遊民之家靠打工換取住宿、住過幾個破碎家庭、碰到不少患有精神疾病的好心人，他終於來到恐怖角，接到女友寄給他的提款卡（他看見那個包裹時恨不得跳上櫃檯擁抱郵局職員）。

他不是為了證明金錢無用，只是用這種正常人會覺得「無聊」的艱辛旅程來使自己面對所有恐懼。

恐怖角到了，但恐怖角並不恐怖，原來「恐怖角」這個名稱，是由一位 16 世紀的探險家取的，本來叫「Cape Faire」，被訛寫為「Cape Fear」，只是一個失誤。

邁克‧英泰爾終於明白：「這名字的不當，就像我自己的恐懼一樣。我現在明白自己一直害怕做錯事，我最大的恥辱不是恐懼死亡，而是恐懼生命。」

花了六個星期的時間，到了一個和自己想像無關的地方，他得到了什麼？

得到的不是目的，而是過程。雖然苦、雖然絕不會想要再來一次，但在回憶中是甜美的信心之旅，仿如人生。

也許我們會發現，努力了半天到達的目的地，只是一個「失誤」。但只要那是我們自己願意走的路，就不算白走。

後來他寫了一本書《不帶錢去旅行》（*The Kindness of Stranger*）。

第六章
相信自己不比任何人差

每個人都有價值

有個窮人，從來也不肯奉承富人。富人問他：「我是富人，你為什麼不奉承我呢？」

窮人說：「你有你的錢，你又不肯白白地給我，我為什麼要奉承你呢？」

「好吧！我把我的錢，拿 1/5 分給你，你肯奉承我嗎？」

「這不公平，我還是不奉承你！」

「那麼，分一半給你，你該奉承我了吧？」

「那時候，我和你是平等的，我為什麼還要奉承你？」

「那麼，全給了你，總應該奉承我了吧！」

「那時候，我已是富人，應該是你奉承我。」

許多有錢人態度惡劣，卻不受別人的指責。問題並不在於他們自身，而在於那些聽任自己被金錢和有錢人嚇得不敢作聲的人。金錢對人本是一件了不起的東西，本是給人提供美妙機會的一種手段，這不是說有錢人要比別人更有價值，把我們自己看得「不如」他們，會妨害我們建立自信的進程。每一個人都是了不起的人，要謹記：我們自己的權利和別人的權利一樣的重要。

現在不是鄙視的時候，沒有自我鄙視，也沒有被他人鄙視，我們應鼓勵自我和他人。

或許比爾的真實故事可以將這樣的意念表達得更清楚，他是一個別人給了他檸檬，而他真的把它做成檸檬汁的人。

比爾在聖昆汀曾經是個罪犯。出獄之後，他開始寫作，出了一本書名為《撥雲見日》，書中描寫了他身為一個罪犯的經歷。後來，他成為一個公開演說家，布里斯托爾的朋友在大學時代的某個晚上有幸聆聽比爾的演講。

當時他面對了 1,500 名大二的學生，這些無知的學生自認為無所不知。他說：「我的父母不喜歡他們自己。我父親是一個聯邦法官，而我母親酗酒，我唯一能引起他們注意的方式就是做一些像用磚頭砸破店家窗戶這樣的事。之後我便開始搶商店，犯了越來越多更嚴重的罪行，最後被關在聖昆汀監獄。」

「當我到監獄時，他們要我參與一些變態的性行為，我不願意，他們便打斷我的鼻子。」說到這裡，比爾當著 1,500 名聽眾的面將他的鼻子壓得扁扁的：「當他們繼續強迫我，而我繼續反抗時，他們打斷了我所有的手指頭。」他將他的指頭彎曲到 90 度。

這些「無所不知」的聽眾的注意力完全集中在比爾身上了。他繼續述說他的故事，提到他曾經覺得他是世界上最失敗的人。其實，每個人在生命中都曾有過這樣的感覺或想法，而比爾覺得失敗對他而言是如此自然的一個狀態，以致於他無法感受到有什麼不一樣的事情。

然而監獄長克林頓‧達寶注意到他了，這個監獄長看過太多的犯人，他從比爾身上看到一些不一樣的東西。他給了他一本拿破崙‧希爾（Napoleon Hill）寫的書：《思考的力量》，比爾讀出了其中的道理，也讀出了字裡行間的意義。

比爾決定成為一個有價值的人，他要透過幫助其他囚犯而成功。他寫下他的目標，與別人談論他的目標，甚至做夢也夢到他的目標。

雖然比爾原本被判終身監禁，但他後來終於獲得假釋。假釋後他馬上開始運作「7 個步驟基金會」，這個基金會是協助那些曾是罪犯的人重新在這個社會上立足。他寫了一本有關他自己身為罪犯的書，並到全美各地演說以鼓勵那些失足的人。很快的，他變得非常成功而且富有。

那天晚上的演講，他讓所有的學生或站，或坐，或哭，或笑，甚至有人因此而改變了人生的方向。

　　在他演講的尾聲，比爾說：「我要向大家介紹我的太太，她是我生命中最美麗的女人。」布幕開了，她走了出來，年輕的學子們停止了呼吸。可是那些傲慢的年輕人並不覺得她長得美麗，但臺下的女生們率先站起來給予她熱烈的掌聲，似乎一致地要告訴她，如果像比爾這樣偉大的人能發覺她美麗之處，那她一定是最美麗的。

　　比爾，這個世界上曾經最失敗的人，經過他自己的認罪與他人的定罪，反而形成了他強而有力的人格，使他能夠無微不至地深入人心。亦是因為他已經看穿了使自己挫敗的各種藉口，決定將它擺到一邊去。

　　他用正向的心智態度取代了負面的態度。他接受了這個問題，並在其中發現機會的種子。他的生命不是召喚他來做一名罪犯，而是做一名作家、一名演說家、一個成功的商人及諮商師。他突破了自己的困境，同樣你也可以！

自我暗示的無比力量

　　美國有兩位心理學家公開宣稱，他們發明了一種絕對正確的智慧測驗方式。

　　為了證實他們的研究成果，他們兩人選擇了一所小學的一個班組，幫全班的小學生做了一次測驗，並於隔日批改試卷後，公布了該班五位天才兒童的姓名。

　　經過20年之後，追蹤研究的學者專家發現，這五名天才兒童長大後，在社會都有極為卓越的成就。這項發現馬上引起教育界的重視，他們請求那兩位心理學家公布當年測驗的試卷，弄清其中的奧祕所在。

　　那兩位已是滿頭白髮的心理學家，在眾人面前取出一隻布滿塵埃、封條完整的箱子，打開箱蓋後，告訴在場的專家及記者：

　　「當年的試卷就在這裡，我們完全沒有批改，只不過是隨便抽出了五

個名字，將名字公布。不是我們的測驗準確，而是這五個孩子的心態正確，再加上父母、師長、社會大眾給予他們的協助，使得他們成為真正的天才。」

有人曾經告訴過您，您是一位天才嗎？

如果您在幼年時，也像那五名幸運的學童一樣，被告知自己是一位傑出的天才兒童。那麼，您今天的成就會有什麼不同？

或許您對自己的期望與要求會更高；或許您每天願意多花一個鐘頭去看書，而不是看電視；或許您會更賣力地投入自己的工作中，以獲得更佳的成果。這一切都是您自願的，因為您是一位天才。

而您的父母、老師又將如何看待您呢？或許他們會更用心、更努力地來教導您；而您周圍的朋友、同學、同事們，也將提供您更多協助，充分地幫助您。這一切也是他們自願的，因為您是一位天才；而他們也有這份使命感來協助您，幫您完成天才與生俱來的責任。

當您知道自己是天才之後，自己、父母、老師、親友的使命感便油然而生，非得將您推上天才的巔峰不可，未達目的誓不甘休。

或許在過去的歲月中，您並未被告知是一位天才，所以不知道自己的使命何在。但就在此刻，在看完這個故事之後，相信您已清楚地明瞭，自己是一位大師，一位頂尖的大師，您已被確切地通知了。

所以，不妨放下書來，仔細深思，上天賦予您的重大使命究竟是什麼？

如果透過自己的深思，猶未能有所得，不妨謙卑地祈禱，來了解自己所負的使命；然後站起身來，勇敢地踏出成功的第一步。

信心使貧窮變成幸福

有人問一個著名的藝術家，跟他學畫的年輕人，將來能否成為一位名畫家。那藝術家回答說：「絕不會的，他每年都有 6,000 英鎊的進帳呢！」這位藝術家知道唯努力方能克服困難，方能獲得成功，並且他深知在富裕境況之下，很難產生有為的青年。

布里斯托爾曾經說過：「不要以為富家的子弟，得到了好的命運。大多數的紈綺子弟，做了財富的奴隸，不能抵抗一切誘惑，以致於淪落。」須知，享樂慣了的孩子，絕不是出身貧苦的孩子的對手。

一些窮苦的孩子，窮苦得連讀書的機會都沒有；一些由普通學校投入職業界的苦孩子，開始做著非常平凡的工作。可是這些苦孩子，也就是無名的英雄，將來能夠擁有很豐富的資產，獲得榮譽的褒獎。

不屈服於貧窮的思想是排除貧窮唯一的方法。一個人如果生來口袋裡就有一把湯匙，不需要工作而得飽食，那麼他會把兒童時代無限地延長。

歷史上大部分成功者，在開始的時候，都是窮孩子。許多成功的偉人、發明家、科學家、大商業家、工業家、政治家，都是因為貧窮的刺激，努力向前，從此增長了他們的才幹，成就了一番偉業。

有好多年輕人，他們連英語都說不好，也沒有受過高深的教育，既無朋友相助，更無富足的生活，可是他們竟能獲得顯要的地位，擁有巨額的資產，足以使家境富裕、知識豐富而默默無聞的美國青年自慚形穢！

偉人經勞苦困難而產生。一個人如果貪逸惡勞不能戰勝困難，就絕不會有什麼發展。俗諺說得好：「一生未遇困難的人，只算半個人。」

一個年輕人從出生到成年，一向依賴著他人，從想為自己的麵包而奮鬥，這樣的青年，終將白白地送掉一生，多麼可惜啊！森林裡雄偉的橡樹，之所以偉大，是由於它和狂風暴雨努力奮鬥的結果。

貧窮是我們努力奮鬥最有利的出發點，它本是困厄人生的東西，但如

果能由奮鬥而脫離貧窮，便是無上的愉快。

　　林肯起初不過是個窮苦的店員，賺著每年 50 美元的薪水。在他成功之後，他說道：「赤貧時產生的雄心是促成我成功的最強大的推進劑。」

　　假如一個青年的境遇不逼迫他工作，讓他感到生活上的滿足，那麼他就不會再努力奮鬥。而努力工作，一方面固然是滿足自己生活的需要，另一方面是在完善自己的人格，造福社會。可是有的人往往只為自己的私利而奮鬥，他的努力，只在求得滿足他自己的欲望。

　　一個在等候好運來臨的人說道：「一早就起床工作，有什麼意思呢？我將有財富來臨，盡可享用一生呢！」於是他翻過身來，再睡了一覺。唯有那些沒有好運的人，一早就起床，勤勤懇懇地工作，除了努力以外，沒有第二條出路。他沒有人可以依靠，沒有人來幫助他，只有靠自己前途而努力。

　　奇妙的生活總是偏愛那些努力奮鬥的人，給他們高尚的品格、富足的資產和優越的地位。

　　生活給人絕好的機會，使得每個人在經驗的大學裡，受多年的訓練，完成其工作。至於努力所得的資產，所享的榮譽，不過是意外的獲得。生活跟在人的後面，以巨大的代價，來報償那些奮發有為的青年。

積極思考的奇蹟

　　如果一個人在 46 歲的時候，因意外事故被燒得不成人形，4 年後又在一次墜機事故後腰部以下全部癱瘓，他會怎麼辦？再後來，你能想像他變成百萬富翁、受人愛戴的公共演說家，洋洋得意的新郎官及成功的企業家嗎？你能想像他去泛舟、玩跳傘，在政壇角逐一席這地嗎？

　　米契爾全做到了，甚至有過之而無不及。在經歷了兩次可怕的意外事故後，他的臉因植皮而變成一塊「彩色板」，手指沒有了，雙腿如此細小，無法行動，只能癱瘓在輪椅上。

　　一次意外事故，把他身上 65% 以上的皮膚都燒壞了，為此他動了 16 次手術，手術後，他無法拿起叉子，無法撥電話，也無法一個人上廁所，但以前曾是海軍陸戰隊員的米契爾從不認為他被打敗了。他說：「我完全可以掌握我自己的人生，我可以選擇把目前的狀況看成倒退或是一個起點。」6 個月之後，他又能開飛機了！

　　米契爾為自己在科羅拉多州買了一幢維多利亞式的房子，另外也買了房地產，一架飛機及一家酒吧，後來他和兩個朋友合資開了一家公司，專門生產以木材為燃料的爐子，這家公司後來變成佛蒙特州第二大的私人公司。

　　意外發生後 4 年，米契爾所開的飛機在起飛時又摔回跑道，把他胸部的十二條脊椎骨全壓得粉碎，腰部以下永遠癱瘓！「我不理解為何這些事老是發生在我身上，我到底是造了什麼孽？要遭到這樣的報應？」

　　米契爾仍不屈不撓，日夜努力使自己能達到最高限度的獨立自主，他被選為科羅拉多州孤峰頂鎮的鎮長，以保小鎮的美景及環境，使之不因礦產的開採而遭受破壞。米契爾後來也競選國會議員，他用一句「不只是另一張小白臉」的口號，將自己難看的臉轉化成一項有利的資產。

　　儘管面貌駭人、行動不便，米契爾卻墜入愛河，且完成終身大事，也拿到了公共行政碩士學位，並持續他的飛行活動、環保運動及公共演說。

　　米契爾說：「我癱瘓之前可以做 1 萬件事，現在我只能做 9,000 件，我可以把注意力放在我無法再做好的 1,000 件事上，或是把目光放在我還能做的 9,000 件事上，告訴大家，我的人生曾遭受過兩次重大的挫折，如果我能選擇不把挫折拿來當成放棄努力的藉口，那麼，或許你們可以用一個新的角度，來看待一些一直讓你們裹足不前的經歷。你可以退一步，想開一點，然後你就有機會說：『或許那也沒什麼大不了的！』」

　　記住：「重要的是你如何看待發生在你身上的事，而不是到底發生了什麼事。」

總之，若當人類將目標輸入潛在意識時，必將自動自發地向既定的目標邁進，期盼獲得財富或成功。因此我們說 —— 人類潛在意識乃是一部自動裝置成功的機器。

找到動力

某天晚上，有個人下了夜班之後，決定抄近道穿過一片墓地回家。雨下得很大，還刮著風，黑暗中他忽然掉進了一個新掘的墓穴中。重重地摔下去之後，他渾身都溼透了，並沾滿了泥漿，他對自己的不幸感到非常惱火。

他沒有受傷，決定從墓穴中爬上來。他試著跳了幾次，發現不行。接著，他想借著跑步的慣力衝上來，結果依然不行。最後他想試著爬上去，但墓穴的四壁都是黏土，抓不住。最後，他只好決定蜷作一團蹲在一個角落，盡力保持著自己身上的熱量，天亮後喊人幫助。他慢慢靜下心來，不經意間睡著了。

湊巧，20 分鐘後，另一個下了夜班的人也走同樣的近道，跌進了同一個墓穴。他也先是想跳出去，而後是爬上去，也都沒有成功，他折騰了大約 15 分鐘想擺脫困境，但都是徒勞。他感到精疲力盡，但在黑暗的雨夜之中，他忽然聽到來自墓穴某個角落中不祥的聲音：「你永遠不能從這裡出去。」

但是，他卻出去了，一聽到那種不祥的聲音，他便跳出了墓穴。

動力，儘管常常表現為促使我們行動的外在事物，但實際上它是由我們控制的內在的行動。當公司考慮要激發職員的熱情時，公司肯定會有令人興奮的舉措使人們行動起來。刺激物是強烈的催化劑，它催著我們去行動，無論是有如飢餓一類的基本刺激因素，還是有如來自墓穴的聲音的偶然性刺激因素，它們都能激發我們的夢想。

除了飢餓，基本的刺激因素還包括與避難，飢餓驅使著我們去尋的食物，對溫暖的渴求促使我們庇佑等等。運動場上，教練創造著奇蹟，對每個運動員說，熱情與決心是內在的體驗，它不同於興趣和注意力，它是不可偽造的東西。但是，熱情與決心卻像燃燒發動機裡的氧氣和汽油一樣，需要外在的火花來激發它去創造能量。

成功的公司常常使用刺激因素來刺激員工，這些刺激因素有時基於恐懼（辭退、降職等），有時基於讚賞（升遷、加薪等）。

而另一些公司，那類庸碌無為、年復一年地消磨著時日的公司，高層管理內部滿足於現狀，對公司的未來缺乏明確的設想，他們的行動阻礙著公司的發展，他們似乎是沾沾自喜地與其競爭者玩著遊戲。

直到某個可怕的日子裡，他們發現自己要被對方吞併了。這種外在的突發性因素刺激了公司，首先它使公司專注於一個明確的行動綱領；最後，極度危險的處境迫使他們作出具體的決定。

迅速發展的公司不停地刺激著自己，從來不使自己陷於虛幻的安全感之中，它們不斷地為自己確立新的目標，他們制定企業計畫，精心考慮各種因素後，確立明確的期限來實現自己的目標。他們對於計畫的到來充滿熱情，成功的欲望本身已變成了動力。

但是不能只是說「我已得到了動力」就算刺激了自己，這就像是走進健身房坐等著自己有一個強健身體的情形一樣，你需要將動力化於生活之中，讓動力發揮作用，就像運用健身房中的健身器材為你服務的道理一樣。

在一個報告會上，有個年輕人走過來問演講者怎樣才能使他得到動力，演講者告訴他，除了拿出一支槍之外，別無他法。演講者解釋說，他演講的目的就是與觀眾一起來分享他對生活的體驗和看法，在演說的過程中向觀眾傳遞資訊並激勵他們行動，使他們相信自己有改變生活的能力。

他希望他的談話激勵人們採取行動。決心與熱情必須來自於你的內心，那是你的天職。

打敗內心深處的恐懼

你對自己要有信心。

信心是「永恆的萬靈藥」，它賦予生命以思想、力量及行動。

信心是你獲得財富的起點。

信心是所有「奇蹟」的基礎，也是所有無法用科學法則加以分析的神祕事物。

信心是目前唯一已知的失敗的解藥。

信心是一種元素，是一種「化學物」，如果和勇氣、毅力混和起來，可以使一個人獲得偉大的成功。

信心能把人類有限意識所創造出來的普通思想，轉變成為精神力量。

信心是唯一的媒介物，經由它，人們可以利用及運用精神的無盡力量。

你千萬不要認為你沒有足夠的吸引力贏得成功，那是因為你缺乏信念！

瑪律卡的面孔，也許是你從未見過的面孔：整個臉上充滿了縫線的痕跡。一隻眼皮完全被縫合，甚至他的嘴唇也有 3/4 的縫合。

一個週末，瑪律卡和他的未婚妻在英國哥倫比亞省北方的森林裡散步，不知不覺地，他們竟走到了一隻熊媽媽和她的熊寶寶之間，為了保護孩子的熊媽媽竟抓住了他的未婚妻。對於身高僅 170 公分的瑪律卡來說，這隻母熊簡直是隻巨大的怪物，但他不知哪來的勇氣，勇敢地衝上前將他的未婚妻奪了回來，熊媽媽馬上轉而抓住瑪律卡，幾乎要將他身上的每一塊骨頭撕裂。

母熊最後將爪子整個劃過他的臉，又劃開他的頭皮，戰鬥終於結束。

瑪律卡能活下來幾乎是不可思議的。在整整 8 年的時間一直都在做整型手術，當時醫生盡可能地為他做了所有的美容手術，但幫助似乎不大。瑪律卡覺得自己就像是一隻醜陋的怪物，他拒絕回到社會。

有一天他坐上輪椅到了康復中心的 10 樓樓頂，正當他準備將自己推下樓頂時，他父親出現了。

就在那危急時刻，他父親衝上樓梯喊著：「等一下，兒子！」

瑪律卡轉過身來：「爸爸，什麼事？」

他父親說：「瑪律卡，事實上每個人都存在著深深的傷痕，只不過大多數人用笑容、化妝品或是美麗的裝扮把它掩藏起來了。現在的你也要逐漸開始穿上這層掩飾的外衣，別忘記，我們都是一樣的。」

聽了父親的話後，瑪律卡再也無法將自己摔下那棟大樓。

之後沒多久，一個朋友給瑪律卡帶來了一個演講的錄音帶。他聽到了關於保羅‧傑佛斯故事，這個人在他 42 歲時喪失了聽力，但現在卻是世界上最頂尖的業務員。保羅說：「挫折可以讓一個平凡人成為不平凡的人。」

瑪律卡對自己說：「那就是我，我就是不平凡的！」

他寫下他想要做的事，並將自己的夢想告訴每個人。之後他在保險公司找到一份業務員的工作，這份工作迫使他必須每天以真實的面目與人接觸。他將他的照片貼在名片上，遞名片的同時便告訴他人：「我的外表雖然難看，但如果你有機會認識我，你會發現我美麗的內心。」

後來，瑪律卡成為溫哥華首屈一指的保險經紀人。

命運賜給他一個艱巨的任務，但他把它轉化為一個黃金般的機會。

瑪律卡認識到他的外表並不是他的問題，他如何看待自己才是真正的問題所在。如果他看自己是醜陋的，他就是醜陋的，但如果他看自己是美麗的，他就是美麗的。記住一句古諺：美麗永遠深藏於觀賞者的眼中，即

使觀賞者和被觀賞者是同一人。

瑪律卡看見了他真正的外表，他的傷痕已經不重要了。瑪律卡打敗了恐懼，能夠坦誠地面對他人，所以他能夠邁向更令人讚嘆的未來。那麼，對於你來說，同樣可以做到這些。

負面的信念會排斥財富

受苦的人沒有悲觀的權利，因為一切苦難是自己造成的。

這個故事的主角叫奧斯卡。1929 年下半年的某一天，他在美國中南部的俄克拉荷馬州首府俄克拉荷馬市的火車站，等候搭乘火車往西部去。他在氣溫高達 43 度的西部沙漠地區已經待了好幾個月。他正在為一個東方的公司勘探石油。

奧斯卡是麻省理工學院的畢業生。據說他已把舊式探礦杖、電流計、磁力計、示波器、電子管和其他儀器結合而成用以勘探石油的新式儀器。

現在奧斯卡得知：他所在的公司因無力償付債務而破產了，所以，奧斯卡踏上了歸途。他失業了，前景相當黯淡。

負面的思想極大地影響著他。

由於他必須在火車站等待幾小時，他就決定在那裡架起他的探礦儀器來消磨時間。儀器上的讀數表明車站地下蘊藏著大量的石油。但奧斯卡不相信這一切，他在盛怒中踢毀了那些儀器：「這裡不可能有那麼多石油！這裡不可能有那麼多石油！」他十分反感地反覆叫著。

奧斯卡因為失業的挫折，正處在負面思想的影響下，即使他一直尋找的機會就躺在他的腳下，但是由於負面思想的存在，他也不肯承認它。他對自己的創造力失去了信心。

不久之後，人們就發現俄克拉荷馬市地下埋有石油，甚至可以毫不誇張地說，這座城就浮在石油上。

對自己充滿信心是重要的成功原則之一。檢驗你的信心如何，看看在你最需要它的時候，你是否應用了它。奧斯卡在俄克拉荷馬市火車站登上火車前，把他用於勘探石油的新式儀器毀棄了的同時，他也丟下了一個全國最富饒的石油礦藏地。

正面的信念能吸引財富，負面的信念只能適得其反。

抱著正面的信念，你就會不斷地努力，直到你取得了你要尋找的財富。現在你可以從正面的信念出發，向前邁出你的第一步。有時你可能也會受到負面信念的影響，不過絕不要輕易放棄努力，尤其當你距離到達你的目的地只不過一箭之遙時，你更不可停下來。奧斯卡就是這個原則的有力證明：正面的信念能吸引財富，而負面的信念只能排斥財富。

信心只進入有準備的心靈

機遇只垂青於那些懂得怎樣去追求它的人。

從前在開羅有一個人，擁有巨額財富不知節儉、生活放蕩，以致家產散盡，只剩下父親遺留的房子。過了不久，他就不得不靠勞動謀生。他幹活那麼辛苦，有一天晚上在自己花園裡的一棵無花果樹下睡著了，做起夢來。夢中有一個人來拜訪他，對他說：「您的財富在波斯，在伊斯法罕，到那裡尋找吧。」

第二天一早，他就出發了。他長途跋涉，遇到了沙漠、海洋、盜匪、河川、野獸以及種種危險。最後終於到了伊斯法罕，但是他一進城門，天就黑了下來。他走進一座清真寺，在院子裡躺著睡覺。

有一幫盜匪進了清真寺，盜匪的聲音驚動了房子的主人，他大聲呼救。鄰居們也大聲呼救，巡邏隊長終於率領官兵來到，把盜匪嚇得逃之夭夭。隊長命令部下在清真寺裡搜查，發現了這個從開羅來的人，用竹鞭把他一頓好打，幾乎打得他斷了氣。

兩天之後，他在監獄裡甦醒過來。隊長把他叫去，問他：「你是誰？從哪裡來的？」

這個人說：「我從開羅來，名叫穆罕默德‧阿里‧馬格里比。我是被夢中的一個人指引，到伊斯法罕來的，因為他說我的財富在這裡等著我。可是等我到了伊斯法罕，他所說的財富，卻原來是你慷慨地賞賜給我的一頓鞭子。」

隊長聽了，禁不住哈哈大笑，最後，他說：「你這個傻瓜，我接連三次夢見開羅的一座房子，它那庭院裡有一個花園，花園往下斜的一頭有一座日晷，走過日晷有一棵無花果樹，走過無花果樹有一個噴泉，噴泉底下埋著一大堆寶藏。可是我從來沒有去理會這些荒誕的夢兆；然而你啊，像魔鬼養的傢伙，竟然相信一個夢，走了那麼多的路。把這幾個小錢拿去，滾吧！」

這個人拿了錢，走上了回家的旅程。他在自己家的花園，也就是隊長夢見的那個花園的噴泉下面挖出了一大筆財富。

有一句流傳很廣的諺語說：「自助而天助。」自己的命運唯有自己去開創，別人是幫不上忙的。跌倒了再爬起來，勤勞不懈的人，上天自然會賜下恩典來給你。成功沒有什麼祕訣可言，真理都是平凡的，只有我們肯努力，才能得到天助。

沒有準備的人，一遇失敗，便沒有振作再起的可能。

有很多青年男女，因為沒把力量積蓄起來，在他們的事業遭到失敗後，便再也沒有充分的精力和體力來應付那非常時期。

一些人之所以碌碌無為，是由於他們沒有受過相當的教育。播種得少，收成哪裡會豐盛。一個人能否成功，全看他累積的力量是否充足。人生最有價值的，就是貯藏著充足的精力，可供一生的應用。精力貯藏得越多，越能應付外來的事變。

　　衛勃斯脫給予海尼的答覆，是最有名的演說詞，是以累積著的東西來應付突發事件的最好例證。海尼在會議中，曾發表了一篇頗為精彩的演說，照他想來，這演說是無可挑剔的，衛勃斯脫對於這篇演說，想在次日的早晨進行辯證答覆。

　　可是他無暇去查考記錄，翻閱歷史。他一個人，既沒有書籍，也沒有別的資料。他於是想到平日儲存著的材料，在他書桌的小架子上，發現了一份開會用的稿子，就把它作為答覆海尼的參考材料。第二天早晨舉行會議時，他用很充分的理由，答覆了海尼的演說。假使他平日沒有累積材料，那麼在匆促的時間裡，怎能產生這有名的答辯呢？

　　人生對於身體上、精神上、道德上的累積，都有無可計算的價值。要在世界上成就大事業的青年們，必須有應付一切事變的準備，並且要準備得非常充足。

　　普魯士的名將莫爾克，在普法戰爭中，由於眼光的遠大，多年的準備，擊敗了拿破崙三世。這段歷史，可給予每個青年一個很大的啟示。

　　在戰爭發生前的 13 年，莫爾克已經一一計畫好了。他親手寫了一些訓令，給予每個軍官，一旦戰爭爆發，立刻依照訓令去做。

　　每一個軍官，都有一個密封的信封，裡面放著祕密的訓令，如怎樣調遣軍隊，怎樣進攻退守等戰略。這些軍官拿著密封著的信，一得到上司出兵的軍令，便拆開來閱讀，立刻照著去做。此外，對於軍事中的一切，也都準備得相當充分。

　　在戰前的 13 年中，莫爾克經常修正一些合於時代的戰術，修正好了，再密封交給每個將領，以備隨時應付戰事。據說，在西元 1870 年應用的最後戰略，兩年前就已確定，而在最開始的戰略，遠在 13 年前就確定，因此在戰爭爆發以後，日爾曼軍隊的士兵，在莫爾克的領導之下，進退自如，好似鐘錶裡的零件一般井然有序。

如果把莫爾克那樣深謀遠慮的準備，來和法國軍部相比較，無異有天壤之別。莫爾克不等待機會，而法國的軍隊，事事只在靜候機會。

法國的將領，常從前線打電話給總司令部，不是說缺乏糧食，便是說缺少紮營材料，還常報告總司令部軍隊不能集中，由此可見法軍的混亂。因此在戰場上，法國的軍隊，經不起敵軍的一擊，結果，給了法國一個不能忍受的恥辱。

有許多人，由於沒有準備而失敗，發生了多少悲劇。他們總以為只要一點知識，就可以來應用，不想再求深造，來建立一個寬闊和知識基礎。他們沒有把人生看得完全，只看到了一部分。

一個人，如果希望有豐盛的收成，必須準備充足的肥料，必須在播種的時候，撒上美好的種子。

信念帶來鴻運

下面是一個美國商人的故事，這個故事告訴我們他是怎樣從平庸的世界中逃脫的。

「5 年前，我小本經營農具買賣。我過著平凡而又體面的生活，但並不理想。我們的房子太小，也沒有錢買我們想要的東西。我的妻子並沒有抱怨，很顯然，她只是安於天命而並不幸福。我的內心深處變得越來越不滿，當我意識到愛妻和我的兩個孩子並沒有過上好日子的時候，內心感到了深深地刺痛。」

「但是今天，一切都有了極大的變化。現在，我有了一所占地 2 英畝的漂亮新家。我們再也不用擔心能否送我們的孩子上一所好的大學了，我的妻子在花錢買衣的時候也不再有那種犯罪的感覺了。明年夏天，全家都將去歐洲度假。我們過上了真正的生活。」

「這一切的發生，是因為我利用了信念的力量。5 年以前，我聽說在底

特律有一個經營農具的工作。那時，我們還住在克利夫蘭。我決定試試，希望能多賺一點錢。我到達底特律的時間是星期天的早晨，但公司與我面談還得等到星期一。」

「晚飯後，我坐在旅館裡靜思默想，突然覺得自己是多麼的可憎。『這到底是為什麼！』我問自己：『失敗為什麼總屬於我呢？』」

「我不知道那天是什麼促使我做了這樣一件事：我取了一張旅館的信箋，寫下幾個我非常熟悉的、在近幾年內財富與成就遠遠超過我的人的名字。他們取得了更多的權力和工作職責。其中兩個原是鄰近的農場主，現已搬到更好的邊遠地區去了；其他兩位我曾經為他們工作過。最後一位則是我的妹夫。」

「我問自己：什麼是這5位朋友擁有的優勢呢？我用自己的智力與他們作了一個比較，但我並不認為他們比我更聰明；而他們所受教育，他們的正直，個人習性等，也並不擁有任何優勢。」

「終於，我想到了另一個成功的因素，即主動性。我不得不承認，我的朋友們在這點上勝我一籌。」

「當時已快深夜3點鐘了，但我的腦子卻還十分清醒。我第一次發現了自己的弱點。深深地挖掘自己，發現缺少主動性是因為在我的內心深處，我並不看重自己。」

「我坐著度過了殘夜，回憶著過去的一切。從我記事起，我便缺乏自信心，我發現過去的我總是在自尋煩惱，自己總對自己說不行，不行，不行！我總在表現自己的短處，我所做的一切幾乎都表現出了這種自我貶值。終於我明白了：如果自己都不信任自己的話，那麼將沒有人信任你！」

「我一直都是把自己當成一個二等公民，於是我作出了一個決定，從今後，我再也不這樣想了。」

「第二天上午，我仍保持著那種自信心。我暗暗以這次與公司的面談

作為對我自信心的第一次考驗。在這次面談以前，我希望自己有勇氣提出比原來薪資多 750 甚至 1,000 美元的要求，但經過這次自我反省後，我認識到了自我價值，我將這個目標提到了 3,500 美元。結果我達到了目的。我獲得成功，是因為經過整整一個夜晚的自我分析以後，我終於認識到了自己的價值。」

「取得這個工作後的兩年間，我建立起了很好的商業信譽。然後，我們去休假。這也使我覺得自己的價值倍增，這表明在這個領域裡，我取得了很大的成功。最後，公司重新組合，我得到了很大一筆股票，薪資也有大幅度提高。」

因此，相信你自己，鴻運就會降臨。

建立自信的 7 個步驟

我們時常在新聞中看到一些消息說人在危急之中會表現出超人的力量來。一個 16 歲的男孩，他父親在一輛卡車下工作，這輛卡車約有 3,000 磅重。突然千斤頂歪了，卡車落下來，男孩眼看父親快被壓死，立刻抓住擋泥板，把車子拉起來，讓他父親從下面爬出來。第二天，這個小孩根本動不了這輛卡車。

很少人有過這麼戲劇化的經驗，但大多數人都有過出乎自己意料的表現經驗。

如果我們在任何時候都能把能力發揮至極，這不是一件很好的事嗎？也許這要求過分，因為科學家告訴我們，最偉大的天才也不過發揮其潛能不到 10%。不過有件事可以確定：如果我們有很強的自信的話，我們都能比平常所表現得要更好。

以下是建立自信的七個步驟。不論你現有的自信度為何，只要循此步驟去做，你會增加自信心去面對生活中的每項挑戰。

▌步驟 1：告訴自己：一定要實現目標！

大多數人即使確立了目標，由於並不衷心渴望達成，所以也就缺乏達成的自信心。某位哲學家曾經說過：「一般人，往往認定自己辦不到，凡事均不抱太大希望。」反過來說，因為不寄予希望，所以嘴上經常掛了這麼一句「我做不到」而死了心。

不管你在哪一家公司上班，在工作上追求快速成長而始終認真如一、朝向目標奮勇邁進的人，總是占少數。大多數人往往只求投入一半心力，並不積極地全力投入。

想要擁有自信 —— 這才是我唯一的工作 —— 這種全神貫注的信念是非常重要的，抱著半途而廢的心理絕不可能產生自信，也絕對不被認為是公司的好員工。

為了做到這一點，不妨試試花一天的時間全力沉浸在工作中。

人們常說：「唯有認真在自己的工作才會產生希望。」希望和自信原屬同一根源。只要將自己沉浸在工作中，一天也好，你的心底便會油然而升「只要切實去做，同樣也做得到」的自信。

僅僅一天而已，乍聽之下好像沒什麼意義，然而這卻是一個充滿自信的人生轉捩點。我們可從很多人的經驗中得到證實，一個充滿自信新希望的一天就是邁向成功的第一步。

▌步驟 2：要做最好的心理準備

帶來自信的重要泉源之一，即為凡事做好萬全準備的預先工作。

比方說，在你和人推銷商品、構想時，保有自信的最好方法，就是事先準備好無論在任何場合見面，都可提供對方特別的東西，以及提供讓對方接受的方法。再者，為了不使對方感覺浪費時間，談什麼樣的話題、方式，以適當表達出重點，也必須在事前做深刻的了解。

一個名叫戴蒙斯珊士的年輕人，向一群古希臘的領袖演講。當他步上

講臺後，他的聲音微弱結巴，他的態度畏縮，他的思想混亂。當他說完了後，聽眾噓聲四起，把他轟下臺去。

但戴蒙斯珊士並不氣餒。

「我絕不做沒準備的演講！」他對自己發誓。他大聲對著愛琴海演講來訓練聲音；他在晃動的劍下練習演講訓練勇氣；他把小石子含在口中來消除口吃。

下次在集會中演講時，他成了另一個人。聲調鏗鏘，言辭犀利，態度從容，獲得了如雷的掌聲。

一個口吃、膽怯的年輕人如何變成了希臘史上最偉大的演講者？答案只有一個 —— 準備。他克服了自疑和恐懼，把自己準備到最完善的地步。

即使對你很熟練的工作和技巧，你仍要把它弄到精通的地步。

準備充分也是將你從入圍提升到冠軍的唯一因素。也因為你準備充分，所以你才會自信十足。這就是為你帶來自信，而且能夠戰勝對手，使自己的身價快速上漲的最佳祕訣。

步驟 3：重心放在你最大的長處上

有大成就的人知道把精力放在自己最擅長的地方。贏家像河流一樣，他們找到一條道路，便循著這條道路前進。站在大河邊，想想看河流的力量有多大？它能發電，灌溉田地，產生很大的財富。為什麼？因為它往同一個方向流動。

失敗者像沼澤，他們到處遊移，他們什麼事都做一點，結果一事無成。站在沼澤邊，你會發現它只會把人拖下去，是蚊子滋生的溫床，也是傳播疾病的地方，是鱷魚和毒蛇等會傷害人的爬蟲類的窩。

當你集中精神在你能表現最好的事情上時，你會覺得自信心增強。運動觀察家一致認為拳王阿里（Muhammad Ali）之所以能屢次擊敗他的對手，主

要是因為，他認為自己是最偉大的鬥士，以致對手也認為他是最偉大的。

　　大多數人都有一個問題，那就是我們每個人都可以把太多事做好。林肯可以成為一名一流律師，但他選擇做政治家。他認為他能在歷史上寫下新的一章，因此，他決心以畢生的精力來完成這個使命。

　　因此，贏家是知所選擇的。

▌步驟 4：培養信心

　　學著對自己仁慈些，列出一張你的勝利和成功的清單，當你想到自己已完成的事時，你對能做的事會更有信心。只有失敗者才會集中注意力在失敗和缺點上。

　　大多數人所表現的自信要大過我們所意識到的，我們很早便知道相信自己。在你跨出第一步時，你就相信你會走；在你說出第一句話之前，你就相信你會說；因為你先相信，所以你會去完成它。

　　麥克阿瑟在西典軍校入學考試的前一晚緊張之至。他母親對他說：「如果你不緊張，就會考取。你一定要相信自己，否則沒人會相信你。要有自信，要自立。即使你沒通過，但你知道自己已全力以赴了。」放榜後，麥克阿瑟名列第一。

　　當你想著自己能做出最好的成績時，你不僅會發現自信提高，而且會發現自信會有助於你的表現。

▌步驟 5：從你的錯誤和失敗中記取教訓

　　唯一避免犯錯的方法是什麼事都不做，有些錯誤確實會造成嚴重的影響，所謂「一失足成千古恨，再回頭已是百年身」。然而，「失敗為成功之母」，沒有失敗，沒有挫折，就無法成就偉大的事。

　　聰明的人會從失敗中學到教訓。失敗者是一再失敗，卻不能從其中獲得任何教訓。

一位員工抱怨他沒有升遷：「我在這裡已做了 20 年，我比你提拔的那個人多了 20 年的經驗。」

老闆說：「不對，你只有 20 次一年的經驗，你從你犯的錯誤中，沒學到任何教訓，你仍在犯你第一年剛做時的錯誤。」

好悲哀的故事！即使是一些小小的錯誤，你都應從其中學到些什麼。

「我們浪費了太多的時間，」一位年輕的助手對愛迪生說：「我們已經試了 2 萬次了，仍然沒找到可以做白熾燈絲的物質！」

愛迪生卻回答說：「但我們已知有 2 萬種不能當白熾燈絲的東西。」

這種精神使得愛迪生終於找到了鎢絲，發明了電燈，改變了歷史。

錯誤很少致命。錯誤會造成嚴重的結果，往往不在錯誤本身，而在於犯錯人的態度。能從失敗中獲得教訓的人，就能建立更強的自信心。

步驟 6：放棄逃避的念頭 —— 方能產生信念

欠缺自信的人，終日將和恐懼結伴為鄰。而越是被恐懼的烏雲所籠罩，自我肯定的機會也越是渺茫。

此時如果我們將「恐懼」置之不顧而任其生長的話，恐懼的陰影就會越長越大；你越是想逃避，它越是如影隨形。

有一句至理名言：「現實中的恐懼，遠比不上想像中的恐懼那麼可怕。」大多數人在碰到棘手的事物時，大都只會考慮到事物本身的困難程度，如此也就產生了恐懼感。但是一旦實際著手時，就會發現其實比想像中要容易且順利多了。

所以，分析恐懼的本身，就是克服恐懼的第一步。下面的幾個問題請向自己發問，並確實回答。

✧ 我所害怕的到底是什麼東西？實際上又如何呢？

✧ 我所害怕的東西真正存在嗎？抑或只不過是想像而已？

✧ 難道我的內心應該要充滿這些恐懼感嗎？

其實，你所恐懼擔心的事物一旦面對現實時，你的心裡往往會有「最糟糕大不了如何如何……」的萬全準備，這種「大不了」的心理正是你可以克服恐懼的最佳證明。

所以，這些造成你不安的恐怖事物，說穿了並沒有什麼。我們若將其真面目分析得仔細一點，你會發現你所畏懼的「幽靈」原來不過是一株枯萎的樹影罷了。你將會為自己深深陷入的恐懼感好笑。

所以，不論你怎麼看它，只要勇敢面對，不但可以從此消除恐懼的陰影，並且能夠產生堅強的自信心。

▍步驟 7：要確實遵守自己所訂下的約束

這是增強自信最後一個步驟，也是所有步驟中最簡單且最具效果的。我們將詳細加以說明介紹。

此處所指的約束，任何一種都可以，而且若能包含你的工作、經濟、健康等各種問題，更能收到一石二鳥的效果。

當然，所謂「約束」並不僅僅是在頭腦中約束自己而已，你可以試試像本章末尾所列出的方法，在紙上簽上自己的姓名會更具實踐的效果，比方說：「從今天起一週之內，我每天早晨要起來慢跑」或者「從今天起，我要比平常早 30 分鐘出門上班」等等都可以，將它寫在紙上並填上日期簽上姓名。

約束的內容如何並不重要，重要的是寫在紙上後，不論發生什麼樣的障礙，都務必要確實遵守。

當我對自己做了某種程度的約束後，在遵守這種約束時，你會發現由於實踐而產生了自我信賴，這種自我信賴便是你已開始坦然面對自己的實證，此時自信當然也會跟著而來，隨著時日根深蒂固地在壯大你的勇氣與力量。

大多數人在實行這種自我約束時，多半會有優柔寡斷、遲疑不決的心態，即使實行了，一旦遭遇到挫折又會隨即停止，然而若是用這種寫在紙

上的簽名方法，可能就不太容易中途而廢了。因為不管多微小的事，一旦立下「只要決心去做一定會成功」的信念，自信便會油然而生。

這就是我們人類將柔弱的一面，轉變成堅強一面的最佳捷徑。

態度比事實更重要

下面將要討論的重點，是有名的精神分析家卡爾‧梅寧格（Karl Menninger）博士在重要的演說中必定講述的真理，那就是「態度比事實更重要」。這句話確實值得人們深省，並反覆記誦，直至能夠有所頓悟為止。

無疑地，我們所遭遇的任何困境，無論多麼困難，甚至看來幾乎到達絕望的邊緣，實際上若和我們對事實的心態相比，其嚴重性往往要輕微得多。你對於事情的看法如何呢？面對事情時，大多數人在還未採取任何應對措施之前，便已在心態上決定了成敗結果。

如果這個答案在心態上是負面的，那麼可以說他不戰而敗了。相反地，如果秉持自信心與樂觀的態度而對此問題，他就便有可能克服逆境，甚至反敗為勝。

我曾認識一個相當特別的人，他不僅擁有優異的才能，而且總是顯得充滿信心。他在公司中可以稱得上是無人能與之匹敵的偉大。每當同事們陷入悲觀的想法時，他便會立刻使用所謂的「吸塵器思考法」，試圖打消他們的悲觀念頭，繼而冷靜地提出分析與建議，直到他們重新審視問題，並產生正面的想法為止。

事實上，這種心態變化的主因在於是否擁有自信。自信能夠幫助個人免於失去評估事實的客觀性，且避免淪為病態自卑感下的犧牲者。達成這種矯正心態的唯一祕訣就是讓心態恢復正常。換言之，要使心態經常保持傾向樂觀的一面。

因此，當你有了挫敗感而垂頭喪氣、自信盡失時，不妨冷靜地坐下

來，拿出紙張作個圖表。這個圖表並非要記載與自己敵對的事物，而是要記下贊同自己的事物，然後清楚地加以確認，並把心思集中在上面。如此一來，不論發生任何困難，你都有順利克服。此外，你內在的力量也會因此而復生，使失敗的局面扭轉成為勝利。

自信其實是由於習慣性的思想意念產生的。如果我們經常存有失敗的念頭，你便已輸掉了一大截。相反地，倘若我們對自己充滿信心，並具有主宰自我的意志與習慣，那麼即使面對逆境，也能泰然處之。這種強而有力的信心事實上便是來自於自信。換言之，自信是力量增長的源泉。

貝希魯金曾說過：「大膽些吧！這樣將會對你產生有所幫助的強大力量。」而經驗也證明這的確是一項真理。事實上，隨著信仰程度的增加，將會使個人意識到逐漸加強的力量正在幫助自己。

愛默生也曾表示：「想著有志竟成的人終將贏得勝利。」

讓信仰的力量和安心的感覺充滿心中，就是獲得自信的祕訣，也是去除疑惑、克服缺乏信心的最佳方法。

思想的力量

基督教信徒都知道基督教信仰療法的創始人瑪麗‧貝克‧艾迪（Mary Baker Eddy）。她認為生命中只有疾病、愁苦和不幸。

在麻省的理安市，一個很冷的日子，她在城裡走著的時候，突然滑倒了，摔倒在結冰的路面上，她的脊椎受了傷。

躺在一張看來像是送終的床上，瑪麗‧貝克‧艾迪打開了《聖經》。她讀到馬太福音裡的句子：「有人用擔架抬著一個癱子到耶穌跟前來，耶穌就對癱子說，小子，放心吧，你的罪被赦免了。起來，拿你的褥子回家去吧。那人就站起來回家去了。」

她後來說，耶穌的這幾句話使她產生了一種力量，一種信仰，一種能

夠醫治她疾病的力量，使她「立刻下了床，開始行走」。

「這種經驗」，艾迪太太說，「就像觸發牛頓靈感的那顆蘋果一樣，使我發現自己怎麼好了起來，以及如何能使別人也做到這一點……我可以很有信心地說：一切的原因就在你的思想，而一切的影響力都是心理現象。」

一個人活得愈久，就會愈深信思想的力量。男人和婦人都能夠消除憂慮、恐懼和很多種疾病，只要改變自己的想法，就能改變自己的生活。

卡內基的一個學生曾經精神崩潰過一次，起因是憂慮。

那個學生說：「我什麼事情都發愁。我之所以憂慮是因為我太瘦了，因為我覺得我在掉頭髮，因為我怕永遠沒辦法賺夠錢娶個太太，因為我認為我永遠沒辦法做一個好父親，因為我覺得我現在的生活不夠好。

我很擔憂我給別人留下不好的印象；我很擔憂，因為我覺得我得了胃潰瘍，我無法再工作，辭去了工作後，我內心愈來愈緊張，像一個沒有安全閥的鍋爐，壓力終於到了令人難以忍受的地步，必然得有一個退路 —— 結果果然出了事。如果你從來沒有經歷過精神崩潰的話，祈禱上帝讓你永遠也不要有這種經驗，因為再沒有任何一種身體上的痛苦，能超過精神上那種極度的痛苦了。

我決定到佛羅里達州去施行，希望換個環境能夠對我有所幫助。我上了火車之後，父親交給我一封信並告訴我，等到了佛羅里達之後再打開來看。我到佛羅里達的時候正好是旅遊的旺季。因為旅館裡訂不到房間，我就在一家汽車旅館裡租了一個房間睡覺。我想在邁阿密一艘不定期的貨船上找一份差事，可是沒有成功，所以我把時間都消磨在海灘上。

我在佛羅里達時比在家的時候更難過，因此我拆開那封信，看看父親寫的是什麼。他在信上寫道：『孩子，你現在離家 1,500 英里，但你並不覺得有什麼不一樣，對不對？我知道你不會覺得有什麼不同，因為你還帶著你所有麻煩的根源 —— 也就是你自己。無論你身體或是你的精神，都

沒有什麼毛病，因為並不是你所遇到的環境使你受到挫折，而是由於你對各種情況的想像。總之，一個人心裡想什麼，他就會成為什麼樣子。當你了解這點以後，孩子，回家吧。回家後你就能醫好了。』

父親的信使我非常生氣，我要的是同情，而不是教訓。我當時氣得馬上決定永遠不回家。那天晚上，當我在邁阿密一條小街上走著的時候，經過一個正在舉行禮拜的教堂，因為沒有別的地方好去，我就晃了進去，聽了一場講道。講題是《有征服精神的人，強過攻城占地》。我坐在神的殿堂裡，聽到和我父親同樣的想法 —— 這一來，我就把腦子裡所有的胡思亂想一掃而空。

我第一次能夠清楚而理智地思考，並發現自己真的是一個傻瓜，看清楚了自己，實在使我非常震驚，我還想改變這個世界和全世界上所有的人呢 —— 而唯一真正需要改變的，只是我腦部那架思想相機鏡頭上的焦點。

第二天清早我收拾行李回家去。一個禮拜以後，又回去幹我以前的工作。4 個月以後，我娶了那個我一直害怕失去的女孩子。我們現在有一個快樂的家庭，生了 5 個子女。無疑，在物質方面或是精神方面，上帝對我都很好。當我精神崩潰的時候，我是一個小部門的夜班工頭，手下有 18人；現在我是一家紙箱廠的廠長，管理 450 多名員工。生活比以前更充實、更友善得多。我想我現在能了解生命的真正價值了。每當感到不安的時候，我就告訴自己：只要把攝影機的焦距調好，一切就好了。

坦率地說，我很高興我曾經有過那次精神崩潰的經歷。因為那使我發現思想對身心兩方面的控制力。我現在能夠使我的思想為我所用，而不會有損於我。」

用信心創造快樂的生活

你小時候有沒有一間特別喜歡的房間，當你不快樂時，就躲到房間去？也許這個房間十分舒適，有軟綿綿的沙發、厚厚的地毯，以及你最珍惜的玩具。

這正是人人都需要的 —— 在自己的腦海中有一間舒適的房間 —— 一處庇護所，當生活的壓力壓得你喘不過氣時，你可以躲到這間房間，靜靜撫平傷口。在腦海中這個安靜、靜謐的角落裡，你可以擺脫生活忙碌的步伐，獲得休息、恢復精神，為將來的日子而儲備精力。在這個小小的心靈角落裡，你可以靜靜獨處，接受你自己的不安全感，重新描繪出你最珍惜的記憶，訂下你未來的目標，幻想出一個充滿生命力、信心與希望的將來 —— 沒有怨恨，也沒有憂慮。

如同你在前面所練習過的：你可以在腦海中建立一個舞臺，幻想在這個舞臺上演出真實生活的戲劇，可以幫助你創造一種自我 —— 堅強到足以允許你去過著美好生活的自我。

小時候都知道大人每星期都要工作 60、70 或 80 個小時，這種情形在當時十分普遍。今天，大多數美國人每週只工作 35 或 40 小時，星期六全天放假，每年至少還有兩周假期。

即使如此，許多人還是覺得今天的生活十分緊張，因為，他們可以感受到沉重的生活壓力。然而事實的真相是，每週工作時數的長短，和個人放鬆的能力沒有太大的關係。

重要的是，你要過著有意義的假期，而且要每天度假。不是每隔多久休假一次，而是每天休假 —— 每天躲到腦中僻靜的角落裡，讓自己獲得自由。

長久以來，鳥就是自由的象徵，人們十分羨慕牠們能夠擺脫世俗的束縛，自由自在地在天空飛翔。

　　在你腦中這個寧靜的角落裡，你的想像力可以自由飛翔，因而可以獲得如飛鳥般的自由感覺。你可以暫時逃避文明的桎梏，重新肯定你的信心，並且帶更多的活力回到現實生活中。

　　你也可以過著這種美好的假期，只要你的想像力是你的朋友，只要你的心靈十分正常，允許你享受這種豪華假期。在你閱讀這本書時，你要不斷地磨礪這些潛在的工具，這樣就能每天過著一個美好的假日 —— 不必花費一分錢。

　　這些讓你放鬆的工具，並不是要你作為偷懶的藉口，在理想上，它們將使你更有效地發揮效率，不要成為「瑪尼亞納無限組織」的一分子。

　　什麼是「瑪尼亞納無限組織」？「瑪尼亞納」是西班牙語，意思是指「明天」，「瑪尼亞納無限組織」就是把一切事情留到明天再做的一個組織，這是世界上最大的一個組織，它的會員人數多過世界上任何宗教、政治、哲學或工商組織。

　　要想加入這個組織，一定要培養出這個缺點：把一切事情拖到「明天」再說。數以百萬計的人像奴隸似地按照這個失敗的藍圖行事。然而「終身大學」裡並不開授這門課，因為它是人類的本能之一，用不著學習。

　　但這並不表示你不應該學習休閒的藝術，休閒和拖延是完全不同的兩回事。懶人沒有休閒可言，因為休閒是工作的酬勞，專門用以滋養個人的肉體與精神，以便使人能應付明天的挑戰。哲學家兼作家梭羅說：「真正懂得休閒的人，將有時間去改善靈魂的地位。」把事情拖延到明天的人，將沒有時間去改善任何事情。

　　「瑪尼亞納無限組織」信奉一種消極的失敗哲學，因為誰也不能夠事先知道明天的事。如果認為明天將是一個無憂慮的理想國，那是胡思亂想。不過你倒可以建設一間屋子，盛載一切，還應該有一座花園，在疲憊

與悲傷中，推開後門，去看看清風明月，行雲流水，園子裡栽滿了智慧樹，開的是自在花，搭的是逍遙橋，流的是忘憂泉。

第七章
隨時準備

迎接機會的來臨

　　一位老教授退休後，巡迴拜訪偏遠山區的學校，傳授教學經驗與當地老師分享。由於老教授的愛心極和藹可親，使得他所到之處皆受到老師及學生的歡迎。

　　有次當他結束在山區某學校的拜訪行程，欲趕赴他處時，許多學生依依不捨，老教授也不免為之所動，當下答應學生，下次再來時，只要他們能將自己的課桌椅收拾整潔，老教授將送給該名學生一項神祕禮物。

　　在老教授離去後，每到星期三早上，所有學生一定將自己的桌面收拾乾淨，因為星期三是每個月教授例行前來拜訪的日子，只是不確定教授會在哪一個星期三來到。

　　其中有一個學生的想法和其他同學不一樣，他一心想得到教授的禮物留作紀念，生怕教授會臨時在星期三以外的日子突然帶著神祕禮物來到，於是他每天早上，都將自己的桌椅收拾整齊。

　　但往往上午收拾妥當的桌面，到了下午又是一片凌亂，這個學生又擔心教授會在下午來到，於是在下午又收拾了一次。想想又覺不安，如果教授在一個小時後出現在教室，仍會看到他的桌面凌亂不堪，便決定每個小時收拾一次。

　　到最後，他想到，若是教授隨時會到來，仍有可能看到他的桌面不整潔，終於小學生想清楚了，他無時無刻不保持自己桌面的整潔，隨時歡迎教授的光臨。

　　老教授雖然尚未帶著神祕禮物出現，但這個小學生已經得到了另一份奇特的禮物。

　　有許多人們終其一生，都在等待一個足以令他成功的機會。而事實上，機會無所不在；重點在於，當機會出現時，您是否已經準備好了。

　　如故事中小學生給我們的啟示，自己準備妥當，得以迎接機會的到

來，是可以循序漸進而學習的。

在過去的歲月中，或許我們一直在等待成功的機會，而耗去了過往的時光，卻等不到機會的出現。從今天起，在等候的同時，我們可以開始做好準備，讓自己保持在最佳狀態，以便機會出現時，您可以緊緊抓住，不讓它溜走。

起初，您可以在每週三準備好，讓自己迎接機會的來臨，接著是每天、每時、每刻，到最後，就能讓自己每時每刻都做好準備，隨時可以掌握任何成功的絕佳機會。

在這同時，您也將發現，由於您不斷地用心預備，自己所獲得的成長竟是如此之大。此刻的您，已然脫胎換骨，不再是昔日那個願意終其一生等候的人了。

您將蛻變成為翱翔於長空的巨鷹，而機會亦將隨時出現在您銳利的眼光之中。

不要虛張聲勢

虛張聲勢能幫助獲取成功嗎？不，絕對不。到頭來，你欺騙的是你自己。

莎士比亞說：「對己則誠。」他在久遠年代說的話至今讀來仍然擲地有聲。在當今極速變化的年代裡，太多的人成了生活的攫取者，卻很少關心他人的利益，這種行為方式永遠不可能帶來幸福和安寧。

虛張聲勢就是做作，當你虛情假意時，你就在欺詐自己和欺騙他人。虛假的行為方式使你變成一個徒有其表的人，隨之而來的是失望，最終自我毀滅。你的一半是生活中的你，另一半則是他人眼中的你。

一個人是不可能和大眾分離的；一個自欺欺人的人不可能生活得有價值，在生活中贏得成功。虛偽矯飾使人們為那些消極的、毫無意義的目的

虛擲太多寶貴的精力。

　　在強烈的陽光下，戴上有色眼鏡是為了保護眼睛。生活中，你切不可戴上有色眼鏡，讓整個生活變色，去扮演不屬於你的角色。如果戴了有色眼鏡，你就失去了敏銳的觀察力，你絕不會得到成功。以其本來面目觀察事物，以其本來方式生活處事，用善良誠實的眼光看待自己，你會突然發現幫助別人，你就能與他一起分享你的幸福，也會給你帶來極大的滿足。

耐心是贏家成功的基石

　　阻擋在你和重大成就之間的敵人就是缺乏耐心，勇敢地反省和檢討自己不夠耐心的原因，然後一一去克服那些弱點。

　　缺乏耐心是失敗的主要原因，成千上萬人的經歷已經表明，缺乏耐心是大多數人常見而共同的弱點。這一弱點完全可以透過個人的努力來加以克服，並取決於一個人欲望的強烈程度。

　　所有成就的起點是欲望。你腦中要時時記住一點，淡薄的欲望產生淡薄的結果，就如同小火只能產生少量的熱氣一樣。如果你發現自己缺乏毅力，只要在你的欲望底下燃燒起熊熊大火，就可以彌補這個缺點。

　　大衛是一個 5 歲的孩子，他特別喜歡葡萄。他的奶奶瑪麗決定去種一些葡萄藤，想必很有趣。那時正是春天，大衛與爺爺奶奶一起度週末。星期六早晨，他的爸爸買來了葡萄苗，挖了一些坑，然後把它種下去。

　　他白天幫忙挖坑提水，累了一天，那天晚上，大衛早早上了床。第二天清晨，大衛跑到爸爸的房間搖醒他，並驚叫道：「葡萄在哪裡？我到外面看過了，我們幼苗種下去，卻沒有長出葡萄。」

　　爺爺向他解釋說，起碼要花三年的時間，葡萄才會結出果來，我們只能耐心等候。

　　「三年是多久？」大衛問道。爸爸說：「哦，就是再過三個耶誕節。」

大衛顯然大吃了一驚，他回答說：「那麼久啊！」

爸爸遲疑了一會兒，沒有對他解釋，葡萄苗不可能一會兒之間長出葡萄來，他只是帶他到食品店裡買了串葡萄。為了彌補自己的粗心，他向大衛解釋，任何有價值的計畫，在耕耘與收穫之間，都必須經過一段相當的時間。

透過上面這個簡單而有趣的故事，我們可以好好思考一下耐心這個問題。

從一對夫婦決定要生一個孩子那時算起，一直到孩子長大成人，起碼需要 18 年。前人種樹，只有後人——甚至隔好幾代，才能乘涼。許多大企業在賺錢之前，已經奮鬥了數十年。若想成為成功的音樂家、醫生、工程師乃至各行各業的專家，都需要專注的努力與堅韌的耐性。

不管是 3 歲，還是 30 歲的年齡，我們都需要持久的耐心。我們需要它，因為它能幫助我們實現更多的目標。

忍耐力戰勝逆境

愛默生說：「我們向前走去，雖然形勢十分嚴峻，艱難困苦消耗著我們的生命，我們相信這是命運的鐵律要求我們做的，從沒想過要換一種生存方式以拯救我們的生命。這時，一本書，一尊雕像，或僅僅是耳邊響起一個聲音，我們的神經突然有所觸動，剎那間，我們意識到了自己的意志。要是沒有新的決心，我們自己就不能有任何的幹勁，不會有巨大的付諸行動的力量。」

在人生中剛剛起步的年輕人，要有決心把眼睛擦亮，不要讓任何可能有助於你進步的機會從你眼前溜走；要豎起耳朵，傾聽每一點聲響，這必將對你的人生道路有幫助；張開雙臂，你就能抓住每一次機會；對任何事情都保持著敏銳的洞察，必定有助於你在這個世界上出人頭地；利用生命中的每一次經歷，總結經驗教訓，最終描繪出自己絢麗的人生圖景；保持

開放的心態，你就能抓住一切使你感動的事物，得到有益的激勵。

擁有堅定的意志、決心穿越一切障礙、不斷奮鬥的人，他就永遠不知道什麼叫疲倦，永遠不知道什麼叫失敗，只知道向前、向前、再向前，征服一切，從周圍的人群中脫穎而出，最終到達他的目標，贏得勝利。他相信人生終將輝煌；在他那裡沒有「假如」或「可能」等字眼。

從逆境中奮勇，不斷鬥爭去贏得勝利，這是所有偉大成就的必經之路。想要實現成功人生夢想的年輕的男男女女，必須準備為生活奮鬥，要勇敢地和一切阻礙你前進的障礙開戰。年輕人應當勇敢地面對這樣一個事實：即困難不僅不可避免，而且它是取得任何偉大的成功所必須接受的磨練。而且，一切成功都是由征服困難的難度來衡量的。

耐心、毅力、勇氣，對崇高理想的執著和人生的主要目標，這些都是卓越人生所要求的考驗，無論男女，它們都是通向世界上最偉大的成功的階梯。

強尼認為，在任何環境下，無論是什麼情況，總會有困難、窘迫和痛苦存在。我們試圖逃脫他們，我們渴望得到保護，渴望一條平坦的大道，渴望朋友們為我們喝彩，渴望取得成功。但是，上天注定我們要經歷風暴、面對疾病、遇到敵人和遭受災難。其間最大的問題在於，我們是否有明確的人生理想，是否有堅定的信念，而不是膽小懦弱。

我們除了戰勝逆境之外，不能指望任何別的依靠。外部的惡劣形勢是被設計用來考驗我們的熱忱，用來激發我們的美德和能力的 —— 我們面對外界惡劣的形勢要有更堅決的行動，這樣，我們就能創造出新的力量來。

困難只是一種環境，只是人們奮鬥中的反向作用。當面對窘迫的環境、人為的或自然條件的阻礙、意想不到的時候巨變，或其他形式的災難時，我們不應該灰心喪氣；相反，我們內在的修養從來沒有比這時更能迅速地發揮作用，它激發我們充分地利用自身的資源，從上帝那裡獲得勇

氣,掃除一切障礙,促使我們鎮定、堅強,最終奔向理想的目標。除非通過這些烈火一樣的考驗,偉大就不成其為偉大,卓越就不成其為卓越。

勇敢出天才

成功者和失敗者都有自己的幻想。但失敗者常常空想名聲、榮耀和幻影,卻從不付諸行動。成功者卻比較實際。他們採取行動,朝著自己的目標勇敢攀登。他們沒有時間去空想,因為他們決心把希望和心願變為具體的現實。

成功者具有堅韌不拔的勇氣和毅力以及頑強不屈的革新精神,再大的困難也嚇不倒他們;面對種種阻力,他們艱苦創業,勇於開拓,堅定不移地走自己的路。成功者都有一個共同重要的品格,就是堅信自己的能力,而不管別人說三道四。

研究一下知名人士的早期生活就可以發現,他們過去曾經遭到老師或同事的反對和阻攔,但是,他們勇敢地反抗反對的意見,最終獲得成功。

迪士尼樂園的創辦人華特·迪士尼是美國動畫片導演兼製片廠經理。這位「娛樂大王」邁向事業頂峰的轉捩點是籌畫建造「迪士尼樂園」。

華特的樂園計畫遭到了主管財務和公司同事的反對,他們認為搞這項耗資巨大的工程簡直是異想天開。他又派 4 名職員周遊美國各地,蒐集人們對修建公園的意見。4 個人蒐集的意見一致認為華特太「狂妄」了。華特不為所動,決定按既定方針幹到底。

正如他所喜愛的作家馬克·吐溫說的「怪人是想法新奇的人 —— 直到這想法實現」。像很多成功的富豪一樣,華特拿出極大的勇氣和內在能力忽視周圍一切的反對。

華特這時對樂園的熱情已經大大超過了電影。華特說:「以前我們興旺發達,那是因為我們勇於冒險嘗試新事物。我們的公司不能止步不前,

我要搞出新東西來，我要把我的才能和精力都投到電視節目中去……這是了不起的事業，是娛樂界的一種新構想，這是全世界絕無僅有的東西，一定會成功的。」

迪士尼樂園裡的特別設施，以戲劇化方式表現創立美國的理想和艱苦事實，用以激勵全世界。「迪士尼樂園」的巨大成功象徵著華特的事業達到了巔峰，而他追求事業的恆心卻絲毫沒有改變。

兩千多年前，蘇格拉底曾經說過：對於長期公認的思想方式和生活方式，要經過重新考慮之後才接受下來，這是表示成熟的一個必不可少的品性。成功者勇於向權威人物和僵硬的原則提出質疑；他們具有創造性的想像力和勇氣，能夠勇敢地開拓新路，成為出類拔萃的人物。他們沒有被以前那些束縛人的規範標準捆住自己的手腳。

才能、熱忱與成功

成功與其說是取決於人的才能，不如主取決於人的熱忱。這個世界為那些具有真正的使命感並具有自信的人大開綠燈，到生命終結的時候，他們的熱情依然不減當年。無論面對什麼困難，無論前途看起來是多麼的暗淡，他總是想念能夠把心目中的理想圖景變成現實。

正是熱忱，使賽勒斯·菲爾德在 13 年的失敗以後，成功地在大西洋海底鋪設了電纜。

正是熱忱，使史蒂芬生（George Stephenson）的蒸汽火車到達了勝利的終點，儘管不斷地有人苛刻指責他。

正是熱忱，使富爾頓（Robert Fulton）的「克萊蒙特號」（汽船）在哈得遜河上成功試航，讓那些議論紛紛的人感到驚訝。

正是熱忱，使派翠克·亨利（Patrick Henry）發表了每個學生都喜歡朗讀的熱情洋溢的愛國演說。正是熱忱，或者說愛國的熱忱，使薛曼（William Tecumseh Sherman）將軍把敵人追擊到海邊贏得勝利。

有句話說得好，所有的自由、改革和政治上的成就，都是由那些富有熱忱的民族創造的。

熱忱，使我們的決心更堅定；熱忱，使我們的意志更堅強！它讓思想有力量，促使我們立刻行動，直到把可能變成現實。不要畏懼熱忱。如果有人願意以半憐憫半輕視的語調把你稱為狂熱分子，那麼就讓別人這麼做吧。

一件事情如果在你看來值得為它付出，如果那是對你的努力的一種挑戰，那麼，就把你能夠發揮的全部熱忱都投入到其中去吧，至於那些指手畫腳的議論，則大可不必理會。笑到最後的人，才笑得最好。成就最多的，從來不是那些半途而廢、冷嘲熱諷、猶豫不決、膽小怕事的人。

一個人要是把他的精力高度集中於他所做的事情（他是如此虔誠地投入其中），他是根本沒有功夫去考慮別人對他有什麼想法的，而世人也終究會承認他的價值。

對你所做的工作，要充分認識到它的價值和重要性，它對這個世界來說是不可或缺的。全身心虔誠地投入到你的工作中去，把它當作你特殊的使命，把這種信念深深植根於你的頭腦之中，要知道這就是上帝召喚你做的一件事！

有了熱忱，縱然歲月霜染我們的頭髮，奪走我們的青春活力，我們依然能保持年輕人的精神風貌。它是老年時的光榮，就好像是青春的魅力一樣。它甚至可以使一個老年人比年輕人更有力量。

格萊斯頓（William Ewart Gladstone）80 歲時，與有著理想的 25 歲年輕人相比，擁有 10 倍的活力；俾斯麥 80 歲的時候是多麼的精力充沛；第三代巴麥尊勳爵（Henry John Temple）75 歲的時候第二次出任英國首相，80 歲逝世時還在首相的任上；伽利略 75 歲時，眼睛都瞎了，身體十分虛弱，卻依然每天工作，修正鐘擺定律。

使老年人充滿活力的正是一個人內心如火的熱忱。人們對白髮垂髫者的尊敬在於，他們儘管身體虛弱、行動遲緩，卻依然有一顆火熱的心。《奧德賽》是一個雙目失明的老人創作的，那個老人就是荷馬。

「我寫作並不是跟上帝的安排和意志作對，」米爾頓說，當時他年邁眼花，貧窮艱苦，「但我心中的希望沒有絲毫的減退；我將堅持到底，繼續向前！」當他描寫伊甸園裡的第一對情侶的愛情時，歲月正無情地侵蝕著他的生命。

詹森博士（Samuel Johnson）最偉大的著作之一《詩人列傳》，是他 78 歲時寫成的。牛頓寫作他新定律的論綱時已經 83 歲了。柏拉圖 80 歲逝世時還在著書立說。

湯姆‧斯科特在 86 歲時開始他的希伯萊研究。瓦特 85 歲時還在學習德語。薩默維爾夫人（Mary Somerville）完成她的《分子與顯微科學》時已經 89 歲了。洪堡德（Alexander von Humboldt）完成他的《宇宙》時已 90 歲了，一個月後他就與世長辭了。

就像美一樣，源源不斷的熱忱，使你永保青春，讓你的心中永遠充滿陽光，它固然是上天的饋贈，然而也是可以透過培養得到的。記得有一位偉人如此警告說：「請用你的所有，換取對這個世界的理解。」我要這樣說：「請用你的所有，換取滿腔的熱情。」

因為正是熱忱，給懦弱者以新的勇氣，給心灰意冷者以新的希望，給那引起堅強勇毅之人以更強大的力量！

熱忱是工作的靈魂

誠實、能幹、友善、忠於職守、淳樸 —— 所有這些特徵，對準備在事業上有所作為的年輕男士或年輕女士來說，都是不可缺少的；但是，如果缺少熱忱 —— 這種熱情使他們強烈感覺到上帝旨意的召喚，把奮鬥看

作是人生的娛樂和榮耀，追求在這個世界上有所成就——生命將失去最迷人的魅力。

殉教者、發明家、藝術家、音樂家、詩人、大作家、大英雄、人類文明的先行者、每個大企業的推動者——無論他們來自什麼種族，什麼地區，不管在什麼時代——那些引導著人類從野蠻社會走到如今文明社會的人們，無不是充滿熱忱的人。

如果你不能使自己的全部身心都投入到工作中去，無論你做什麼工作，都可能淪為平庸之輩。你無法在人類歷史上留下任何印記；做事馬馬虎虎，只有在平平淡淡中了卻此生。如果是這樣，你的人生結局將和千百萬的平庸之輩一樣，不會有什麼根本的差別。

要知道，熱忱是工作的靈魂，甚至就是生活本知；年輕的男男女女，如果他們不能從每天的工作中找到樂趣，只是因為要自下而上才不得不從事這樣的工作，只是因為要生存才不得不完成這樣的職責——儘管心裡並不喜歡這樣的差事，這樣的人幾乎注定是要失敗的。

當年輕人以這種狀態來工作時，他們一定犯了某種錯誤，或者是他們錯誤地選擇了人生的奮鬥目標，使他們在與天性不適合的職業上艱難跋涉，白白地浪費著他們的精力；或者他們需要某種內在力量的覺醒。

他們應當被告知，這個世界需要他們做最好的工作；在造物主面前，半途而廢、碌碌無為的人將無法為自己提供合理的辯護。造物主賦予我們才能，並不希望我們在生命終結的時候用紙巾包著原封不動地歸還給他；而是希望我們運用這些才智，根據自己的興趣把他們發揮出來，根據各人的能力，使它增至原來的 10 倍、20 倍、100 倍。

可怕的難關，在懦弱膽小、心灰意冷者眼裡，似乎是不可逾越的障礙，然而卻無法阻擋一個滿懷熱忱的年輕人奮鬥前進的腳步！

從來沒有什麼時候像今天一樣，給滿腔熱情的年輕人提供了如此眾多的機會！這是一個年輕人的時代。這個世界讓年輕人成為真與美的新要領

的闡釋者。大自然的祕密，就要由那些準備把生命奉獻給工作的人、那些熱情洋溢地生活的人來揭開。

各種新興的事物，等待著那些熱忱而且有耐心的人去開發。各行各業，人類活動的每一個領域，都在呼喚著著滿懷熱忱的工作者。

如果不是無數的年輕人 —— 他們最讓人不可抗拒的魅力就在於強烈的、不竭的熱忱，我們到哪裡去尋找滿足這些要求的人呢？讓我們為青春高呼萬歲吧！在年輕人前面，沒有黑暗，沒有阻礙！他忘記了這個世界上還有什麼東西叫做失敗，他相信，人類新時代的大門已經開啟 —— 而這正是人類一直以來夢寐以求的一天！

特朗布林博士說：「世界上的萬物，由上帝創造，卻由年輕人掌握。」

拉斯金說：「所有藝術中最美麗的作品都是由年輕人創作的。」

迪斯雷利寫道：「幾乎一切事情，只要由年輕人去做，就會變得偉大起來。」

正是年輕人的海克力斯成功完成了 12 件偉業。當亞歷山大擊退亞洲人的入侵，把歐洲文明從生死存亡的邊緣拉回時，他只是一位青年。羅繆勒斯在 20 歲的時候建造了羅馬城。皮特和博林布羅克在他們成年之前就當了政府的重要官員。格萊斯頓在早年就進入了國會。

牛頓最偉大的幾項發現都是在 25 歲之前作出的。作家基茨在 25 歲時去世了，詩人雪萊在 29 歲就結束了他那短暫的一生。路德（Martin Luther）在 25 歲時就已經是一個成功的宗教改革者。伊格內修斯·洛約拉（Ignatius of Loyola）在 30 歲組建了他的社團。

喬治·懷特腓（George Whitefield）和約翰·衛斯理（John Wesley）在牛津大學讀書時就開始了他們偉大的學術復興運動；其中前者 24 歲之前就在整個英國頗具影響。雨果在 15 歲的時候創作了一部悲劇，在他 20 歲前就已經三次贏得了學術獎章，並獲得了碩士頭銜。

充實自己的內在

越沒有安全感，便越會表現「異常行徑」，藉以引起注意。

有的人表面威風凜凜、脾氣暴躁，或好勇鬥狠、凶殘暴戾，甚至加入各種「小團體」或幫派。其實，任何帶有「攻擊性」的行為模式，只是凸顯其內在的惶恐與焦慮，並且，只會帶給自己更多挫敗感與孤寂感而已。

肯定型的人，因擁有足夠的安全感，而不會刻意扮演弱者，企圖博得憐愛；也不必處處表現強者，以便壓制他人。

每一個人都需要有足夠的安全感，並清楚生命的支撐點，不能局限在偏激的一點上，必須越豐富、越寬廣。

有的人只仰仗財富；有的人只依賴愛情；也有的人只追逐權勢。而這些在虛幻的歲月中，常經不起一擊。

如果我們稍加觀察周圍那些沉著、穩定、鎮靜、樂觀的人，他們都會在生活中一點一滴地堆砌安全感，並拓展其豐富的層面，期使生命的支撐，由「點」成為「面」，讓自己站得更穩。

肯定型的人，會隨時檢驗、磨練自己在生活中的獨立自主性。

因此，在非肯定型人際互動中仍能「進出自如」，不受感染或擺布。

具有肯定型性格的人，不會與非肯定型性格的人同病相憐，日夜唉聲嘆氣，更不致處處散播「低迷氣息」，影響氣氛。

當然，也不與攻擊型的人一樣作威作福，存心操縱、吃定那些非肯定型的人，更不致對攻擊型的人凡事委曲求全、盲從附和、甘願受制；抑或魯莽衝動、喪失理性，結合或「問題小團體」，視製造人際紛爭為生活樂趣。

肯定型性格的人，在不斷的自我覺醒中，絕不讓自己跌入「病態共生」的神經質依附關係。

期待別人的掌聲，會讓自己活得非常辛苦。

因為，掌聲總是有停止的時候，更何況，有時候根本就沒有任何掌聲。

肯定型性格的人非常清楚：「凡事無法令每一個人都滿意！」自己就是再如何付出，別人也會有不同的聲音；肯定型的人了解人生最重要的，就是「盡自己最大的努力」。

在心理上，他會告訴自己：「能夠得到別人的肯定，是最好，但是，如果不能夠的話，我還是可以好好地活下去！」人非常脆弱，很容易受到傷害，也很容易被擊倒。但是，具有自我肯定型性格的人會不斷堆砌足夠的安全感，跳出與非肯定型或攻擊型的「病態共生」，並且，勇敢地自我確認。

如此，才能擁有強大的生存力量，使自己活得更為成熟、獨立、自主。

隨時反省

請你問問自己：「過去十年來，自己有什麼樣的變化？」

人是隨著時間而成長的，不僅形體如此，心智也是如此。十年前也許你認為金錢萬能，只要有了錢就算是擁有了世界。五年前你可能認為唯有事業成功這一生才算是沒有白過。現在呢？或許你會覺得唯有心境愉快才是生命的最終意義。

不管這十年來的改變如何，也不管改變是正面還是負面，你都得反省反省。因為至少你知道自己是個什麼樣的人，也會了解為什麼會有這樣的變化。

大多數人就是因為缺乏自省能力，不曉得自己一直以來的轉變，才會看不清楚自己的本性。而一個不曉得自身變化的人，就無法由過去的演變經驗來思考自己的未來，當然只能過一天算一天了。

再者，我們一切作為都和環境息息相關，過去的變化以及未來的動向都是和環境互動的結果。要是不能以正確的看法來解讀外在環境，當然也無從定位自身所處的立場。

如果能隨時反覆詰問自己過去的轉變，就可以找出以往看待事物的觀點是對是錯，若是正確，則往後當然可以繼續以此眼光去面對這個世界，萬一是錯的，也可以加以修正。如此，可以幫助你以後用正確的觀點去看待周圍的事物。

這樣做可以訓練你自知自覺，從而讓你在經驗中學習。自我反省是生命中的重要課題，而如果你想擁有更多的愛，就更應該沉著反省。許多人在與人決裂之後，總是花太多時間去想出了什麼錯，並且在對方身上鑽牛角尖而完全忽略自己的角色。

每個人至少都有一段已結束的關係。不論我 15 歲還是 50 歲，不論你是獨來獨往還是社交上的花蝴蝶，或既不獨也不群，你一定都有過某一種已結束的關係。這段關係也許不是親密的愛情，或只是一段友誼或一種工作上的往來，這並不重要，重要的是你所扮演的角色，是你當時有沒有做什麼，有沒有說什麼，才導致關係的結束。

自我反省的重點不在責備，而在責任。你曾經自願與這個人發生關係，而且一旦選了這個人之後，就有各種因素在起初維持，並在最後終結這段關係。那麼，你當時的角色是什麼？你變了嗎？他或她變了嗎？你的反應如何？這段關係起初是否不太坦誠，但是等到你較坦白時，關係也隨著結束？

這個人的某些地方你是否真的不喜歡，但一時卻容忍了下來？你是否在某一天終於決定不再容忍下去了？你是否早就對這段關係死心，但是卻由對方提出分手？

這些都是你必須自問的問題。如果懂得在一段關係中負起自己這方面的責任，尤其是在關係結束時，就等於向前邁了一大步，而且肯定不會再

犯同樣的過錯 —— 即使你只學到不再與同類的人交往。

　　對自己的角色要有認知，任何一種關係，即使是最不經意的交往，都不是單方面的事。如果你細察自己的角色，你就知道生命是由你創造的。你不是環境的犧牲品，你在創造環境。

尋求內在的平靜

　　富有的農夫在巡視穀倉時，不慎將一塊名貴的手錶遺失在穀倉裡，他在偌大的穀倉內遍尋不獲，便定下賞金，要農場上的小孩到穀倉幫忙，誰能找到手錶，給他 50 美元。

　　眾小孩在重賞下，無不賣力地四處翻找，但是穀倉內滿坑滿谷盡是成堆的穀粒，以及散置的大批稻草，要在這當中找尋小小的一隻手錶，這在是大海撈針。

　　小孩們忙到太陽下山仍無所獲，一個接著一個放棄了 50 美元的誘惑，一起回家吃飯去了。只有一個貧窮的小孩，在眾人離開之後，仍不死心地努力找著那塊手錶，希望能在天黑之前找到它，換得那筆巨額賞金。

　　穀倉中慢慢變得漆黑，小孩雖然害怕，仍不願放棄，手上不停摸索著，突然他發現在人聲靜下來之後，出現一個奇特的聲音。

　　那聲音「滴答、滴答」不停響著，小孩頓時停下所有動作，穀倉內更安靜了，滴答也響得十分清晰。小孩循著聲音，終於在偌大漆黑的穀倉中找到那塊名貴手錶。

　　成功的道路上，我們難免會遇上一些障礙，如何能夠越過障礙而直抵成功的終點，是我們必須學習與研究的重要課題。

　　日趨進步的社會，帶來日益繁複的各類資訊，甚至連帶使得人與人之間的關係也變得更加複雜。許多人認為想要成功，就得在這些複雜的障礙中理出一條清晰的大道來，方便自己行走。於是便求助於迷信或算命占星

等方式，企圖提早看清自己未來的方向何在。

正如故事中眾人紛亂地找尋手錶一般，如果不能真正了解成功的法則，再多的問卜算命，不僅是徒勞無功，同時也損失自己的金錢。其實，真正的大師應該是您自己。

成功的法則其實很簡單，而成功者之所以稀少，是因為大多數人都認為太簡單了，而不信或不屑去做。

專注與單純，是成功法則中極重要的兩項態度。正如故事中貧窮小孩一般，為了獲得巨額賞金改善生活，在眾人放棄後，執意要找到手錶，甚至克服了對黑暗的恐懼。而在穀倉安靜下來之後，當周遭環境不再複雜，他便輕易地找到了他所要的。

成功法則正如穀倉內的手錶，早已存在您的心中，只要您真的想要去找到它，讓自己靜下來，專注而單純地思考，您將可以聽到清晰的滴答聲。

循著您內心正面的引導，不受複雜的外力所困惑，您終將成為一位頂尖大師。

學習遺忘

上天賜給我們很多寶貴的禮物，其中之一即是「遺忘」。只是我們過度強調「記憶」的好處，卻反而忽略「遺忘」的功能與必要性。

例如：失戀了，總不能一直陷在憂鬱與消沉的情境裡，必須盡速遺忘；股票失利，損失了不少金錢，當然心情苦悶提不起精神。此時，也只有嘗試遺忘；期待已久的職位升遷，人事令發布後竟然不是你，情緒之低潮可想而知。解決之道無它 —— 只有勉強自己遺忘。

可見，「遺忘」在生活中有多麼重要！

然而想要遺忘，卻不是想像中那麼容易。遺忘是需要時間的。只不過，如果你連「想要遺忘」的意願都沒有，那麼，時間再長也無濟於事。

　　一般人往往很容易遺忘歡樂的時光，但對於哀愁的經歷卻經常憶起。換言之，人們習慣於淡忘生命中美好的一切；但對於痛苦的記憶，卻總是銘記在心。為什麼呢？難道我們真的如此笨拙？

　　不，當然不是。關鍵在於我們的「執著」。我們很少靜下心來檢查自己「已有的」或「曾經擁有的」，都總是看到或想到自己「失去的」或「沒有的」，當然難以遺忘。

　　的確，我們這一代的人，好像個個都太精明了。無論是待人或處事，很少檢討自己的缺點，總是記得「對方的不是」以及「自己的欲求」。其實到頭來，還是很少如願 —— 因為，每個人的心態正彼此相克。

　　反之，如果這個社會中的每個人，都能夠試圖將對方的不是，及自己的欲求盡量遺忘，多多檢討自己並改善自己，那麼，彼此之間將會產生良性的互補作用，這也才是我們所樂意見到的。

　　相信每一個人都希望重新見到過去那種不那麼功利的社會。大家都必須願意放下身段，一起來學習「遺忘」 —— 遺忘那些該遺忘的人、事、物。

放棄完美

　　美國心理學家納撒尼爾·布蘭登舉過一個他親身經歷的例子：許多年前，一位叫洛蕾絲的 24 歲的年輕婦女無意中讀了他的一本書，找他來進行心理治療。洛蕾絲有一副天使般的面孔，可罵起街來卻粗俗不堪，她曾吸毒、賣淫。

　　布蘭登說，她做的一切都使我討厭，可我又喜歡她，不僅因為她的外表相當漂亮，而且因為我確信在墮落的表相下她是個出色的人。起初，我用催眠術使她回憶她在國中是個什麼樣的女孩子。

　　她當時很聰明，但是不敢表現自己，怕引起同學的嫉妒。她在體育上

比男孩強，招惹一些人的諷刺挖苦，連她哥哥也怨恨。我讓她做真空練習，她哭泣著寫了這樣一段話：你信任我，你沒有把我看成壞人！你使我感到痛苦，也感到了期望！你把我帶到了真實的生活，我恨你！

一年半後，洛蕾絲考取洛杉磯大學學習寫作，幾年後成為一名記者，並結了婚。10年後的一天，我和她在大街上邂逅相遇，我幾乎認不出她了：衣著華麗，神態自若，生氣勃勃，絲毫不見過去的創傷。

寒暄後，她說：「你是沒有把我當成壞人看待的那個人，你把我看作一個特殊的人，也使我看到了這一點。那時我非常恨你！承認我是誰，我到底是什麼人，這是我一生中從未遇到的事人們常說承認自己的缺點是多麼不容易的事，其實承認自己的美德更是多麼難。」

為什麼真正做到放棄完美、自我接受不容易？因為自我肯定這個事實，使你必須真正保持清醒的頭腦。振作情緒，抓住機遇，迎接生活的挑戰，這就是自覺的生活，正面的心態。如果我對朋友沒有誠意，即不能自我接受、自我肯定，自己也會產生被遺棄的感覺。由此可見，自我接受是自信的意識和勇敢的行為！

真正要面對成功，就必須要學會放棄完美，不求完美，因為我們的確不是完美無缺的。這是一個令人寬慰的事實，我們越是極早地接受這一事實，就越能極早地向新的目標邁進，這是人生的真諦。

「成為你自己！」這句格言之所以知易行難，道理就在於此。沒有自我接受、自我肯定這個先決條件，我們怎麼會改進和提升呢？怎麼看待自我形象？

你站在一面全身鏡前，觀察自己的面孔和全身。你可能喜歡某些部分，而不喜歡某些部分。有些地方可能不怎麼耐看，使你感到不安，如果你看自己不喜歡的樣子，請你不要逃避，不要牴觸，不要否認自己的容貌。這個時候你就需要放棄完美，放棄「公有化」的標準，而用自己的標準來看待自己。否則你就無法自我接受、自我肯定。

法國大思想家盧俊說得好：「大自然塑造了我，然後把模子打碎了。」這話聽起來似乎有點玄妙，其實說的是實在話，並不適用於每一個人，可惜的是，許多人不肯接受這個已經失去了模子的自我，於是就用自以為完美的標準，即公共模子，把自己重新塑造一遍，結果彼此如此相似，失去了自我。

你要用自己的眼光注視鏡子裡面的自我形象，並試著對自己說：「無論我有什麼缺陷，我都無條件地完全接受，並盡可能喜歡我自己的模樣。」你可能想不通：我明明不喜歡我身上的某些東西，我為什麼要無條件地完全地接受呢？

接受意味接受事實，是承認鏡子裡的面孔和身體就是自己的模樣。接受自己承認事實，你會覺得輕鬆一點，感到真實和舒服了。時間不長，你就會體會到自我接受與自信自愛之間的相輔相成的關係。我們學會接受自我，才會構建屬於自己的頭腦。

毅力是人生的至寶

西元 1956 年，上校哈蘭德・桑德斯（Colonel Sanders）一臉無奈地看著一條新建的跨州高速公路，在離他的飯館 7 里外的地方通過，他知道，他在肯塔基州科爾賓鎮的這家飯館，會因為新建的公路而失去許多客人。沒有穩定的客源，他將很難把生意支撐下去。

66 歲的上校並不是輕易認輸的人，他靠著一張烹製炸雞的神祕菜譜和不懈的毅力扭轉了乾坤。意想不到的中途轉軌，造就了後來的龐大的肯德基帝國。

西元 1890 年哈蘭德・桑德斯生於美國印地安那州亨利維爾附近的一個農莊。他 6 歲時，父親就去世了，母親不得長時間工作以維持生計。她白天在罐頭廠剝馬鈴薯，晚上幫人家縫衣服，留下 3 個孩子自己在家做飯。

桑德斯是老大，每次做飯自然是由他掌灶。

他 12 歲時，母親改嫁。繼父不喜歡小孩，母親也不喜歡桑德斯，才讀到 7 年級，桑德斯就被送到格林伍德一家農場去做工了。

在農場做了幾年以後，桑德斯決心出去闖世界，走自己的路。在接下來的25年裡，桑德斯做過的工作像他試過的帽子一樣多：他當過粉刷工、在電車上賣過票、開過渡輪、賣過保險、當過兵、在鐵路上工作過，他甚至得到過一個函授法律學位，使他能在肯薩斯州小石城當上一段時期的治安官。在不斷的轉換工作中，他始終相信，他會有自己的事業。

西元 1929 年，他終於在科爾賓開了一家加油站。他仍然喜愛烹調，經常給妻子和孩子們烹製他的拿手好菜 —— 炸雞。他們一家人就住在加油站旁邊，來加油的人常常能聞到從他家飄來的陣陣香味。後來，桑德斯就在家裡飯廳的餐桌上對外供應現做的飯菜，而炸雞往往是必不可少的一道主菜。

沒過多久，來用餐的人就多得使小小的餐廳無法容納下了。桑德斯搬到街對面一個有 142 個座位的飯店裡，起名叫桑德斯飯館。他這個廚師的名聲越來越大，西元 1935 年，肯塔基州長魯比·拉馮（Ruby Laffoon）授予他名譽上校頭銜。新上校別出心裁，在飯館旁邊加蓋了一座汽車旅館。桑德斯飯館兼旅館，早在著名的霍華德·詹森汽車旅店建成之前，成為第一個集食宿加油為一體的企業。

桑德斯希望保持那種特有的風格，那種家庭氛圍，因為他知道顧客喜歡像一家人吃飯那樣，不用菜單點菜。

但隨著顧客的增加，他越來越難於做到顧客要什麼，他很快就能端上去。桑德斯到紐約康乃爾大學學習飯店旅店業管理課程，幫他解決了一些管理方面的問題。但要為那麼多的顧客很快地將炸雞端上桌，卻不是個容易解決的事。他總是一邊手忙腳亂地為顧客炸雞，一邊聽著急的顧客在旁邊不停地抱怨。

　　壓力鍋的發明，對桑德斯上校真是天賜福音。它可以大大縮短烹製時間，又不會把食物燒焦。西元 1939 年，桑德斯買了第一個壓力鍋。經過實驗，他可以如他所期望的那樣，用它在 15 分鐘內把雞炸好，而他用 11 種香料調製的炸雞佐料也日臻完美。

　　由於他的食品口碑甚佳，營業場地寬闊，眾多食客趨之若鶩，即使在 1930 年代大蕭條時期，桑德斯也是精神煥發，幹勁十足。

　　到了 1940 年代，他的生意曾經受到很大威脅。由於二次大戰期間實行汽油配給，光顧他的飯館的遊客流量大減。營業狀況太差，他不得不關掉飯館。但是大戰一結束，上校的飯館就重新開張，並在幾年時間裡保持著穩定的收入。

　　到了 1950 年代初，桑德斯的資產已經上升到 15 萬 5 千美元。這筆資產，加上他的銀行存款和每月的社會福利金，足以保證他一家人過舒適的生活了。

　　然而外界的變化再一次威脅到他的安穩生活。新建橫貫肯塔基的跨州公路計畫最後確定並向大眾公布了，這對桑德斯是個很大的打擊 —— 公路將在科爾賓幾里外穿過。跨州公路對遊客是好事，卻要奪走桑德斯的大批顧客，走新公路的遊客不可能再來光顧他的飯館了。新公路通車後，桑德斯的生意急轉直下。

　　到西元 1956 年，桑德斯只有變賣資產來償還債務，所得款項只相當於公路通車前他的總資產的一半。為了償清債務，連他的銀行存款也用光了。一下子，哈蘭德·桑德斯這位昔日受人尊敬的上校，已經面臨在貧窮潦倒中了此殘生的局面。

　　桑德斯終日冥思苦想，琢磨怎樣擺脫困境，突然想起他曾經把炸雞做法賣給猶他州的一個飯店老闆。這個老闆做得不錯，所以又有幾個飯店老闆也買了桑德斯的炸雞佐料，他們每賣 1 隻雞，付給桑德斯 5 美分。絕望

之中的桑德斯想，也許還有人也願意這樣做。

於是，桑德斯帶著一個壓力鍋，一個 50 磅的佐料桶，開著他的福特汽車上路了。身穿白色西裝，打著黑色蝴蝶結，一身南方紳士打扮的白髮上校停在每一家飯店門口兜售炸雞祕方，要求給老闆和店員表演炸雞。如果他們喜歡炸雞，就賣給他們特許經營權，提供材料，並教他們炸制方法。

飯店老闆都覺得聽這個怪老頭胡說簡直是浪費時間。桑德斯的宣傳工作做得很艱難，頭兩年，他拜訪了 600 多家飯店，只有寥寥幾個飯店老闆把炸雞加進自己的菜單。然而，他堅持著做下去，終於取得了突破，從此，他的業務像滾雪球般越滾越大。

到 1960 年，已經有 200 家飯館購買了特許經營權。70 歲的桑德斯被要與他合作的人團團包圍，要買特許經營權的餐館代表還在蜂擁而至。桑德斯建起了學校，讓這些餐館老闆到肯德基來學習怎樣經營特許炸雞店。

一身南方紳士打扮的上校烹製肯德基炸雞的形象，吸引了眾多記者的電影主持人。沒有多久，桑德斯修剪整齊的白鬍子和黑邊眼鏡就成為全國知曉的標記。桑德斯經常開玩笑說：「我的微笑就是最好的商標。」

他這個活廣告的效果奇佳，以至在西元 1964 年桑德斯售出了全部專有權之後，這些權益的新主人還付給他一筆終身薪水，請他繼續擔任肯德基炸雞的發言人，廣泛進行宣傳。

就在他 90 歲高齡辭世前不久，每年還要在長達 70 多天的旅行，四處推銷肯德基炸雞。桑德斯的實踐證明了，不僅可以在晚年開拓一項新的事業，而且還可以創建一個非常成功的產業。肯德基炸雞現在已經在近百個國家開設了上萬個連鎖店。

如果桑德斯當初沒有相信自己產品的信心，沒有行動到底的毅力，今天的肯德基炸雞恐怕早已失傳了。

　　桑德斯上校的成功正說明了一個問題，那就是「毅力是人生的至寶」，如果你有毅力，年齡並不是成功的障礙。

第八章
學會欣賞自己

欣賞的能力

欣賞是構成享受的兩個基本要素之一。

欣賞，是「喜歡某個事物 —— 讚佩它、鍾愛它、對他動心，甚至也許愛慕它。」

欣賞之鑰是「時間」。

欣賞的性質是「製造」時間。時間是珍貴之物。要欣賞東西，我們必須將這珍貴之物拿一點來用在我們欣賞的物品上。

不妨做個試驗。在你目前的環境裡找個平常的東西，你能拿在手裡的。什麼都可以。拿起來。好，用足足五分鐘注視它、感覺它、品味它、探索它。

你是不是比較欣賞那物品了？請注意，我們可不曾要求你欣賞它。我們只是請你花一點時間，探索它。花了時間，自然而然的結果就是欣賞。

在人方面，道理尤其如此。人喜歡受欣賞，而欣賞又是極好玩的事。威廉‧詹姆士（William James）說：「人性裡最深的原理是受欣賞的渴望。」

太渴望別人欣賞，就是自找麻煩了。提希‧謝說：「太依靠別人的認可，人生如坐針氈。」

解決的方法是，不去找欣賞我們的人，學習欣賞自己。怎樣做？很簡單。在自己身上花時間，花時間陪自己。了解一下我們這輩子每天晚上都一起睡覺的這個人。

欣賞是一種積極的選擇。我們「選擇」花時間發現某物或某人的好處，這需要紀律與集中心神。我們必須尋找這好處，即使物品看來不好。我們的習慣反應可能是「我厭透了這東西」或「我不喜歡它」。下了功夫，我們就能超越這習慣反應，做出一種比較愉快、比較有樂趣以及比較豐富的反應。

　　李格斯博士說：「知道最好的人或事物裡也有邪惡，是件傷心事，發現最壞的裡面也有善，是個喜悅，這喜悅遠遠抵過那傷心而有餘。」

　　如何增加我們的欣賞能力？練習、練習、練習。有什麼是可以「經常」拿來練習的？當然，就是我們自己。艾迪遜寫道：「能不理人群的掌聲，無求於人群也自得其樂者，是偉大的人。」

　　多看自己而不一味求別人欣賞，就會發生一件極為奇妙的事：別人似乎比較欣賞我們了。當然，不是所有人都如此 —— 有的人會說我們「虛榮、以自我為中心、自負」。沒錯，我們大概怎麼做也不會得到這些人欣賞。

　　學會欣賞自己，當我們比較欣賞自己的時候，會更多地得到別人的欣賞。

　　另一個提升欣賞能力的方法是 —— 肯定。

　　試試以下的肯定：

　　「我欣賞我的生活。」

　　「我欣賞我自己。」

　　「我欣賞我的財富。「

　　「我欣賞我的健康。」

　　「我欣賞我的幸福。」

　　「我欣賞我的從容。」

　　「我欣賞我的富有。」

　　「我欣賞我對人的關切。」

　　「我欣賞我的與人分享。」

　　「我欣賞我的學習。」

　　「我欣賞我知道自己要什麼。」

　　「我欣賞我的機會。」

「我欣賞我懂得享受樂趣。」

「我欣賞我的平衡。」

我們周圍大多數事物我們都視為理所當然，我們對它一無所知。欣賞 —— 即花時間尋找其中的好處 —— 能幫我們克服無法享受既有財富的基本限制之一：無知。

學會割捨

割捨是生活中很重要的一件事：無論是事業或者生活，如果把自己弄得太複雜，負擔太沉重，甚至弄不清楚主次，那就會亂成一團，削弱清醒的回應能力。這不但對事業的發展無益，對於身心健康、乃至家庭生活、子女的教育都會有害。

割捨能保持自己身心的平衡，能集中精神把諸事做好。「精誠所至，金石為開」的古訓，是要全神貫注才辦得到，而割捨正是它的必要過程。

在農村，果農在採收這後，修剪果樹。他們清楚割捨的道理 —— 如果捨不得剪掉一些枝椏，枝葉就長不好，果子也跟著欠收。他們剪掉一個枝頭，會長出好些個新芽新枝來，跟著就開了許多花苞，結出碩果纍纍的果實。生活與工作也是一樣，割捨能帶來豐收和健全的發展。

割捨當然是就你既有的才能割捨。如果你手頭沒有，卻要割捨它，那只能說是消極的逃避或退卻，而不是在割捨中尋求成長。有些人割捨許多該做的事，放棄應該學習的東西，還振振有詞地說自己肯作割捨，其實那是自甘墮落。這些人容易變得消極、蒼白和失落。

更不幸的是，他們還編了一套說詞，自以為清高，他們很容易成為失敗者，不斷地逃避下去。因此，當你面臨割捨之際，要清醒覺察，要避免錯把逃避當割捨。

做割捨的同時，必然也做了抉擇。因為割捨之後，就必須把握既定目

標，全力以赴。倘若割捨這後，自己變得無所事事，那就值得檢討了。

此外，抉擇就是清楚地劃出目標，做出決定：古人所謂「當斷不斷，反受其亂」，就是要從模糊中找出正確的目標，及時做抉擇。

過去蘋果電腦公司推出首創的麥金塔電腦，使用起來方便有效，儼然成為電腦界的主導產品。可是該公司不願意授權其他廠商使用其作業系統，發展上有了局限。後來。微軟公司為 IBM 及其他相容電腦開發了 Windows 系統，他們授權給任何付得起價錢的製造商，使用他們開發的軟體，銷售量快速增加。後來，蘋果公司決定發特許權，但大部分電腦製造商，都已與微軟簽了合約。

凡事要當機立斷，想清楚了就要有所取捨，不可以拖泥帶水。人們很容易執著於現狀之中，以為那就是獨一無二的答案。事實上，執著於一個選擇和多思多慮作不了抉擇，同樣會坐失良機。考慮得太多，凡事要等到有百分之百的把握才去做，就會做不了決定，良好的機會也悄然流逝。

猶豫不決，表示割捨不了某些眼前的好處，或者自己正沉溺於過去的習慣，不敢面對新的挑戰。事實上，越順從的人，在做取捨時越困難，越安於現狀的人，越捨不得眼前的好處。他們越會在得與失這間徘徊，在進退之間舉棋不定。

管理學上研究指出：做決定慢的公司，在同樣時間內，所蒐集的資料，比做決定快的公司要少得多。很明顯，猶疑不決也會影響決策過程。

每一個人都有猶豫不決的時候，不善於割捨的人會不斷地拖；當機立斷的人經過幾天的思考之後，會拿出勇氣做決定，然後全力以赴去完成它。但是，你必須盡力蒐集資料，認清真實，切勿匆匆做決定，盲目下賭；而是認清事實，承擔割捨的痛苦，努力爭取自己所要的結果。

每一個新的決定，都會割捨一些現有的利益，請不要吝於那些利益，割捨它吧！因為割捨之後的衝勁，會為你帶來新的發展空間。

擁有一顆單純心

　　人若以單純的心去生活與工作，即使是艱難的處境，也會充滿喜悅。反之，若以複雜的想法去看待，就算順利騰達，也會陷入紛繁痛苦之中。單純是生命的活水，是閃亮的智慧，我們的愛與活力，都來自它的孕育和滋潤。

　　你若能以單純的心，去面對生活和工作，就會有創意、有快樂；反之，若以一種操控的態度看它，生活就會變得令人心煩。

　　你可以試著買一束花，無心地把它插起來，放在客廳裡，很容易能感受到美和喜悅。倘若你插一盆花，是為了朋友要來，要顯示你的花藝給他們看，插花就變成一種負擔。

　　朋友的母親常把淘汰下來的花，找幾朵還有生機的，插在一個小小的花瓶裡。她說：「這幾朵花又再度呈現生機。只要你不拿它跟新鮮的花相比，這幾朵殘花還是無比的美。」我們常被她的雅興所感動。不比較所流露的美就叫單純之美，是生命世界中閃亮的智慧。

　　一位城裡的朋友到田裡工作，要幫忙圍籬笆。有一次他砍下柳枝插在地上，希望它能生根發芽，成為一株柳樹。他特別留下幾處枝椏，長輩見了問他：「留下這些『鬍鬚』要做什麼？」他說：「這樣可以長得比較快呀！」長輩說：「不單純、拖泥帶水是不可以的。」長輩要他把枝椏通通剪掉，「只留下主幹釘在泥土中，自然會長出枝椏，留著枝椏反而長不出枝葉來，注意！單純才有力氣。」

　　很多人以為什麼都不想叫單純，不必周密地思考及計畫事情才叫單純，這是錯誤的。大家不要把單純這兩個字如此誤解。單純是一種心智，是一個人的生活中的智慧。

　　單純使人感覺清醒，使人容易專注，使人喜悅。不單純呢？不單純就會使人變得複雜，身陷諸多紛擾之中。單純的人深通知足之道，能真正感

受到自由與清醒，也因此能減少許多障礙與煩惱，從而表現出專注、創意和活力。

西元 1921 年美國心理學家李威斯·托爾曼對當時的 1,400 名天才兒童進行追蹤調查；後來，由他的同僚繼續他的研究，並發表一篇研究報告，發現兩個重要的觀念：其一是天賦超群並不是成就的保證，有許多天賦超群的人最後並沒有得到成功。其二是成就顯赫者與無成就者最大的差別是，前者願意將精神集中在要做的事情上。這就是所謂的單純。

心理學家布魯姆（Benjamin Bloom）曾經調查一群有成就的專業工作者，包括鋼琴家、雕塑家、數學家、精神病學家、網球名將及奧運的得獎者，了解他們到底花多少時間才成功？天賦是否真的如此重要？

結果發現一項有趣的事實 —— 這些人平均花了 19 年才拿到第一個冠軍。一個人的成就絕非靠運氣得來，而是持續不斷努力的結果，這需要單純的心智才能辦到。一個失去單純心智的人，沒有辦法將工作與目標付諸實現。唯有單純者才會不顧旁人的眼光，一心一意做下去，實現閃亮的心智和目標。

豐田汽車的創辦人豐田佐吉是從發明自動紡織機起家的。他的爸爸是一位木匠，而佐吉自己連小學也沒畢業，但他下定決心要當一位發明家，下苦心學習、觀察織布機的操作，參觀東京機械展覽，終於累積到足夠的知識與經驗，發明了一架自動織布機，而他的發明比當時英國的自動織布機快上 10 倍。

如果你想成功，第一件事是要確定自己的目標，把目標訂下後，就用一種單純的心智去擁抱它，不要東換西換。當然了，在立志之前要先了解自己真正的興趣、喜好，並能醉心於此，自然能有勇氣接受挑戰。其次，要懂得請教高明。一個肯去請教高明的人，內心必然常懷單純之心。而不斷地請教高明、擴充視野、累積經驗，終有突破性的發展。

　　生命應以一種單純的方式去實現和體驗。人活得越複雜，便越不能自在地揮灑自如。如果能以單純的心去實現自己，心存單純即能掌握所有，盡情展現自己的生活空間。

多思考你能辦到的事

　　很多人想當蕭伯納（George Bernard Shaw）、湯瑪斯，或者愛迪生。但是究竟有多少人能不斷地努力、學習、訓練，盡其所能找出什麼適合於他自己，而達到這些人的成就與地位呢？

　　對於一本書的作者來說，每一本書都代表他們經過多少歲月的心血。人要付出必須先有收穫：不讀書怎能寫書？假如你空無所有，你又能寫出什麼呢？

　　現在我們給你一個真正的智力挑戰，一個月之內想出某些前面提到的那些人所未發現的境界。方法是，當你念一本書的時候，不要讓作者幫你想完了。在某一個句子、某一頁，或某一章之後，停止念，開始想。

　　從這樣作為開始，然後把書中所表現的思想溶於你自己的生命中。如何在明天應用這些想法，勇敢地進入新的知識領域。

　　最後，不要停止想下去，一直想到能有一個創造性的觀念出來。曾經有一個具創造性智力的人想把針眼倒裝。雖然只是小小一件事，但是從這觀念卻發明了縫紉機。興登堡防線的確不易通過，所以你得找無人地帶，深入地找到你要攻擊的目標。

　　也許你要說，這些聽起來太偉大、太崇高，超出我的能力之外。我不是天才，我沒有辦法做一個科學家、一個作家。不錯，讓我們不再去想那些我們辦不到的事，先想能夠辦得到的。難道你願意到此為止嗎？是不是已經盡你所能？我敢擔保你並未盡力。所以現在首先要做的是你還有多少的知識能力是能做而未做的。不要怕去利用這些能力。

　　請記住，一個有價值的東西，如果與人分離，其價值也地增加。念過的書跟朋友討論，或借給朋友看，先在書的精彩之處加上圈點。你會覺得很享受。早上看報看到一段另外一位朋友也有興趣的新聞，剪下來送給他，不就能增長知識嗎？講出一個精彩的故事給人聽，等於把故事更深入地記在腦海中。把一個偉大的觀念送給朋友，朋友也送一個偉大觀念給你。因此你們都有兩個新觀念。付出不就是能增加嗎？

　　也許你完全同意這一說法，但不一定會去做。或東試試西試試，有心無意地去做。但是你是探險家，與他們不同，你必須警覺，你不可以有心無意地利用你的頭腦。把你的思想裝在最大排檔上，並且與人共用。不但不會減少你的知識，反而會加速成長的。

保持自尊

　　假使你的自尊過低，你的內心早就被這些幽暗思想所充斥了，就沒有容納其他想法的餘地。你會不斷地去追求使自己不要那麼糟，不然就會做出一些符合你對自己最壞估算的事情，倘若你是一位狂妄自大的人，並不是因為你花太多心思在自己身上，而是你太不在意自己，以致有相當多的時間耗在負面的想像之上。

　　有些人一直會搞不清楚自尊心低落與謙卑的差異。事實上，它們並不相同，甚至沒有太親近的關係。一個人只有在肯定自己的價值之後，才會懂得謙卑。謙卑的人才有失去或貢獻價值的機會；你無法貢獻或失去原本就沒有的東西。

　　自尊心低落的人是如此的脆弱，以致於任何事情 —— 甚至是最微不足道的錯誤、侮辱、或者麻煩 —— 都足以對其構成威脅。所以，你很難去承認你的錯誤（無論是多小的錯誤都令你無法忍受），更別說去道歉了。

　　此外，你也很難去服務他人——除非別無選擇——因為服務別人也會對你脆如蛋殼的自尊心造成脅迫。相反地，耶穌雖然知道自己是神之子，他仍懂得謙卑，亦不覺得服務他人有失身分，縱然是為其門徒洗腳這類事情。

　　自尊心低落會使你認為自己一文不值，接著可能會導致你討厭自己或是自我憎恨。它讓你覺得自己絲毫不具備你所尊敬的那些特質。你可以在啟示錄裡所提到的四位騎師身上——其名字分別是挫敗、殘缺、遺棄、窮苦，看到自我價值欠缺時的模樣。

　　你從消極的角度去接觸生活，因為你看自己的觀點就是頹廢不振的，而你的世界不過是這些消極事物的投射罷了。

　　然而再次地，我們又會聽到有人這樣說：「可是我就是這樣的人，你究竟要我怎麼做？閉上眼睛，假裝自己是個大人物嗎？」對這些問題，你通常已經準備好了答案：「其實，這就是我們希望你做到的，除了你不需要假裝成大人物之外。」

　　現在你又回到前面的問題，即你又面臨一個角度選擇的問題了。沒錯，每個人的內心都有無數的負面物質存在，鋒太教和基督教均稱其為「罪惡」，不管你怎麼稱呼它都無所謂。

　　從聖經的角度來看，人類的特質既含有崇高的神性，亦含有故意的不從。這說明了雖然有很多令人沮喪的事物發生，但同時也有無數鼓舞人心的情狀存在。這只是你要把注意力放在哪一邊的問題而已。

　　因此，任何你認為自己毫無價值、有缺陷等等不好的看法，都是你對自己的本制裁失之偏頗的觀點。這是對於事實的扭曲，是一種錯誤的認知，而這種扭曲接著就誤導了你的想法與生活態度。它同時也是一種對於自己的限度的一種過度反應。

　　就像大衛・伯恩斯（David D. Burns）所講的：「它將一個微不足道的小錯誤，放大到一場無法收拾的大災難。」

這種偏頗的角度，不但扭曲你的自我認知和你對世界的看法，也會影響到別人對你的態度。如果你擺出一副「天生輸家」的樣子，別人也就會理所當然地摒除對你的好印象，進而認同你所扮演的角色。

這會形成一種惡性循環，因為你會看見自己扭曲的形象出現在他們的眼中，而使你進一步「確認」自己就是那副德行。

根據研究顯示，人們在處於沮喪狀態的時候會失去清晰思考的能力。有時候他們脫序的思慮不見得異於精神病患者。伯恩斯認為，我們用來抵抗自己的無價值怕大事機制，通常就是非理性思考。低自尊的人可以正確無誤地描繪出他們「看見」了什麼，不過這個「看見」本身就是有失偏頗的。

很明顯地，假使你想使自己掙脫這種扭曲的形象，光靠著藥丸或是機器是起不了作用的 —— 不管這臺機器有多高明，而這種偏頗的想法也不是用手術就能去除的。別人或許可以幫助確認或至少是接受你新的自我形象，但是沒有人可以為你造就一個。只有你自己才可以揭開消極的真面目，看看裡頭到底有什麼：一個還不錯的自我，打從一出生甚至在母親的肚子裡就已經形成了，而且強壯得可以抵得住負面事實的打擊。

這不是要你對世界上或是你體內所存在的邪惡視而不見。人類史上的大屠殺以及其他的暴行，並不會因為你的漠視就會消逝無蹤。同樣地，這些積極、建設性的事物也不會因為你不注意它們而失其存在。你必須選擇將注意力放在哪裡。至於你的自尊會是怎樣的情形，請做下面的自尊評量表。

海格提自尊評量表

1. 我經常無法掌握新的狀況。
2. 我會習慣性地責備自己的錯誤及短處。
3. 我迫切地需要增進我的價值和優點。
4. 我非常在意別人的想法和說法。

5. 我喜歡責備他人並希望他們得到懲罰。

6. 我傾向於將自己的才能、財富以及成就看得不那麼重。

7. 我覺得自己很容易受到別人的意見、批評或是態度的影響。

8. 我是慣於取悅群眾的人。

9. 我十分喜歡談論別人的事。

10. 我經常因為自己的錯誤、不便和困難而責怪他人。

11. 我是一個無可救藥的完美主義者。

12. 我習慣與他人比較以肯定自己的價值。

　　根據克裡托夫·海格提的說法，如果你正面的回答較多，那麼你可能較缺乏自尊。要是你正是這種人，現在該是你選擇半空或是半滿的人生角度的時候了。假使你願意用半空的角度來看你的人生，就義無反顧地去做，這是你自己的選擇。但是千萬不要動輒對事物的情況 —— 也是你的情況 —— 牢騷滿腹，因為這是你自願選來看自己的角度！

　　如果你是一位信仰虔誠的人，你必須了解到，這種選擇是上帝的最大褻瀆，因為你等於在指責上帝是個糟糕的造物者 —— 粗心、荒謬，甚至兩者皆有之。你正在侮辱上帝依其形象塑造的信念。

　　而假使你是個無神論者，你必須將你的負面看成是對人類本性的反動，你不會天生就注定是個不完整的人。不管你對人生的看法如何，你要知道沒有任何事物可以讓你覺得自己不如人。要是你有這種想法，也是自找的。

　　但請牢記在心！倘若你可以那樣對待自己，自然也可以不那樣對待自己。玻璃杯裡既是半滿也是半空。至於其是空是滿就完全看你的取捨。而你所選擇看到的，也就是你會得到的。

你是一位得天獨厚的人

我們現在正在發現的旅途之中，我們的任務是尋找像你這樣有勇氣、勇敢冒險不怕困難的人。我們要尋找的你，是一種極難得的人。你能勇敢地面對生命，隨時準備迎頭痛擊那些阻礙你前進的一切困難，世界因此跟著你的腳步向前邁進。

現在我們要向你透露一種只有極少數人知道如何運用的祕密力量大無畏和勇於相當的力量，這就是足以擔當重責大任的力量。一旦你擁有這種力量，你將搖身一變，不再是從前的你了；一旦你有了這力量，你就會不斷地鼓勵別人去尋找這種力量，並且你越想去鼓勵別人，你自己的這種力量也越加強大。

這種力量似火一般地燃燒著你的心。它鼓勵著你、鞭策著你，永不熄滅。它使你眼界大開，照亮你未曾預見的生命和生存的領域。到時候你會按捺不住自己的心而蠢蠢欲動，因為它在你醒著的每一時刻都在燃燒你。你會在眩目的榮光中帶領成百成千的人來尋找它的光、熱和力量。

要擁有這個強大的力量，就得有大勇氣。我們應該深知，每個人都充滿了未開發的才智和潛能，這些才能之所以一直被埋沒，是因為它的主人缺乏勇氣把它挖掘出來，並且加以利用。每一個人只要稍敢挑戰，就會表現得更加自如。

淘金的人告訴我們，總有一個地方可找到金子；也許在河床上，也許在山裡。尋找有勇氣的人也一樣；也許在窮鄉僻壤的小木屋裡，也許在金碧輝煌的城堡中。不管你是哪裡的人，不管你窮或富，只要你下定決心，那就等於你已報名參加這個追尋偉大目標的隊伍，並向前邁進了。

威爾斯告訴我們如何判定一個人的成功與失敗。他說：「財富、名譽、出身和能力都不足以作為衡量一個人成功的條件。唯有能不斷自我突破，不斷擴大自己的領域去服務別人，這才是衡量一個人成功與否的條件。」

現在你得開始你生命中的聖戰之旅 —— 向一種更高、更佳的境界挑戰。你知道你會變成比現在更能幹的人。你以前沒有，那是因為你不「敢」。一旦你鼓起勇氣，不再隨欲浮沉，正視人生，你的生命就會有一種新的意義。你的內在機制馬上會武裝起來，馬上有新的力量等著你去動用。

有誰願意一生只做一些無足輕重的瑣事？有誰願意永遠做沒有興趣的工作？有誰願意一生只是為了追求名利？我們每個人努力去追求的是生命中代表永恆的東西，追求一種可以把你的天賦發揮至極的工作 —— 這就是你應面對的挑戰。

假如你只有充分的能力，卻缺乏明確的目標，這樣也等於你有了槍和子彈而不會用它。你得學會去瞄準一個你能打得中的靶子。

勇氣與奉獻可以使人的內在機制成長，使人的性格更加堅強。如果你勇於貢獻出自己的才智，你的身體、人緣、品格都會增強，你的勇氣也會愈來愈大。付出愈多，所得愈多；你獻出生命，但是你反而得到一個更豐富的生命了。這個原理你可以終生享用。

堅信生活是美好的就能獲得快樂

東方哲人孟子曾說過：「當天下人皆不快樂的時候，我如何能獨樂？」這位哲人所說的是一個值得探討的問題。

如果我們看不到快樂的人，我們便會斷定；人生的真意本不在快樂；而當我們有了一段快樂時光，我們早就在心裡預言這是短暫的。可是，假如這位思想家要是這麼說：「你們看我，我是這麼快樂，你們也可以和我一樣，只要你們肯追隨我。」這麼一來，他的信徒就會認為「快樂」是人生的常態，而世界上至少有一個教派，其百萬信徒都是快樂的人！

從這個例子，我們再次看出一個人可以影響一群人，甚至上百萬人。

正如許多新發明一樣，原本沒有人有這種想法；同樣地，在佛羅倫斯·席恩之前，從來沒有人敢說「美好的事物可以長久」，那時候大家都認定好景不長，因為一直沒有人能提出有力的反證。

前面我們提到的那位哲人選擇讓自己做一個不快樂的人，是因為他覺得世人都不快樂，他沒有為他的教徒立下一個值得追隨的快樂榜樣，這完全是他給自己選的一條不快樂的路。

對個人來說情形如此，對一個國家來說亦然。一個國家處於最安定時期的時候，人人有工作，失業的人極少，大家都有能力買新車，股票行情看漲，房地產也一片好景，大家看來都在賺錢，幾乎人人都很得意，這個世界似乎正值繁榮的全盛時期。

但是，有很多人開始覺得不對勁，從窮人到富人，從弱者到強者，從上流人士到中低階層，很多人開始覺得生活和美是不可能的。這種想法點點滴滴地滲透、擴散，事情開始有了變化。大家都變得很膽小，股票開始下跌，銀行也跟著關門，到處是黑暗和絕望，昨天還是一片繁榮的樂土，現在卻跌入沮喪的谷底，只因為人人都認定太幸福的生活是不可能長久的。

如果這些人懂得選擇的威力，而且抱定「幸福能常在」的信念，那麼整個狀況又會如何呢？答案是 —— 他們就找到了使自己平平穩穩一生順利的祕訣。

正如整個國家處於停滯狀態，似乎停留在原地毫無進步的時候，汽車適時地出現，讓大家都積極振奮起來；當大家的生活步調趕上汽車時代，而一切又有欲振乏力的傾向時，飛機發明了，飛機的出現再度帶動起社會前進的腳步……然後有收音機，收音機之後電視出現了。好景並非不常在，好運也會落在每個人身上，正如逆境的出現一樣平常。

在這個世界上仍然有成千上萬的人一無所有，有成千上萬的人一貧如洗、居無定所，民智未開的社會仍然存在，根據調查，在一些貧困地區有

2/3 的人沒有吃飯的餐具，他們甚至不再奢望能改善他們的生活。

　　讓人們抱著一個信念 —— 好景也會常在。為什麼許多人一定要活在古老的教條的陰影下面，認定不如意的事十之八九？

　　當周圍的人都充滿了煩惱、困難和失望時，人們自然不太容易安於自己的順境；然而，你應該知道，他們之所以會挫折不斷，那是因為他們未能正確地支配選擇的威力，所以事情才會演變成那樣。

　　當事事都很順心的時候，有很多人不免會暗自慶幸，太美好的東西使人不安，怕它們隨時會跑掉，這種恐懼顯然普遍存在，所以，布里斯托爾認為必須要不斷地教育自己：所謂「好景不常」根本是謬論，只要你願意，選擇快樂的生活，好景也常在，不久之後，這種想法自然會變成堅定的信念。當大家都把這種信念帶進生活中，人生就能夠像哥倫布在西元1492 年發現的新大陸一樣是一片新的天地！

現在開始讓自己發光

　　能永久保持著熱情的人，一生將做出優異的成績，但是，人們往往讓決斷好的事情，冷淡下去，讓幻想逐漸消失，等到要去實現的時候，卻已不見了。

　　希臘神話告訴人們，智慧女神雅典娜從宙斯的腦中跳出來的時候，衣冠整齊，沒有凌亂現象。同樣，一個人最高尚的理想、最有效的思想、最宏偉的幻想，從頭腦中跳出來時，是很完整的。而拖沓的人，遲遲不去使之實現，要等有了機會再去做，這些人就是意志軟弱者。而意志堅強的人，往往趁著熱度最高的時候，就去把理想付諸實現。

　　一日有一日的理想和決斷。今日的理想，今日下了決斷，今日就要去做，不要留到明日，因為明日自有新的理想產生。

　　拖沓的習慣，會消滅人堅強的創造力。過分的謹慎，缺乏自信，乃是

創造仇敵。趁著熱忱最高的時候，意志催促著的時候，去做一樁事情，是比較容易的。

拿浪費在拖沓上的精神，來辦今日的工作，往往綽綽有餘。把今日的事情，拖延到明日去做，是很不划算的，有許多事情，趁熱忱高的時候去做，會感到快樂、有趣，等到延遲了幾個星期後再去做，便感到辛苦了。

寫信也一樣，要一收到來信就回復，一再拖延，那封信就不容易回了。許多大公司規定，一切信件，要當天回復，不讓它放到明天。

命運是奇異的。往往機會好的時候，有如曇花一現，如果不善於利用，錯過了那美好的機會，便後悔莫及了。

決斷好了的事情，拖延著不去做的人，往往會損及自己的品格。唯有按照計畫去實行的人，才能使人崇拜他的人格。人人都能下決心做大事，但唯有意志堅強的人，才能去實行他的決心。

當某一概念閃現在一個作家思想裡的時候，他就能立刻把那概念描寫在紙上。假若他認為無暇執物，一拖再拖，到了後來，那概念便會模糊，最後，竟會完全從他思想裡消逝。

幻想在一個藝術家思想裡的閃現，迅速得如同閃電一般，他如果在那一剎那把幻想畫在紙上，必定有意外的收穫。倘若他拖沓著，過了許多日子再畫，那留在他思想裡的幻象，或許已經消失了。

靈感轉瞬即逝，應及時抓住，趁熱打鐵，立即行動。

「拖沓，有著危險的結局。」凱撒的一位大將只因為遲讀了一份報告，竟喪失了自己的性命。曲岑登的司令雷爾，當信差送信報告他，華盛頓已率領其軍隊，渡過德拉瓦河的時候，他還在和朋友玩牌。他把那封信放在衣袋裡，等牌玩好了再去閱讀，誰知等他去召集軍隊的時候，大家已成了階下囚，連他自己的性命，也喪在敵人的手中。只因為數分鐘的遲延，他竟失去了他的榮譽、自由、生命！

許多人有病卻拖延著不去就診，身體上忍受著極大的痛苦，健康也受了極大的影響。

沒有別的習慣再比拖沓更害人；更沒有別的習慣，能比拖延更能懈怠人的精神。

人應該避免拖延的惡習。受到拖延引誘的時候，要振作精神去做。絕不要去做最容易的，而要去做最艱難的，並且堅持做下去，自然會克服拖延的惡習。拖延是危險的仇敵，是時間的竊賊，它會損壞人的品格，毀掉好的機會，劫奪人的自由，使人成為奴隸。

去除拖延這個壞習慣的最好的方法，只有即刻去做自己的工作，越拖延，工作就越困難。

「即刻開始」，乃是一個成功者的格言，它能將人們從困難中拯救出來。

永遠的吸引力

有位極具智慧的心理學家，在他的小女兒第一天要上學之前，教給他的寶貝女兒一個訣竅，足以令她在學校的學習生活中無往而不利。

這位心理學家開車送女兒到小學門口，在女兒臨下車之前，告訴她，在學校裡要多舉手 —— 尤其在想上廁所時，更是特別重要。

小女孩真的遵照父親的叮嚀，不只在上廁所時記得舉手；老師發問時，她也總是第一位舉手的學生；不論老師所說的、所問的，她是否了解，或是否能夠回答，她總是舉手。

隨著日子一天天過去，老師對這個不斷舉手的小女孩自然而然印象極為深刻。不論她舉手發問，或是舉手回答問題，老師總是不自覺地優先讓她開口。而因為得到了許多這種不為人所注意的優先權，竟然令這位小女孩在學習的水準，以及自我肯定的表現上，甚至許多其他方面的成長，大

大超越了其他的同學。

多多舉手，正是那位心理學家教給他女兒在學習生活中的利器。

成功者是積極主動的，失敗者則是消極被動的。成功者常掛在嘴邊的一句話是，有什麼我能幫忙的嗎？而失敗者的口頭禪則是，那又不關我的事。

故事中那位深具智慧的父親，所教給女兒舉手的觀念，正是成功者積極主動的態度。

許多朋友也都熟知這個道理，只是無法順暢地行動出來。其主要原因，還是心中積存的消極意識在作祟。而故事中那位小女孩之所以成功，是在於她單純地接受父親的建議，只是不斷舉手，並未深思自己是否能回答那個黑板上的問題；同時，她也不懷疑父親的教導是否正確，所以她能毫不遲疑地舉起手來，贏得老師的注意。

我們時常礙於面子問題，或恐懼被拒絕，或怕遭受批評，或因自己的熱情總是遭對方冷漠的回應；而使得自己積極主動的力量逐日減弱。

令人擔憂的是，積極力量削減一分，相對的，消極的力量便增強一分。此消彼長，再假以時日，真不敢想像我們會變成什麼樣的人。

幸而這個道理反過來也是相同，只要我們多增強一分積極的力量，亦足以削弱一分消極的困擾。

所以，讓我們去除無謂的懷疑，讓自己更單純一些、更熱忱一點；充分掌握積極主動的力量，凡事多舉手，多去協助別人，成功的路將在此展開。

快樂總在放棄之後

人的情感就是這樣，總是希望有所得，以為擁有的東西越多，自己就會越快樂。所以，這人之常情就迫使我們沿著追尋獲得的路走下去。可是，有一天，我們忽然驚覺；我們的憂鬱、無聊、困惑、無奈、一切不快

樂，都和我們的圖謀有關，我們之所以不快樂，是我們渴望擁有的東西太多了，或者，太執著了，不知不覺，我們已經執迷在某個事物上了。

韓非子講過這樣一個故事：一個人丟了一把斧子，他認定是鄰居家的小子偷的，於是，出來進去，怎麼看都像那小子偷了斧子。在這個時候，他的心思都凝結在斧子上了，斧子就是他的世界，他的宇宙。

後來，斧子找到了，他心頭的迷霧才豁然開朗，怎麼看都不像是那個小子偷的。仔細觀察我們的日常生活，我們都有一把「丟失的斧子」，這「斧子」就是我們熱衷而現在還沒有得到了東西。

譬如說，你愛上了一個人，而她卻不愛你，你的世界就縮在對她的感情上了，她的一舉手、一投足，衣裙細碎的聲響，都是吸引你的注意力，都能成為你快樂和痛苦的源泉。

有時候，你明明知道那不是你的，卻想去強求，或可能出於盲目自信，或過於相信精誠所至、金石為開，結果不斷的努力，卻遭來不斷的挫折，弄得自己苦不堪言。

世界上有很多事，不是我們努力就能實現的，有的靠緣分，有的靠機遇，有的我們能以看山看水的心情來欣賞，不是自己的不強求，無法得到的就放棄。

懂得放棄才有快樂，背著包袱走路總是很辛苦。中國歷史上，「魏晉風度」常受到稱頌，他們於佛、老子、孔子、哪一家都說不上，但是都有一點各家的精隨在裡面，在人世的生活裡，又有一分出世的心情，說到底，是一種不把心思凝結在「斧子」上的心態。

我們在生活中，時刻都在取與捨中選擇，我們又總是渴望著取，渴望著占有，常常忽略了捨，忽略了占有的反面：放棄。懂得了放棄的真意，也就理解了「失之東隅，收之桑榆」的妙諦。

多一點中和的思想，靜觀萬物，體會與世一樣博大的詩意，我們自然會懂得適時地有所放棄，這正是我們獲得內心平衡，獲得快樂的好方法。

大地為心靈所震動

11 歲的安琪拉患了一種神經系統的疾病，使她日漸衰弱，無法走路，舉手投足也諸多受限，醫生對她是否能復原並不抱著太大的希望，他們預測她的餘生都將在輪椅上度過。他們也表示，一旦得了這種病，就算有人能恢復正常，也可說是鳳毛麟角。

但這個小女孩並不畏懼，她躺在醫院病床上，向任何一個願意傾聽的人發誓，有一天她絕對會站起來走路。

她被轉診到一所位於舊金山的復健專科醫院，所有適用於她的治療法都用了，治療師深為她不屈的意志所折服，他們教她運用想像力，想像自己看到自己在走路。如果想像不能發揮其效用，至少能給安琪拉希望，使她在病榻冗長的時間裡，能有些積極正面的想法。

不論是物理治療、復建池治療或是運動單元，安琪拉都竭盡全力配合，躺在床上時也老老實實地做想像的功課，想像看見自己能行動了，動了，真的能行動了。

有一天，她再度使盡全力想像自己的雙腿又能運動時，似乎奇蹟真的發生了！床動了！床開始在房間裡到處移動！她大叫：「看看我！看啊！我動了！我可以動了！」

醫院裡每一個人都尖叫起來，紛紛尋找遮蔽物。大家大聲尖叫，器材也掉下來，玻璃也碎裂了。其實這是有名的舊金山大地震，但安琪拉相信她真的做到了！而且才不過幾年的時間，她又回到了學校上課了！用她的雙腳站起來，不用枴杖，不用輪椅。

這一次偶然造就了一個奇蹟。對安琪拉而言是一種幸運，但這種幸運是發自於她的內心、潛在的意識，亦即心靈的無限潛能。

學會享受「過程」

　　每當遇到任何煩惱的時候，你都要想：如何讓我現在更快樂？每一次遇到挫折的時候，你都要想，成長的機會要來臨了；每當做事遇到壓力的時候，你都要告訴自己，我一定要享受這工作的樂趣和過程。

　　也許有的時候，你無法控制自己要做的事情，因為可能是別人要求你做的，雖然，你無法控制這件事情，但你永遠可以改變做這些事的心情。

　　做一件事情，你可以高高興興、快快樂樂地去做，也可以很痛苦地去做，假如你能夠選擇快樂，為什麼要選擇痛苦？要知道：快樂是一種選擇，痛苦也是一種選擇。

　　做每一件事情，我們都要選擇快樂，選擇享受。

　　所有的事情之所以會有思考的瓶頸，是因為你原本的目的沒有想清楚，對你自己做事情的宗旨沒有了解。

　　很多業務員很怕被拒絕，因為，他滿腦子想著要賣產品，顧客一旦拒絕，他就會有一股很大的挫折感。

　　如果，你的推銷宗旨、理念是：「提供顧客最好的服務，幫助顧客解決他們的問題。」以這樣的想法來做的話，任何事情都會是非常簡單的。

　　例如，你要拜訪非常多的顧客，你可以說因為下雨，不要去了；也可以說因為要去建立新的人際關係、交新的朋友；更可以說是要去分享自己的喜悅，分享他們的喜悅，也把你的快樂帶給他們。

　　如果你有這樣的想法，做每一件事情都會非常愉快，而且一定會非常成功。

休息是為了走更長的路

時常看到一些人，只做了一個月的事情，若是沒有成功，收入沒有達到一定的標準，他就放棄了。與此相反的是，有非常非常成功的企業家，他們連續工作了幾年，一點報酬都沒有，還要不斷地放現金進去，等到第十年之後，他們賺進了巨大的收入。

一般人在一個月之後放棄，兩個月之後放棄，三個月之後放棄，四個月之後放棄……，這些人抱持著這樣態度，是不可能會成功的，因為放棄本身也是一種習慣。不管做什麼事，只要放棄了就沒有成功的機會；不放棄，就會一直擁有成功的希望。即使有 99% 想要成功的欲望，卻有 1% 想要放棄的念頭，這樣的人也是沒辦法成功的。

每一個人都可以快速地轉變，只是你必須給自己時間，如果你已經選擇這份事業。

凡事不要以賺錢為目的，有許多賺不到錢的人，口口聲聲說他要賺錢，事實上，就是因為他老是想著賺錢，沒有思考要如何提供好的服務，以及有價值的商品，因此他賺不到錢。

有人聲稱，他的休閒活動就是賺錢。

這話聽來固然不錯，但是，每個人都應該有時間來做一些休閒活動，去看場電影，去聽音樂會或演唱會，可能在家休息，可能看看書，可能去度假……諸如此類，來調劑心情，準備再一次出發。

人生就是要盡力享受每一分每一秒，不是每天工作，當然，工作時一定要全力以赴，但休息時也一定要全力休息。

一般人搞不清楚人需要有「磨刀時間」的道理，所以他覺得很累，情緒不穩定，效率不夠好。

如果你有這樣的生活習慣，橡皮老是拉得很緊，你勢必無法堅持很久，因為人是會彈性疲乏的，所以一定要充分地休息。

你唯有在每一分每一秒，不斷地享受工作的過程，同時全力以赴，讓事情做到最好，比要求的還要好，堅持到底，這樣，不管你做什麼事情，你一定會成功。

與那些信任你的人培養友誼

我們都是活在自己的期望中，但我們也活在別人的期望中。一直說孩子笨，孩子長大後真的會認為他們笨；對孩子寄予厚望，他們會有偉大的成就。

有些人會打擊你的自信心，增加你的自疑，但你會從其他人獲得力量來建立自信心。那打擊你信心的都是一些眼光短淺、經常抱怨的人。

歷史上有很多獲得大成功的人，都是因為受到一個心愛的人或一個真誠的朋友的鼓勵。如果沒有一個自信十足的妻子蘇菲亞，我們也許在偉大的文學家中找不到霍桑的名字。當他傷心地回家告訴她，他丟了在海關的工作，他是一個大失敗者時，她卻很高興地說：「現在，你可以寫你的書了！」

霍桑說：「不錯，可是我寫作時，我們如何維生？」

她打開抽屜，拿出一堆錢來。

他嚷道：「錢從哪來的？」

「我知道你是天才，」她回答道：「我知道有朝一日你會寫出一本名著來，所以我每週從家用中省下一筆錢，這些錢足夠我們用一年的。」

由於她的自信，美國文學史上最偉大的一本小說《紅字》產生了。

培養那些給你增添自信的朋友的友誼，有時你可以在書中找到這種朋友。美國前總統甘迺迪經常研究那些歷史上的偉人，學習他們的偉大品格和領導才能。

每一個事業有成的人，在成功的路上，都曾經受到別人許多幫助。因此我們應該幫助別人，作為回報，這是公平的遊戲規則。

幫助別人成功，是追求個人成功最保險的方式。每個人都有能力幫助別人，一個能夠為別人付出時間和心力的人，才是真正富足的人。

如果一個人頂尖的成就讓你感到有自己的一份心力，你能夠說「是我讓他有今天。」這將是你最值得驕傲的經驗。

幫助別人不僅利人，同時也提升本身生命的價值；不論對方是否接受你的幫助，或是否心感激。

想想看，如果每一個人都幫助另外一個人，世界將變得多麼和諧與美好！當然，我們每一個人也都會得到別人的幫助。

心中的小島

你屬於哪個世界？首先，你屬於自己。你的內心是一座孤島。這座孤島可能像月球上的岩石一樣光禿荒涼，也可能像富饒的田園一樣碩果纍纍。你將成為什麼樣的人是由你自己決定的。你要為達到自己的現實目標而孜孜不倦，講究現實，拋棄空想。

當一個人面臨外界的壓力和緊張的時候，他便可以從容地去那座美麗的小島上度假，修身養性。他可以每天上島小歇而無需花費分文。你該養成習慣，如同每天刷牙一樣，直至成為你的第二天性。當壓力來襲時，就前往度假吧，休息幾分鐘，鬆弛一下緊張的神經，養精蓄銳之後，再來應付難題。

不錯，能短暫地休息在人心的島嶼上是有益身心的，然而你卻不能老這樣待在裡面。你屬於自己，也屬於世界。幸福存在於整個世界之中，而不光存在那內心的島上。

要時刻準備成為一個大我，但也要意識到大我也屬於大家，他們需要你的說明。當人達到能與大家分享成功與大我的境地時，你也就真正發現了你的大我。

當時勢險峻，壓力來襲時，你毫不吝惜大家分享你的勇氣。當危機籠罩時，你挺身而出，捍衛自己、捍衛大家，化危機為轉機。這個世界始終充滿危機，需要我們不斷去戰而勝之。

今天，我繼續航行

當哥倫布在沒有海圖指引航向的情況下風雨兼程，航行在洶湧險惡的大西洋上時，他並不知道最終會駛向何處。他在私人航海日誌上寫道：「今天，我們繼續往西南偏西航行。」毫無疑問，哥倫布一定充滿了信心和希望。他的確相信自己的航線是正確的，他終將達到目的。

同樣毫無疑問的是，他一定也有過絕望的想法，他將永遠無法完成宏願，在惡浪滔滔的海上永遠無休的顛簸飄蕩，直到有朝一日葬身海底。更糟糕不過的是，風浪的襲擊損壞了他的船舶，一些船員為保性命，圖謀反叛。面對嚴酷的現實，哥倫布的信念是否動搖過，希望是否喪失過呢？可以想像他一定有過絕望的時刻。

然而，儘管蒙受挫折和失敗，面臨生死考驗的緊急關頭，一度處於絕望的境地，但哥倫布最終還是鼓動起了勇氣，屢屢揚起勇往直前的風帆。他清楚自己必須堅持下去，因為他內心堅毅勇敢。

當你面臨危急存亡之際，仍然能夠保持自尊和自重的氣度嗎？如果你在狂風巨浪的海面上連連受挫，眾叛親離，迷失方向，目的地遙遙無期時，在徒然無力的絕望之中，在生命受到威脅的恐慌之中，能否奮然而起，堅定而又明確地樹立起信心？

只有當你力圖成為偉大的人時，偉大才是現實的。那麼，在什麼時候付諸行動呢？就是要在危急關頭，在疑慮重重的時候，在悲痛憂傷的時候，在萬念俱灰的時候。

你能不像哥倫布那樣在一張紙條上寫道：「今天，我繼續航行。」並

且以此作為座右銘呢？必須這樣做，是內心道義上的責任感要求你非這樣做不可。

永續進步的動力

對於男孩或女孩來說，有機會接近才華橫溢、品行高潔的人 ── 無論是父母、朋友或老師，對他們來說都是很幸運的，因為這些人會對正在成長的男孩和女孩產生難以估量的有益影響。

這些傑出的人會成為他們效法的榜樣，會激發他們在幼小的心靈深處樹立崇高的理想，會引導他們閱讀文學名著，不斷提升他們，激勵他們滿懷熱情地去追求未來。在幫助年輕人樹立崇高理想這一方面，父母或老師會產生巨大的影響，這種影響往往還是其他東西所不能替代的。

不管從有利的或不利的方面來講，朋友、夥伴、榜樣的影響力都是極其巨大的。事實上，我們所處的環境，決定了我們交往的對象。我們應該在自己力所能及的範圍內，更加謹慎地做出自己的選擇。

據說，杜格爾特·斯圖爾特（Dugald Stewart）教導學生追求美德，他把這種對美德的愛深深植根在學生的心靈中。後來，科克伯恩評論說：「斯圖爾特的講課就像為你打開了天國之門，我覺得自己有了全新的靈魂。他見解精闢，語言優美，把我提升到一個美妙的世界，塑造了全新的我。」

學生是不能自由地選擇讓誰來當他的老師的。但在生活這所大學校裡，他卻能夠選擇誰來做他的人生導師。

一個人的理想和生活方式決定了他視野大小。只要一個人的理想或生活方式還沒有改變，也就不可能改變他的精神世界以及整個生活。伊莉莎白·斯圖爾特·菲爾普斯在《埃維斯的故事》裡，提到這樣一個人，他的理想就是製造杯形蛋糕。

這會讓人聯想起這樣的家庭婦女來 —— 她要用鉤針編制鑲邊的地毯，這就是她的「最高理想」。她做著自己的家務活，只要一有空，她就在粗布地毯上工作，繡出各種各樣想像得到的和難以想像的彩虹、野獸、鳥兒的圖案。

她無暇進行閱讀，也無暇與丈夫和孩子一起進行遊戲和娛樂，也遠離了那個時代各種重大的活動。她的生活就像她的理想一樣，微不足道，局限在狹窄的空間裡。她不能為孩子們樹立一個榜樣，也不是丈夫的良好伴侶，也不能充分發展自己的各種才能。

沒有了崇高的理想，我們就像折斷了翅膀的雄鷹。如果我們想向上飛騰，理想便是我們的翅膀，我們只能在地面活動，而無法升空。科利爾博士說過，達爾文關於雄鷹翅膀進化的觀點，對於我們是很有啟發意義的。先有向上飛升的願望，然後才會長出翅膀，經過千百萬年的漫長的歷史演進過程，翅膀不斷地進化，適應外界環境，最終長成了強健的雙翼，雙翼末端之間的距離足有 7 英尺之長。這樣，雄鷹就能飛往高空，飛向太陽。

對於我們每個人來說，只要有明確的目標並勇於嘗試，就向偉大邁進了一大步，就像為雄鷹的翅膀增添了羽毛。

最傑出的人物，如果停止了追求，也會很快退步。追求卓越，這是偉大人物的力量源泉。追求卓越的熱情來自於上帝的呼喚，他引導我們前進，提醒我們不要忘記自己生命的神聖，以免我們退回到野蠻狀態。

追求卓越，這是生活原則，它是人類生活堅定的守護者，它是上帝之聲在人類身上的迴響。我們在做任何一件事時，都要懂得區分是非。在上帝按照自己的形象創造人類的那一時刻起，除掉追求卓越的衝動外，我們又不能擁有什麼呢？

喬治‧格登說：「對於造就良好的品格來說，有利的環境或不利的環境也許可以留給後一代，但是，良好的品格本身卻不可以遺傳，它是依靠

個人自我造就的，它是透過個人的行動而編織出的美麗錦緞。要想具備優秀的品格，就該具備遠大的抱負，嚮往美好的事物，具有堅定的決心，與他人建立更加公正的關係，與上帝進行更加愉快的交流。如果我們具有堅定的信念，並進行堅毅不拔的努力，就可以綜合利用上述因素，培養自己的性格，創造輝煌的人生。」

　　你是否按照完美的榜樣來塑造你的生活，這完全取決於你個人的意願。如果你做出了明智的選擇，並持之以恆，你就會成為傑出人物。

第九章
機會就在你身邊

機遇總是潛藏在周圍

通常來說，在人生的早期，人們還沒有很強的洞察力，人們的精力花在玩耍上，或是從事簡單的工作。這時，容易接受眾人的看法：認為成功是一件很遙遠的事，而我們周圍的人與成功無緣，只有別的群體中的人才能取得成功，或者只有結交了不同的朋友，才能取得成功。人們通常認為，在他們所處的環境是不能取得成功的。

想像的距離和空間，對於青年來說似乎有著特別的魔力，對於男孩子尤其如此。他們總在尋找偉大的機會，在尋找不同的起點。很難使他們相信，世界上所有的成功者總是在他們自己所處的環境裡，在他們現有工作的範圍內，找到通向成功的機會的，而不是離開現實，跑到別的城市或鄉村，去尋找成功的機會。

儘管年輕人周圍充滿了各種各樣的機會，但很少有人認為自己能有機會去獲得成功。他們認為，如果他們跑到芝加哥、舊金山、紐約或別的什麼大城市，自己肯定能獲得成功。但在農場上或鄉鎮上，則不存在什麼好機會。

商店裡或農場上的任何一項小的工作任務，都是一次很好的機會，我們可以從中提煉出成功的原則，我們可以從中學會有條理地、迅速地處理問題，我們可以增長自己的見識，養成良好的行為舉止，我們可以懂得禮貌待人的重要價值。

這些都是一級級的階梯，只有踏過這些階梯，才能向更高的階梯邁進。這些通向成功的梯子就在我們的身旁。出色地完成每一項工作，就是通向成功邁開了一大步。如果年輕人能意識到這些，就能在成功的道路上順利前進。

男孩子都希望自己是天才，希望實現自己的理想，會因為自己不能實現這些願望而唉聲嘆氣。他們沒有想到，那些成為總經理或企業家的人，

在人生的開始，大部分卻是從拖地板這類的工作開始的 —— 在整個社會的最底層，他們找到了發展自己的機會。

年輕人，你要記住，要想改進你的處境，首先要從當前做起，你的機會就在你的身邊，而不在別處。不管你職位的高低，只要你盡力去做了，只要你信念堅定、細心謹慎，只要你認真研究下一步應該採取的步驟和完成這些步驟的必要條件，你就能夠大膽地向前邁進。

大多數年輕人過於誇大了大城市的有利條件。因為還住在農村或鄉鎮，他們便認為自己沒有什麼發展機會。可事實卻恰恰相反，歷史上絕大多數人恰恰在這些地方找到自己人生發展的機遇。

當然，到後來，為了尋求更廣闊的發展空間，他們當中的許多人也遷到大城市去了。但是，他們人生起點卻是在鄉村。即使在很小的地方，只要具備精力、動力和決心，就能打開一片新天地。如果人們渴望接受教育，或者希望提高自己，在鄉鎮裡也能透過各種方式同時實現這兩者。

小城鎮更有益健康，更加安靜，為人們思考問題提供了更有利的條件。神經不再容易緊張，可以專注地從事工作，生活節奏也不會那麼快。而大城市躁動不安，競爭激烈，生活忙碌，容易發生衝突，這些因素都容易破壞人們的身心健康。有些人在小地方本來是可以取得成功的，但在大城市卻遭到了失敗。

我說這些話不是對大城市有什麼偏見。固然，大城市給人提供很多機遇，這些機遇在別的地方是找不到的。我想說的是，在小地方也存在許多大城市所具有的有利條件，而這些因素彌補了小地方在某些方面的不足。

年輕人應該懂得，在當下的處境中，就蘊藏著真正的財富。只要人們具備了強健的體魄和無畏的決心，就能發掘這種財富。在他們自身，以及周圍最普通的環境裡，隱藏著財富，如果他們捨此求彼，最終會徒勞無功。

在你住所的周圍就潛藏著機遇，這難道是不可能的事嗎？在新罕布夏州，有一個人得知夏季的鱒魚在飯店裡以一磅一美元的價格出售的。他剛好住在飯店旁邊，於是就買了幾本關於養殖的書，然後將流經他農場的山泉儲存起來養魚。在短短幾年之內，他養魚賺到的錢是他貧瘠多石的土地所創造的收入的數十倍。

一個年輕的農場主說：「為什麼不在現有的這片土地上耕種？我不願意與你一起到西部去，除非我們把現在的土地管理好，生活已經過得很好了。」

這位年輕人開始思考，最後決定用一塊荒棄的土地來種植草莓，然後向周圍的居民銷售。結果表明，種草莓很能賺錢，於是他開始擴大生產，在別的土地上也種了草莓。現在，他已經成了當地經濟收入最好的果農之一。

一位美國人在養病期間，只能在家裡幹活。一天，他開始削一塊松木，想為正在庭院玩耍的小男孩製造一個玩具。他的玩具做成以後，孩子們發現非常好。於是，鄰里的孩子都纏著他給他們製造工具。他馬上意識到，他該從事一項新的事業，向居住地周圍學校的孩子們銷售家庭製作的玩具。後來，在他恢復健康以後，他從事玩具生產，產品遠銷各地。

在內戰期間，一位麻薩諸塞州的戰士發現一種鳥能給稻穀去殼。他以這種鳥嘴作為模型，發明了一種去殼的機器，結果給稻穀加工業帶來了一場革命。

難道機會不就在你的身邊嗎？有一位緬因州的男人，妻子病殘，所以他就不得不自己洗衣服。在此之前，他從來不管洗衣服的事情，現在他發現洗衣服是件費時費力的事，後來，他便發明了最簡單的洗衣服的器具，賺了一大筆錢。

新澤西州的一位理髮師，經過仔細觀察，發明了專門供理髮用的大剪刀，因此而致富。

有些東西價格並不怎麼昂貴，但它有巨大的需求量，也能產生極大的利潤。發明領結的人每年能從上層人物錢包裡賺取 2 萬美元的錢；發明袖扣的人在 5 年之內就創造了 5 萬美元的利潤。

一位婦女習慣將頭髮纏在腦後，讓自己看起來更舒服一些。而她的丈夫經常在旁邊細心觀察，最後他在工廠裡生產出了髮夾，因此創造了大筆的財富。

發現機會的眼光和能力

一個人即使還沒有確立自己的真正使命，也該充分利用目前的一切機會來發展自己，能夠勇敢地直面現實，能夠辛勤地勞動。我們用喬治‧普爾曼（George Pullman）的事例來說明這個道理。

他在剛開始工作時，只是一個普通的店員，一年的薪水才 40 美元。這些薪水加上免費的伙食是他 3 年所賺到的全部收入。之後，他換了職業，當上了細木工人、工地搬運工。在當工地搬運工期間，由於他工作非常認真，非常投入，最後獲得了去紐約工作的機會，他在紐約的工作完成得很出色。在完成紐約的工作之後，他又去了芝加哥，從事同樣的工作。他在那裡得到的評價是：工作努力，業績出色。

在芝加哥工作期間，他經常看到芝加哥和阿爾頓之間的高速公路上奔馳著很多乘客可以臥睡的客車，但整個客車都製造得很粗糙。他突然間意識到，製造改良型的臥車，或是在車子上改裝可供人休息的設施，會有廣闊的發展前景。

開始的時候，他建造了一輛極其豪華的小車，這輛小車的價值是以前所建造車輛的 4 倍。從此，他將主要的精力放在建造普爾曼車上。他後期的職業生活就像他早期一樣，一旦有機會，他就會增加他的資本，以使自己的投資能夠帶來更大的收益。縱觀他的整個職業生涯，他總能與時俱

進，總能趕上時代的步伐，並引領商業的潮流。

有時候，要想在失敗和成功之間作出明顯的的區分是很困難的。人在開始創業的時候擁有的資本都很少，條件也不會差太多。但如果一個人能在自己的事業上投入的精力多一點，更懂禮貌一點，更隨和一點，更注意一點細節問題，行動更迅速一點，上班時早到一點，下班時晚走一點，隨身帶一份報紙或雜誌，同時又能注意閱讀專門領域的資料、書本和報紙，逐漸對自己職業的事情形成更清晰的洞見，那麼他往往比其他人走得更快，更容易成功。

儘管上面所提到的做法都微不足道，但正是上述這些因素造成了成功和失敗之間的差別。也許很多人難以認同這一點，但實際情況就是這樣。

這裡談到的是昌西‧傑羅姆的故事。他在一生中只上過 3 個月的正規學校，在他 10 歲那年，他的父親就讓他輟學，然後去康乃狄克州的普裡茅斯鐵匠鋪幹活，其工作是協助鐵匠製造釘子。年少的傑羅姆收入非常低，非常貧窮。他砍一車木頭只能賺一分錢。他經常借月光替鄰居砍木頭，得到的報酬卻很少。

當他 11 歲的時候，他的父親去世，母親只得將他送到外地去謀生。在這離別的時刻，他流淚向母親告別，隨身只帶了換洗的衣服，來到了一個農場幹活。

老闆要從早到晚地砍樹，有時因為幹活，他鞋子裡面都灌滿了雪。直到 21 歲時，他才有一雙像樣的皮靴。他給人當學徒，到 14 歲的時候已經給人做了 7 年木工活，可他得到的勞動報酬只不過是維持生存的衣食所需。

在他當學徒期間，有好幾次，他要扛著工具走 30 英里路，到各個不同的地方去幹活。

一天，他聽到有人在談論普利茅斯的埃里‧特里，說那個人要製造

200 臺鬧鐘。一個人說：「他有生之年肯定做不完。」另一個說：「即使他能做完，也賣不出去那麼多，他的這種想法是荒唐可笑的。」

聽到他們的這番談話，昌西陷入了深思，他的夢想就是做一個傑出的鐘錶製作人。他開始試著去做，制出了一隻木質時鐘。當他收到一張訂單，訂單上寫明要以單價 12 美元的價格訂做 12 個時鐘時，他才知道，自己終於有了好運。

一天晚上，他突發奇想，價格低廉的時鐘不僅可以用木製，也可以用黃銅製作。這樣的話，在任何氣溫條件下就不會輕易膨脹和萎縮。也不會扭曲。他依照這種想法開始製作，率先製造了世界上第一個黃銅時鐘。這樣，後來他每天的收入變成了 600 美元，產品銷往世界各地，最後他賺了好幾百萬美元。

一個人首先得找到最適合發展自己的人生定位，他應該儘早發現這樣的人生目標。哈佛大學的薩金特教授在他自己還是個學生的時候，曾經在鮑登學院體育館工作。他發現，這項工作對他來說是一個極有利的發展機遇。於是，他沿著這條人生道路一直走下去，而今，他成了美國最有名望的體育教育家。

薩金特教授在最近的一次談話中說：「抓住的機會是最為重要的事，即使薪水低一點也沒有多大關係。年輕人不應該只關注自己的工作會給自己帶來多大的經濟利益，應該注重它能給你提供什麼樣的發展機遇。」他在剛開始工作的時候，每天的薪水才 83 美分。

柯裡斯·亨廷頓是一位優秀的鐵路工作者，他是康乃狄克州一位農場主的兒子。他放棄了在農場工作的機會，沿著伊利運河叫志時鐘。

在加利福尼亞州，他開了一家五金店。他還與利蘭·斯坦福聯手建造了一條鐵路。他們一起不斷地創造新機會。柯裡斯總是盡力利用機遇，一旦清楚地覺察出更好的機遇，他總能立即抓住它。約翰·雅各·阿斯特、

彼德・庫柏（Gerard Kuiper）、康內留斯・范德比爾特（Cornelius Vander-bilt）、菲利浦・阿默、安德魯・卡內基和約翰・洛克斐勒都是這樣的人。

從商業角度來看，人與人之間的差別，在於一個人有沒有眼光，有沒有將思想付諸實踐的能力。世界上並不缺少機會，缺少的只是發現機會，並利用機會去取得成功的能力。

要巧妙地利用機會

能看到機遇的人很多，但能抓住機遇的人卻很少。一個人具有奮力前行的力量，這才是難能可貴的。年輕人缺少的是雄心壯志，很多人的行為常常循規蹈矩，他們常常說：「這可能是一個好的機遇，但可能不是。」

由於搖擺不定，他們就沒有勇氣，沒有信心來利用這些有利的時機。而當他們形成一個清晰的目標時，為時已晚。由於他們遲遲未能利用這些時機，往往良失已失。正所謂機不可失，時不再來。

30年前，H先生是紐約的一名園丁，他離家出走一兩天，那天下著雨，不適合做買賣。一位顧客騎馬從遠處緩緩而來，他走進這家人家的廚房，看到兩個男孩正在爆堅果吃。

「請問 H 先生在家嗎？」

「不在。」其中一個大孩子答道，他的名字叫喬，正在用錘子敲打堅果。

「他什麼時候能回來？」

「這可不知道，也許是一個星期。」

但另外一個名叫吉姆男孩跳起來，跟著這位客人跑了出去。他說：「他不在家，但我可以讓你看看這些樹種。」他說話的神態快活、富有禮貌，這位陌生顧客本來有點慍怒，看到他的樣子便停了下來，隨他穿過苗圃，仔細看了樹苗，留下了定貨單。

父親 H 回來之後，非常高興，對他說：「你賣出去的東西是我這季度最大的一筆買賣。」

喬說：「如果我當時反應快的話，我想自己肯定像吉姆一樣樂意接待那個人。」

幾年以後，H 先生一家庭的經濟衰落，父親去世了，每個孩子只分得 300 美元的財產。喬買了一英畝地，買了 2 間靠得很近的房子。他儘管辛勤勞動，但仍舊很貧窮，整天哀聲嘆氣。

吉姆卻移居到科羅拉多，在那裡放了幾年牛，拿賺得的薪水以 40 美分每畝的價格購置了土地，建造了一座房屋，結婚成了家。他逐場上牛群數以千計。後來，他還將自己的土地劃出一塊供城鎮公用。他最終功成名就，成了科羅拉多州最大的富翁。

他的兄長喬後來說：「我在那時要是能及時想到這一點的話，我就會像吉姆那樣去做。那麼，我現在就會像吉姆一樣富有。」

但他的妻子卻說：「這塊麵包與我已經做出來的任何一塊麵含有同樣多的原料和營養，可它卻不能食用，因為其中沒有足夠多的酵母。」

這句反駁喬的話聽起來有點刺耳，但卻是一針見血。在每個人的身上，都有一股潛在的力量，它時時活躍著，這種力量是與生俱來。父母可以對之加以引導，但只有每個人自己睜大眼睛面對現實，發現機遇，在緊要關頭迅速把握住它，這股潛在的力量才可能轉化為現實的力量。

在歷史上，能夠抓住機遇，創造輝煌業績的人物不勝枚舉。而缺乏堅定決心的人則認為，創造輝煌業績是不可能的。其實，只要處事果斷，全力以赴，就能掃除前進道路上的一切障礙。

一個來自緬因州牧羊男孩名叫威廉‧菲利浦斯，他曾學過船工手藝。有一天，他在波士頓大街上走著，突然聽到一些水手在談論一隻西班牙船。說那艘船在巴哈馬群島失事，當時，甲板上存放著巨額的金錢。這個男孩決定去尋找這批海底的寶藏。他立即出發，經過千辛萬苦，終於找到

了水底下的財寶。

那些水手只是空談，而他卻去做了，他勇於付諸行動。正是他這種立即行動的能力，後來把他推上麻薩諸塞州州長的寶座。

誰要想有所成就，就應該懂得巧妙地利用機會。

詹姆斯·賴德是俄亥俄州克里蘭夫的一位攝影師。一天，他恰好在一份德國報紙上看到一種照相製版術，波希米亞的藝術家採用這種技術。他們運用一種精細的工具接觸底片，消除一些瑕疵。

讀完這則消息，他馬上致信波希米亞的一位藝術家。最後，他在自己的事業中成功地採用了這種技術。他能迅速抓住機會，成功地利用了最有利的因素，然後透過那些最有影響力的人物擴大宣傳、壯大自己的事業。在波士頓舉辦的一次攝影展覽上，詹姆斯·賴德榮獲得了最高獎章。

本尼迪克特是一位拉丁文教授。當他最初聽到打字員敲打鍵盤的聲音時，他失聲叫道，「我想出來了！」他馬上想到打字機的發展前景。他拋下拉丁語的教學，開始生產雷明頓牌打字機。這種打字機非常實用，給他帶來了巨大的財富。

最近，一位研究產品生產的權威學者告訴我，歐洲絕大部分工廠因為不能充分利用機會，因而受阻礙；但在美國，只要你有好產品，你的產品就能打進所有市場。

菲爾普斯說：「要時刻尋找機會；在機會降臨時要果斷、及時地把握它；當機會握在手中時要善於充分利用它並去爭取成功——這是成功者必備的三種重要品德。」

一旦發現機會，就得認真思考，仔細規劃，勤奮工作，全身心地投入其中，這樣你才能獲得成功。今天，人們要想獲得成功，就該確立唯一的目標，全力以赴。

另一位傑出人物說過：「真正優秀的人物不會坐等機會的到來，他勇於冒險，努力爭取機會、創造機會、把握機會。」

當我們還年輕，還滿懷希望、鬥志昂揚的時候，就在職業上做出明智的選擇，那麼通向成功的道路上將會少很多絆腳石。

效率與成功

成功是需要時間的，但是時間不能說明全部問題。效率是成功的孿生兄弟。儘管沒有行動就沒有效益 —— 行動也包括工作、努力、精力的付出或創造的生產等等 —— 但行動卻不一定會產生效益。

你可能每天都非常活躍，但做的事卻沒有效，也沒有效益。生產效益表現在你所完成且有意義的事情上，而不僅僅是你做了多少。比如在銷售工作上，閱讀手冊或削鉛筆都不會使你獲得獎勵或酬勞，有實際的業績才是你得到多少酬勞的依據。

成功意識的確會使一切都變得井然有序，使一切納入正規的運轉，發揮最大效率。我們可以分析這樣一句名言：知識就是力量。果真如此嗎？並非真的這樣。

一位獲得過醫學學士學位證書的推銷員曾經感慨地說，初做推銷時，他聽到一位女老師在講健康知識，在講保健食品的奇特功效，從生理、病理各方面結合人的機能及血液循環、新陳代謝等等。她的講述不但沒有漏洞、錯誤，反而細緻、科學、有理有據，他從中學到了新知識，得到了許多啟發。

這一切都使他錯誤地認為，她是一個專家或教授級的醫學工者。但她不是，她從前的經歷和從事的職業與醫學幾乎沒有什麼關係。論醫學方面的專業知識她遠遠不如他，為什麼她的講課卻有如此的震撼力？原因很簡單，知識只有加以有序組合排列並經過使用才是力量。

知識的有序排列會帶來驚人的效率，成功意識像一塊磁石把所有相關的知識都納入了一個高效運轉的軌道，從而發揮勢不可擋的效率。在現代社會中，無數的知識都會向你湧來，沒有一種成功意識，你就有被知識壓

倒、壓垮的可能。

散亂的珍珠不會有美的感覺，只有用一根線把它們串起來，才會光彩照人，魅力無窮。成功的路上有無數東西都在等待你用功的意識把它們串起來。

效率導致成功的一個典型例子就是里維父子的成功。

里維的王國是西元 1929 年在紐約的長島創立的。他注意到，紐約市發展得很快，住在長島的人越來越多。每個小城都由中心點向外發展，中心地區住滿了人之後，周邊地區又會客滿。營造商把利潤放入口袋，又移到另一個周邊地區。

亞伯拉罕·里維決定建一幢房子。他的大兒子威廉那時候剛好從紐約大學畢業，主修企業管理和經濟學。父子二人共同進入營造業。他們建造一幢房子，很快賣掉了，賺了一大筆利潤，因而增進了他們的信用價值，比較容易從銀行借到錢，買了好幾塊周邊地區的地皮。里維父子公司就此發展起來了。

里維父子建造了許多房子，但仍然是以傳統的方式一幢一幢地造著。第一次世界大戰初期，里維突然有一個機會可以嘗試他的夢想，政府需要為那些軍事人員建造 1,600 幢房子，房子必須便宜，且要很快完工。

在美國幾乎沒有人願跟里維這家人做同樣瘋狂的夢。多數營造商在投資的時候，還是根據以往他們每次只造一兩幢房子的費用和時間來考慮。里維父子則相反，決心大顯身手，幹出個樣子。

幾年來，里維一直跟他的兩兒子琢磨大量建造房子的問題，而他們已經大致知道利用這個方法可以省下多少錢，但這個方法還沒有真正地試驗過，更不用說在 1,600 幢房子的規模上進行嘗試，而且沒有任何前人的經驗可以借鑑。根據大家的看法，這家人的夢想純粹是胡鬧。里維父子可不在乎這些，他們根據大量建造的想法投了標，價錢自然比一般指標要低好多。

他們低價購進大批木材和其他材料，利用一次性地切木材，取代木匠

的手工方式。由於工程浩大，電工和水管工也樂於以低報酬應僱。最後，他們不只從這個工程賺了不少錢，而且完工的日期也比他們自己或任何他人所料想的還要早幾個月。

里維父子公司終於站穩了。

大戰之後，在其他營造商驚訝地注視之下，第一批大量生產的房屋群──里維村長島出現了。他們的做法使得營造商們迷惑不已。幾個世紀以來。營造商都是一幢幢地建房子，而現在，突然間，出現了一個營造商，一下子就蓋了整整一個村。

管好時間勝過管好金錢

一個人之所以會成功，因為他在 24 小時當中跟你做了不一樣的事情。

如果我們想要成功，就必須讓我們的時間管理做得更好，必須提高我們做事的效率，更必須找出浪費時間的習慣。

有非常多的人天天都在浪費時間，他並不知道自己的目標到底在哪裡，他的目標也沒有事先設定優先順序，也沒有做詳細的計畫，只是一直問自己：為什麼不跟別人一樣成功。有些人認為自己比別人聰明，可是成就不如別人，關鍵就在於他浪費了許多的時間。

一天只有 24 小時，成功的人一天還是只有 24 小時，為什麼他們會成功？因為他們浪費的時間比較少，他們都在做最有生產力的事情，都把重要的事情交給專家來處理，只做自己最擅長的事。

失敗的人卻一天到晚無所事事，不斷地跟別人聊天，在拜訪顧客的時候，本來只需要 30 分鐘，他卻花了 3 個半小時，遇到挫折的時候，鬱鬱不振，甚至一個禮拜都心情不好，無法再繼續進行拜訪。

這些都是浪費時間的習慣，甚至有些人知道該做哪些事情，也知道現在應該做，可是還是繼續地拖延。

凡是你想到的，只要是對的，都要立即行動，而且需要事前做好規劃，每做一分鐘規劃，可以減少 15 分鐘做事的時間。

請你在每天晚上睡覺之前，把明天要做的事列出來，這樣的話，第二天早上就會有一個好的開始，好的開始的確是成功的一半。

如果你能夠分析自己為什麼浪費時間，浪費在什麼地方，然後加以分析，當你了解這些缺點之後，你就會自動改善。

當你不知道自己有這個問題的時候，不知道自己在浪費時間，你是沒辦法改善它的，想要不斷地提高效率，就要不斷地分析自己。

把浪費時間的習慣去除掉，唯有改善這些不良習慣，你的時間管理才會自動變得更好，你就會更成功。

因為，你所運用時間的能力和你的成功是成正比的。

主動性的人是出類拔萃的人

主動是行動的一種特殊形式，不用別人告訴你做什麼，你已經開始做了。具有主動性的人，在各行各業都是出類拔萃的人才。

一家藥品公司的市場開發部經理這樣講述了他是如何擔任這一職務的：「5 年前，我做推銷工作。在工作中我發現我們忽視了一個重要的事實，即對我們的顧客缺乏了解。我跟公司的其他同事也都談過這個問題，但管理人員則認為沒有必要。」

「我主動提出研究市場問題，得到了批准。他們讓我每月寫一篇有關藥物銷售市場的報告。我盡可能地從所有管道蒐集這方面的資訊。幾次報告以後，管理人員和銷售人員對此開始感興趣了。我開始研究這方面才一年的時間，他們便不讓我做原來的工作，讓我集中精力繼續發展這一計畫。其他情況就不用說了，我現在有兩個助手，一個祕書，收入也比五年前高了兩倍。」

做下面兩種人：

❖ **做一個具主動創新精神的人**：當你認為有某一件事情應該要做的時候，主動去做。

你認為你的公司應該創立一個新部門，開發一項新產品嗎？主動提出來。你想孩子們的學校有更好的設施嗎？主動找人商量，集資去購置這些設施。

主動的人也許一開始單槍匹馬，但如果你的想法是積極可取的，不久，你會得到許多人的支持。

❖ **做一個毛遂自薦的人**：我們每個人都曾有過這樣的經歷：我們想提出某一建議，但沒有提出來。為什麼？因為我們擔心、害怕。不是擔心我們不能做好那工作，而是擔心我們的同事會說三道四，害怕別人諷刺挖苦。這些擔心和害怕使許多人失去了勇氣，打退堂鼓。

人人都想得到同事的支持，受人歡迎，這是很自然的。但問問自己：「我應該得到什麼樣的人支持和贊同呢，是那些出於嫉妒而嘲笑你的人？還是那些靠實幹取得進步的人？」正確的答案顯而易見。

自願者請站出來吧！你會受到人們的注意。更重要的是，你顯示出了你的能力和抱負。

看看周圍的領導人物。他們是積極分子還是消極分子？

無疑，10 個有 9 個都是積極分子、實幹家。那些袖手旁觀、消極、被動的人帶不了頭。而那些實幹家們強調的是行動，他們會有許多自願的追隨者，服從他們的領導。

我們都相信幹實事的人，因為他們知道自己在做什麼。

還未聽說過有人受到讚賞和表揚是因為「他只說不做」、「他等到別人告訴他該做什麼時才去做」。

你聽說過嗎？

優化你的生存環境

環境改造我們，決定我們的思考方式。

找出你自己本身固有的，而不是從別人那裡學來的某一種習慣，如走路的姿態、咳嗽、端茶杯的方式以及對於音樂、文學、娛樂、衣食的愛好 —— 所有這些都很大程度上取決於你的環境。

更重要的，你的思想、目標、你的態度和個性都是受你的環境影響的。

與負面的人長期交往會使我們的思想變得負面；和沾沾自喜的人太親近會使我們養成一種自傲的習慣；相反，與正面思考的人做朋友能使我們站得高、看得遠；和有遠大抱負的人親近能使我們胸懷大志。

今天的你，你的個性、走向，你所處的地位，很大程度上是由你的生存環境決定的。將來的你，10 年、20 年以後的你幾乎完全取決於你未來的環境。

以後的年年月月你都會變化。但如何變化則取決於你將來的環境，即你供給自己的精神糧食。讓我們看看如何才能使我們未來的環境給我們幸福和繁榮。

做到下面幾點，可以使你保有一個優良的環境。

◇ **結交新朋友**：如果總是和相同的人交往，你會覺得枯燥和不滿。還有重要的一點是：記住，你要想取得成功，你必須很了解人。如果只想透過了解一類人來了解所有的人，就是只想讀一本薄書就想來掌握數學一樣，太片面了。

結交新朋友，參加新組織，擴大社交範圍。各種各樣的人，就像各種各樣的新鮮事物，會給你的生活帶來無窮樂趣，還可以擴大我們的社交領域。所以，人是我們不可缺少的精神財富。

◇ **結交不同觀點的人**：在今天的社會，思想狹窄的人是不會有什麼出息

的,重要的職務和崇高的責任只有那些一分為二地看問題的人才能勝任。結交和自己意見不一的人。我們必須相信,他們都是有潛力的人!

✧ **和那些有進取心的結交朋友**:那些問:「你的房間有多大,有什麼家具」而從不和你交流思想的人是狹隘的人,小心不要受其影響。選擇那些積極上進的人做朋友,因為他們希望看到你成功,會給你的計畫提出積極建議。如果你沒有這樣做,恰恰結交了那些低級趣味的小市民,漸漸地你自己也會成為他們中的一員了。

迅速決斷與立即行動

一個有獨立意志的人,應當是一個自信、自律、自立、自強的人。

有的時候,一個人會發現他處於緊急關頭,這時必須立刻做出決定,儘管他明明知道從他所有的經驗和知識來看,那一定不是一個成熟的決定。這時他就必須把他對事情所有的理解分析和權衡付諸行動,立即執行,他必須這樣認為,他正在做一個當時情況下他所能做出的最佳決策和行動。人生中許多重大的決定都是這樣隨時做出的。

沒有什麼能幫助那些見異思遷、猶豫不決的人形成立刻行動、雷厲風行的做事風格。一個人永遠都不要在反覆思考左右之間徘徊,試圖平衡所有的考慮。決定一旦做出,就是最終的、不可動搖的,然後全力以赴,將決定付諸行動,即使有的時候會犯錯誤,也比那些永遠在考慮、權衡、磨蹭的人好。

迅速做出決策的習慣養成之後,長此以往,他決策時的信心將逐漸產生出一種新的獨立的精神力量。

正是果斷的人,能夠迅速、敏捷、堅定地做出決策的人,他的追隨者才會對他抱有信心,人們通常才會把他置於信任的位置。沒有人願意看到在責任重大的關鍵位置上有一個優柔寡斷、經常拿不定主意的人。

　　有一個關於幾年前紐約州長的故事。一位知識豐富、天資聰慧而又頗受歡迎的候選人，被主持任命工作的政黨領袖們視為最佳人選。當晚在舉行任命會議之前，他們在餐桌上見面了。這位候選人的口味特別挑剔，他在每道菜上都要猶豫半天。

　　「先生，需要野味嗎？」點完菜後，服務員又問道。

　　「你們有哪些野味呢？啊，鵪鶉！給我來鵪鶉吧──哦，不！這裡有野雞啊。如果方便，還要點野雞。」

　　當服務員走了以後，他沒說什麼，卻表現得十分焦急不安。隨後，野雞上來了，他嘀嘀咕咕道：「我想我還是都要了吧。來一隻鵪鶉。對，兩種都來一點。」

　　但是，當兩個盤子放在他的前面的時候，他極其不高興地把它們推到一邊，大聲喊道：「全部拿走！我一點都不想吃了。」

　　當晚餐結束後，他離開了餐廳。一種幾乎沒有異議的看法在餐桌上形成了。

　　一位領導人說：「不行，先生們，這個人是這樣的猶豫不決，他連自己吃什麼肉也不能做決定，缺少當紐約州州長必須具備的素質。」

　　「我們需要的是這樣的人，他作為州長，以後可能是總統，他可以有別的什麼缺點，但是千萬不能在做決定時因為不必要的猶豫和耽擱而遭彈劾。」

　　約翰‧福斯特說：「一個不能決斷的人，就永遠不能說他屬於他自己。因為，如果他勇敢地宣稱他要去做某件事，隨之而來就會有許多反作用的力量纏繞著他，輕蔑地揭破他決定中的錯誤之處，而那些決定本來能證明他的判斷力和意志獨立性的。他屬於任何能夠纏住他的事物；當他試圖前進的時候，問題一個接著一個困擾著他，使他寸步難行，就像浮萍一樣，河邊的任何雜草，水中的任何漩渦，都使它們停留在原地打轉。」

　　培養自己果斷、堅決的品格，是一個人道德和精神修養的組成部分，它是人生中的大事，只有這樣，一個人才能到達真正的人的高度。

堅持到底就會成功

　　到底堅持到什麼時候才能獲得成功？答案是：堅持到底。

　　許多時間，雖然已經到了窮途末路，堅持到底卻能絕處逢生，脫離苦海。

　　真正失敗的是那些無法堅持到底的人，他們常常在曙光出現前的一剎那間放棄努力，因此功敗垂成，永遠無法看到久待的光明，更感受不到苦盡甘來，喜極而泣的那種心境。

　　有一個叫畢斯德的人突然大發奇想，想要種出一種不會生蛀蟲的玉米。他用萬株玉米來做試驗，不辭勞苦，孜孜不倦地從事移花接木的配種工作，辛苦了 5 年之後，只剩下 4 穗玉米。

　　漫長的歲月，辛苦的研究工作，幾乎把他折磨得信心全失。不過這最後的 4 穗玉米便是他 5 年的心血結晶，他終於成功地培植出一種不生蟲的玉米，使他發了財！

　　很多人在做事情的時候，往往沒有堅持到底的毅力，只憑著一股衝勁去享受。這樣雖然也可以算是一個為後人開路的開拓者，但對於自己來說卻是白辛苦了一場。

　　另一些人之所以無法享受成功的結果，是因為缺少了一股不屈不撓辦事的精神，沒有一試再試、志在必得的決心。

　　因此，只是明智而又正確地選擇了目標，又能夠踏實地為達到目標辛勤工作，在到達目標之前仍舊不能保證你能夠順利成功。你還得有堅持到底的決心，你絕不能向困難低頭，也不能向漫長的時間屈服，否則前功盡棄，你只好自嘆與成功無緣了。

抉擇操之於己

在有限的生命中，上蒼賦予我們許許多多寶貴的禮物，「選擇的權利」就是其中一項。

既然上帝賜給我們，我們就有權利去進行思考、言語、行動，也有權決定自己該怎麼做，要不要相信哪些事情。一般人總以為只有在決策時才需要選擇，其實，即使不是進行決策，我們所做的每一件事情都是一種抉擇。

日常生活中會讓我們產生壓迫感的事情多的不勝枚舉，其中，失去控制力就是最令人頭痛的一種。我們之所以會感受到自己擁有控制力，就是因為我們有選擇的權利，要是有人硬生生剝奪了我們這項天賦權利，就等於我們不能自主地思考、言語、行動，我們很容易有壓抑、痛苦的感覺。

正因為這是上蒼賦予人類的禮物，所以，不論面對何事，我們都可以自行決定是不是要插手；選擇權永遠在我們自己手中，暫且不管我們做了什麼選擇 —— 勇於面對事情也罷、逃避現實也好，只要一抉擇，我們就會感到那種控制力又回到自己的身上。

很多人老是抱怨自己活在別人陰影底下，什麼事都由別人控制著，自己就像是個傀儡一樣任人擺布。殊不知要怎麼活、該怎麼過都是自己選擇而來的，哪能怪得了他人。

沒錯，人總是有很強的控制力，除了想完全掌控自己之外，也想控制別人。無形之中，他人的一舉一動會侵犯了你的權利領域，但是，當碰到這種外來的侵犯時，你本身的控制力難道不曾起而抵禦嗎？

因此，假如你也有過喪失了控制力的迷思，你該自省一下，自己是不是了解自己的選擇權利何在？有沒有運用它？

想要對自己好一點，就該善用你的控制權，才能減少壓迫感。

主宰自己的命運

　　有一次，一個推銷員在街頭推銷氣球。生意稍差時，他就會放一個氣球。當它在空中飄浮時，就有一群新顧客聚攏過來，這時他的生意又會好一陣子。他每次放的氣球都變換顏色，起初是白的，然後是紅的，接著是黃的。

　　過了一會兒，一個小男孩子拉了一下他的衣袖，望著他，並問了一個有趣問題：「先生，如果你放的是黑色氣球，會不會上升？」氣球推銷員看了一下這個小孩，就以一種同情、智慧與了解的口吻說：「孩子，那是氣球內所裝的東西使它們上升的。」具有深刻洞察力的人，可以看穿別人的心意，並啟發其內在的潛質。氣球推銷員的做法是對的，能使你飛黃騰達的就是你本身內在具有事物。

　　你的內心有一個沉睡的巨人，你可以命令他實現你所有的願望。當你有天早上醒來，發現成功的光輝籠罩著你，你會恍然大悟，原來你早已擁有所有成功所需的條件。

職業、薪水與回報

　　如果一個人擁有一份好工作，有很高的薪水，但他的工作卻做得很糟糕，這實際上就像小偷從他人的錢包裡偷錢一樣。

　　但實際上，這種事情很多。一個人做事粗心大意，忽視他人的權利，其原因往往在於，他們並不明白人與人之間是一種唇齒相依的兄弟般的關係；他們也並不明白，如果一個人不能盡到自己的職責，這不僅會對他自身的職業造成危害，而且會給自己的內心世界抹上一層陰影。如果是這樣的話，再多的金錢也無法彌補這一習慣所帶來的不良後果。

　　一位年輕女性在一家報紙工作，因為薪水待遇不高，她說她不會努力

工作的。

因為薪水待遇不高，就不去努力做好工作，這種觀念阻礙了成千上萬年輕人的進步，使他們難以出人頭地。待遇很低，也不能作為工作馬虎的藉口。一個人完成的工作品質，也許不是與他的薪水待遇完全成正比的，但正是在出色的工作品質背後中包含了成功的因素。

一個人的品格，是導致成功的一個重要因素。你給上司留下怎樣的印象，將會在你未來的職業生涯中起到極其重要的作用。即使你的頂頭上司沒有注意你品格方面的優點，別人也會注意到的。

紐約的一位百萬富翁跟我談起他的人生經歷。當他還是小孩的時候，他與紐約的一家織物類的大商店訂下了一項契約，他在商店工作 5 年，每週的薪水是 7 美元 50 美分。到第 3 年年底，這位年輕人判斷貨物品質的工作技能得到了較大提高，另外一家公司想以年薪 3,000 美元的待遇聘請他，派他當外勤採購員。

他沒有向老闆提起過這椿事。他與老闆訂下的協議儘管是口頭的，在還未到期之前，他沒有提出提前中斷協議的要求。他沒有接受另外一家企業的高薪聘請。

在別人看來，這樣的做法也許是愚蠢的行為。但結果卻是這樣：他成了所在商行的合夥人。在合同期滿之後，商行給他年薪 1 萬美元。在開始，別人的薪水是他的許多倍，但他卻是最後勝利者。

可以設想這樣的情景，當時他自言自語地說：「他們只給我每週 7 美元 50 美分的薪水，我就只拿這麼多。在我每週只拿 7 美元 50 美分的薪水時，我就不會蠢蠢欲動，想要去賺取每週 50 美元的薪水。」很多年輕人本該這樣說這樣做，但他們事實上卻未能做到，這就是他們為什麼成不了傑出人物的原因。

年輕人在事業的一開始就該明白，做任何事必須遵循一項原則，這就是：不要在乎薪水的多少，要盡力把事情做得最好。

　　如果你的工作做得不好，這不僅僅是欺騙上司的問題，更重要的是在欺騙你自己。如果你不能圓滿完成你的工作，你對上司所造成的損害，其實不及你對自己所造成的損害的一半。

　　對於他來說，至多不過是損失些金錢；但對於你來說，卻丟失了自尊和美德，你失去了自己做人的基本原則。而這些東西都是需要在日常的工作和思想中逐步累積的。有誰能夠利用破爛的紗線織成人生的彩錦呢？

此路不通，原地不動？

消極等待、滿足現狀、聽天由命，時間不會解決一切，擺爛只會讓你失業！

編　　著：孔謐

發 行 人：黃振庭

出 版 者：財經錢線文化事業有限公司

發 行 者：財經錢線文化事業有限公司

E-mail：sonbookservice@gmail.com

粉 絲 頁：https://www.facebook.com/sonbookss/

網　　址：https://sonbook.net/

地　　址：台北市中正區重慶南路一段六十一號八樓
815 室

Rm. 815, 8F., No.61, Sec. 1, Chongqing S. Rd.,
Zhongzheng Dist., Taipei City 100, Taiwan

電　　話：(02)2370-3310

傳　　真：(02)2388-1990

印　　刷：京峯彩色印刷有限公司（京峰數位）

律師顧問：廣華律師事務所 張珮琦律師

國家圖書館出版品預行編目資料

此路不通，原地不動？消極等待、
滿足現狀、聽天由命，時間不會解
決一切，擺爛只會讓你失業！ / 孔
謐 編著 . -- 第一版 . -- 臺北市：財
經錢線文化事業有限公司, 2023.05
面；　公分
POD 版
ISBN 978-957-680-640-7(平裝)
1.CST: 成功法 2.CST: 生活指導
177.2　　112005746

定　　價：375 元

發行日期：2023 年 05 月第一版

◎本書以 POD 印製

電子書購買

臉書